产学协同视域下的出版研究与探索

杨金荣 钱思洁 主编

南京大学出版社

图书在版编目(CIP)数据

产学协同视域下的出版研究与探索 / 杨金荣，钱思洁主编. — 南京：南京大学出版社，2020.12
ISBN 978-7-305-24033-1

Ⅰ.①产… Ⅱ.①杨… ②钱… Ⅲ.①出版工作—文集 Ⅳ.①G23-53

中国版本图书馆 CIP 数据核字(2020)第 257395 号

出版发行	南京大学出版社		
社　　址	南京市汉口路 22 号	邮　编	210093
出版人	金鑫荣		

书　　名　产学协同视域下的出版研究与探索
主　　编　杨金荣　钱思洁
责任编辑　官欣欣

照　　排　南京南琳图文制作有限公司
印　　刷　江苏扬中印刷有限公司
开　　本　718×1000　1/16　印张 21.25　字数 290 千
版　　次　2020 年 12 月第 1 版　2020 年 12 月第 1 次印刷
ISBN 978-7-305-24033-1
定　　价　78.00 元

网址：http://www.njupco.com
官方微博：http://weibo.com/njupco
官方微信号：njupress
销售咨询热线：(025) 83594756

* 版权所有，侵权必究

* 凡购买南大版图书，如有印装质量问题，请与所购图书销售部门联系调换

"左""右"逢源的出版教育(代序)

杨金荣

2006年11—12月,我应澳大利亚著名中国问题研究专家、拉筹伯大学(La Trobe University)费约翰(Fitzgerald John)教授之邀请,赴该校社会科学研究院做访问学者,便中了解了澳大利亚的出版与出版教育。

我先从熟悉澳大利亚大学出版开始,浏览了一些出版史资料,如《西澳大学出版史》,了解到澳大利亚大学出版社经历过独立运营——被世界大出版集团收购——脱离收购母体再独立运营的过程。其次,就近访问了澳大利亚的出版同仁,主要是维多利亚州编辑出版学会主席、墨尔本皇家理工大学(RMIT)编辑出版项目主任迈克尔·韦伯斯特(Michael Webster)教授。韦伯斯特介绍了维多利亚州的出版历史与出版教育,并用最经典的两句话概括了澳大利亚的出版教育:"一只脚在学术,一只脚在产业"(One Foot in Academic,One Foot in Industry)。

韦伯斯特先生脱口而出的一句话,所来有自。澳大利亚不少大学开设编辑出版学,有硕士课程班、硕士学位班,莫纳什大学(Monash University)等少数高校还授予博士学位。自20世纪80年代末开始,澳大利亚开始了出版教育的改革,这种改革以出版产业为导向,引入出版产业的管理者参与出版教育课程设置,尝试改变出版产与学两张皮的局面。回国后,应《中国编辑》杂志编辑耿丽萍女士约请,我写了一篇《澳大利亚高等出版教育的定位、特点与启迪》发表于该刊2007年第4期,向国内读者介绍了澳大利亚的高等出版教育,我以为这是可以攻玉的他山之石。

2011年开始,南京大学研究生院在国内聘请首批出版界研究生导师,我也忝列其中。如何指导好这些投奔南京大学双一流学科的学子?我想到了韦伯斯特教授说过的两句话。

理想中的出版专业硕士研究生应该具备完整的学术训练,完备的大学通识教育,有一个主修专业,有一个辅修专业。如果有了这样的知识结构,学生经过出版专业的学习,就有了学科话语权＋出版专业训练。但目前中国大学的主辅修专业还不多见。南京大学早期曾开办过双学位,采取4＋2模式,即4年主修本科＋2年辅修本科,获得两个学位。但把辅修课程与学位相联系,看似照顾了修读者的利益,其实是学位意识太重,反而淡化了跨学科对于人才培养的意义。1949年以前,中国的高等教育受美国影响大一些,大学跨学科意识比较明显;1949年以后,中国高等教育受苏联教育模式影响至深,相当一段时间内,重视知识习得的深度,忽视了广度。这是教育行政主管部门思考的问题,也不是短期可以解决的。出版专业的硕士生,不管是写学位论文,还是将来进入出版界工作,如果本科与硕士都是修读同一个专业,而没有其他学术兴趣,研究的问题意识和工作后的学术话语权多少会受到限制。从跨学科的视角和多年出版实践来看,个人主张大学招收出版专业的研究生,在相同情况下,应该优先鼓励本科是其他专业的学生,要特别鼓励已经有过出版工作经历的学生,不过,这一部分生源已经越来越少了,因为出版企业录用新人,已经基本从研究生开始了。可喜的是这几年跨专业报考出版专业硕士的学生越来越多。

如何指导不同专业背景的出版专业研究生,我的摸索是先从学术态度、学术方法的层面给予引导,如读书要心细如发,甘坐冷板凳,下笨功夫;研究要选一流的题目,切口要窄,善于"小题大做";要善于做学术史梳理的工作;搜集材料"宁详毋略,宁繁毋简";要适当关注一些新兴学科的方法或理论,建构自己的研究框架等等。我会照例给学生开列一个阅读书单,但更鼓励学生自己找书读,学生具体读什么,在大的框架下做什么方向的论文,都不做限制,完全自由。编辑出版专业出身的学生,课程之外应该培养自己的兴趣、爱好,有足够的阅读量和持续的学术关注。出版人需要有敏锐的眼光和专业的素养,才有可能立于时代的潮头,做出时代需要的好书。

就产业而言,出版专业的研究生应该多了解出版产业链的各个环节,了解出版产业的内在规律、运行逻辑乃至商业模式,了解国家的出版条例、政府部门的政策和行业的动态。读一点中国出版史,从中国出版的过去看现在和未来;读一点海外出版史,汲取世界优秀出版人的先进理念和经验教训。在我而言,我会尽可能结合案例给学生讲选题策划、编辑加工、出版营销等等,或长或短,不拘形式,学生可以随时发问,可近距离了解出版,也会安排她们旁听出版社员工的入职培训课程,了解最新的出版动态与思潮等。这些还只是"知之"的范畴,更希望学生再上一层,步入"好之""乐之"的境界,希望他们从人类文明薪火相传的历史中,认识出版,理解出版。2019年,我在给南京大学出版社新编辑做题为《出版漫谈》入职培训的讲演时说,图书出版的历史以千年计,报刊的历史以百年计,电台的历史勉强百年,电视的历史以十年记,网络与新媒体的历史,是 20 世纪末开始的事。从大传媒的视野看,图书出版历史最悠久,也最有生命力。何以如此? 因为图书出版与民族教育、民族文化传承休戚与共,科学教育、思想启蒙和文化接力,离不开图书出版。出版不仅仅是技术的,产业的,更是教育的,文化的,不仅是形式的,更是内容的。出版人不仅应熟悉出版的"术",更应关怀出版的"道",不仅应重视手的熟练,更应关注眼的视界,不仅勤于"行",更要善于"思"。近代中国的著名出版家,无一不是一流的学问家、作家或翻译家。作为中国出版的传人,应该有学术理想,有知识生产的责任感与文化传承的使命感,才可在五千年灿烂文明的文化大国实现出版人的理想。

"左脚学术,右脚产业",不仅仅是出版教育的理念或模式,也是接受出版教育的学子的和出版工作者永远的"双修"课程。从这个意义上说,"左""右"逢源,才会有均衡的出版及出版教育。

自 2011 年我兼职指导出版专硕始,掐指算来,转瞬 10 年,先后有 8 位学生顺利毕业,她们有的学以致用,从事编辑工作,成为出版大家庭的新血轮,编辑出了"中国好书";有的宣教三尺讲坛,传编辑之道,授出版之业,解学子之惑,成为出版教学科研的后起之秀;有的拥抱新媒体,从事数字出版、内容运营,属于编辑出版的"后浪",她们的成绩,归功于她们自己的努力和在母校奠定的扎实基础。

她们的论文选题都是根据自己的学术兴趣自行确定的,有些我也曾给予启发,她们找到了所"好"所"乐"与出版研究的结合点。喜欢画动漫的就研究了新媒体的"条漫",喜欢日本小说的就从出版的视角研究东野圭吾作品在中国的翻译出版与传播,喜欢日本动漫的就研究日刊《少年周刊JUMP》品牌策略,等等。

最近几年,我特别要求学生实习与毕业论文的选题结合起来,学会从实践中找研究题目,在实践中搜集资料、数据,只有在对产业有真切认知的基础上研撰的论文才接地气。无论是传统的,还是数字的,切实了解出版产业的内在逻辑,使产业的一只脚更加着地有力。

作为兼任导师,我也是努力"左脚学术,右脚产业"。在职攻读学位,海外访学,出版专著,参加国内外学术会议、承担课题;另一方面,用做学术史的方法,研发选题,开创学术出版的板块,通过学术参与,接触作者,争取优质学术出版资源,申报国家重点图书出版规划项目和国家出版基金资助项目。新千年第二个十年以来,又有学术外译,推进学术出版成果国际化,尽己所能,立足出版实践,把出版研究的论文写在产业的岗位上。值此十年纪念,回望指导出版专硕、教学相长的风雨兼程,经历了出版教育产业导师制在南京大学的运行、成长,与学生们一道见证高等出版教育的变革,选取7位出版专业硕士研究生论文的主干,勒编成册,既是我指导诸位弟子的剪影,也为高等出版教育提供了记忆文本,以此献给大学出版教育的十年。

2020 年 12 月 28 日于南京大学

出版研究院

目 录

"左""右"逢源的出版教育（代序） ………………… 杨金荣 1

图书出版

"中国好书"是怎样炼成的 ……………………………… 唐　婧 3
豆瓣阅读女性题材小说出版研究 …………………… 何小月 9
中国图书出版企业数字出版赢利模式研究 ……… 姚沛沛 65
主题图书出版如何具备精品意识 …………………… 唐　婧 93

期刊出版

日本《周刊少年JUMP》品牌策略研究 ……………… 袁　中 103

版权研究

大陆出版日本推理小说研究（2000—2015）…… 盛士琦 149
中国大陆网络漫画IP开发研究 …………………… 翟才仪 184

装帧设计

大型学术图书装帧设计研究
　　——以《中国思想家评传》为例 ……… 钱思洁 237

出版营销

网络二手书店营销策略研究
　　——以多抓鱼为例 ……………………… 江翩翩 265
微信公众号图书营销模式分析
　　——以《佩拉宫的午夜:现代伊斯坦布尔的诞生》为例
　　………………………………………… 钱思洁 305

出版教育

基于微信平台的编辑出版专业实践教学模式的研究
　　——以《出版物营销》课程为例 ……… 钱思洁 313
澳大利亚高等出版教育的定位、特点与启迪 …… 杨金荣 318

后　记 ……………………………………………… 328

———— 图书出版

"中国好书"是怎样炼成的

唐　婧

庚子年初,疫情袭来。在中国人紧张抗疫的时刻,一批来自日本捐赠的医药物资刷了屏,纸箱标签上写着8个汉字:"山川异域,风月同天";待中国疫事稍缓,中国则第一时间向日本捐赠大量核酸检测试剂盒,官方回复:"投我以木桃,报之以琼瑶!"

这就是诗词的力量。千年以前的诗句穿越时空,引起普遍共鸣。这是人类共通的情感。无数人被这段佳话背后的文化意蕴及所传达的温情感动。人们再次认识到了中国传统文化的魅力,感受到了古诗词对人类成长及心灵陶冶的作用,相信美好的事物自有其韧性。

刚刚过去的2019年,江苏凤凰文艺出版社就策划出版了这么一本好书。2020年4月23日,备受瞩目的2019年度"中国好书"获奖名单揭晓,《莫砺锋讲唐诗课》入选文学艺术类十大好书。

一、曲折的约稿

得知获奖喜讯后,我马上向本书作者莫砺锋教授汇报。我有点喜形于色。但莫老师是那么淡定从容,说:"感谢大家对这本小书的喜爱,这本书能够获奖是出版社的功劳。"莫老师真是谦虚,他是中国古典文学研究大家,还曾是中央电视台百家讲坛"诗歌唐朝"栏目的主讲人,这么大的学问,他也只是说"唐诗犹如一座气象万千的深山",而他不过是一个导游。

熟悉莫老师的人都知道，他在公开场合总不忘感谢程千帆先生，他将自己所有的学术成就都归功于先生的教导与指引；讲到《莫砺锋讲唐诗课》这本书时，也不忘感谢恩师，直言说这是受老师所著《唐诗课》的启发与延续。

程千帆先生是中国著名文史专家，是公认的国学大师。

"程门弟子"与再传弟子，是一个享誉海内外优秀学术团队。莫老师是程先生培养的第一位博士，被称为"程门大师兄"。在程千帆门下的弟子中，程先生最器重的就是莫砺锋，程千帆先生与其他弟子谈话，处处以莫砺锋为标准。

三年前，我还在媒体工作，一次采访，登门莫老家中。莫老师人很和蔼，却不苟言笑，讲话严谨全面、井井有条，对于采访者所提的问题，也绝不打太极，他总会精准而又实实在在地回答每一个我所提的问题。

后来，我到江苏文艺出版社工作。一次与莫老师博士生的偶然聊天，我得知莫老师与其夫人陶友红女士合著了一本书，于是我从手机里翻出莫老师的联系方式，冒昧地给他发了一封邮件，向他约稿。

当时我对这一约稿不抱太大希望，因为在我心里莫老师是著名学者与教授，平时联系他要给他出书的人太多了，我和他仅有一面之缘，况且我刚到出版社工作，还没有任何编辑经验。但是没想到，第二天一早我就收到了莫老师的回复邮件，他竟然答应了我的约稿（后来，莫老师与夫人陶友红女士合著的稿子变成了一本书——《嘈嘈切切错杂弹》）。这可真是意外之喜。后来莫老师告诉我，那次采访后，他对我有印象。

收到莫老师的回复邮件后，我大喜过望，连忙将消息告诉了我的领导，他极为支持我约稿，还为我出主意，让我马上全面搜集与整理莫老师的资料，进一步熟悉他的研究领域及学术成果，再拿出一个完整的策划案，约一部关于讲解唐诗的普及书。隔了一周之后，我将"唐诗课"的选题策划方案发给莫老师，邮件发出后，莫老师许久没有回复。我想这个约稿方案大概是没戏了，全国那么多出版社盯着莫老师，他理应把稿子给专业的古籍出版社，或者是名气更大的国家级出版社。但是，大概两三周后，我收到莫老师的回信,莫老师没有完全拒绝我的约稿方案:"小唐,来信知悉。由于我平时教学工作较忙,加上精力有限,关于唐诗的选题,我再考虑一下。"

我觉得这大概是莫老师的委婉拒绝。约稿不成,有点灰心,但作为出版新人,不能轻视每本书稿,于是我将精力投入到编辑莫老师与夫人陶友红女士合著的文集中去。在这本书的编辑过程中,因多次与莫老师沟通书稿的编辑体例、成书形态等问题,渐渐与莫老师熟络起来。认定"唐诗课"这个选题方向后,我没有放弃继续争取莫老师稿件的机会,将第一稿的策划案反复修改后,再次发给莫老师。这一次,莫老师终于松了口,"小唐,关于唐诗课的选题,如果我精力允许,就尝试一下。"

莫老师初步认可后,我也不敢放松,多次去他家拜访,向他请教,谈自己关于古典诗词与中国传统文化中的点滴心得。莫老师总是不吝赐教,多有点拨启发。不久我起草了合同,希望能将出版事宜落实下来。莫老师是业内大家,我担心在拿到稿子之前会有意外发生。莫老师做事真是非常严谨,坦言希望将书稿完成后再签合同。2019年新年刚过,莫老师发来邮件,让我去他家中取稿子,我带了两个U盘过去(害怕拷贝失误),也顺利地与莫老师签订了出版合同。

可以说,《莫砺锋讲唐诗课》这个选题从产生到落实,其间虽充满曲折,但这对于我这个出版新人来说,也算是一种不可多得的磨炼机会。能有幸跟莫老师约稿成功,这一切都要感谢莫老师对我及文艺社的信任,他没有因我是出版新手而拒绝我、轻视我;此外,还要感谢莫老师真挚淳朴的为人处事风范,他口头答应的事情,真比某些人签的纸质合同更有信用。

二、"道"与"术"并重

好书的产生,永远是"道"与"术"最精密结合的产物,是形式与内容的统一。它不仅来自前期选题策划时的设计和思考,也来自后期编辑加工阶段的经验积累及各出版环节的良好配合。

一直以来市面上都不缺少解读唐诗的图书,但同时具有权威专业与喜闻乐见特质的读本寥若晨星。《莫砺锋讲唐诗课》之所以能够得到读者与专家的认可,是因为我们牢牢把握住了这本书的选题定位,让其同时具备了这两个特质,很好地填补了"某种空白",具有明显的差异性优势。从这一点来说,它更有力地印证了"内容为王"的必然性。

"唐诗课"是一次面对大众的唐诗普及工作,无论私下谈话,还是公开讲座,莫老师总会提到自己以古典诗歌研究作为终身职业的内在原因是他在农村当知青时,过着苦闷而又看不到前途的生活,是古典诗歌给了他生活的营养,给了他灵魂上的滋润,给了他一个美好的精神世界。

莫老师非常重视唐诗的普及工作,持续做了20多年。早在2008年,由他主讲的"诗歌唐朝"在中央电视台"百家讲坛"节目一经播出,便被大批喜爱中国古典诗词的观众们关注,反响十分热烈。这和他深厚的学养及良好的口才分不开,虽已古稀,但是无论在讲座上,抑或是面对记者的采访,他总能精准地引经据典,出口成章,连标点符号都不会错。

莫老师用他深厚的学识及精彩的文笔,构建出"一个活泼生动的唐诗现场",如何能让这本书在体量及编辑体例方面,呈现出莫老师在书中展现的这颗"中国人绵延不绝的千古诗心",同时又能引起当下年轻读者的阅读兴趣?

我买了市面上的十多种同类书,调查研究,总结其中畅销书的经验,反思滞销书的原因。莫老师来稿量大,其中有一些稿件是写一些唐朝"非著名"诗人的文章,这些文章虽然十分专业、精彩,但作者过于冷门,可能无法吸引读者,还会使图书的成书形态变得过厚,从而影响阅读体验。我想与莫老师商量能否删掉部分内容,但不敢冒昧。因为莫老师在唐诗这个领域内的专业性与权威性,在稿件编校过程中,改动一句话我都要查许久资料,并及时向莫老师汇报。我将删稿的想法告诉了领导,领导给了我一些建议,比如文艺社最大的传统就是尊重作者,而最好的尊重就是让作者能得到与这个时代最匹配最准确的阐释。这需要真诚、耐心,以及富有技术策略的沟通。

隔几天,做足功课后,我鼓足勇气给莫老师发了邮件,谈了我的想法及相关理由。莫老师没有回复邮件,我心里有点惶恐,正不知如何是好,就收到莫老师回复,说经过考虑,同意删减部分内容。说明我做的那些功课还是有点道理的。

有了合适体量及清晰的编辑思路,在《唐诗课》这本书中,我对"时间""幸福""黄昏""四季""佳节""父母""儿女"等主题做了归类与排序,根据一个由浅入深、由近及远的逻辑铺陈展开来,尽可能地还原莫老师心里那个"活泼生动的唐诗现场"。这一工作,不仅让这本书变得更有传统文化气息,也有了贴近年轻读者的风格;对于文学专业内外的人来说,都是"一堂杰出的唐诗课"。

三、像打磨艺术品一样,去做一本书

将出版工作者与读者二重身份打通,合二为一,是发现畅销书的可能方式。

在编辑《莫砺锋讲唐诗课》的过程中,我调研了市场上同类书的开本、版式、装帧设计、定价,还专门研究了诗词类产品线的封面文案。几十本书比较下来,我准备按照市面上最流行的方式来"包装"这本书:32 开、精装、带彩色插图、定价适中。对成书的外观形态有了大致的想法以后,封面文案成了重头戏。"给中国人的唐诗课"这句话不仅是我阅读莫老师这本书的最深感受,也是对这本书最恰当的概括:对业余爱好者来说,这本书可以是唐诗的深入赏析课,而对于想要进一步学习唐诗的读者来说,则可以作为唐诗的研修课。所以,"给中国人的唐诗课"这句话是我从头到尾都在坚持的定位。

但在实际操作过程中,要想让最终结果达到自己的设想,依然是一件非常困难的事情,这本书的封面设计,可真把我与设计师折磨得够呛。

封面设计之初,我询问莫老师的要求,他回复:尽量做到简洁,不可花哨,坚决不要腰封与广告词。作者的建议与要求是编辑永远都要考虑与参考的,特别是一些重要作者,但为了吸引更多读者、获得更广阔的市场,腰封和广告语有时候是必须要保留的元素,关于这一点,在具体的沟通中,我多次与莫老师通电话、发邮件,反复沟通之后,莫老师最终同意我在这本书的设计中使用腰封与广告词。

本书封面产生用"十易其稿"来形容一点不为过,其风格与定位,要求其装帧设计必须是雅致的、古典的、简洁的,但我们还希望整体装帧能吸引读者的注意力,有视觉冲击力。

前前后后设计了十几稿,全部被毙。在大家都快没有耐心时,我去博物馆找灵感,无意间看到一幅宋代工笔画。又经过一系列调整后,这幅画被当作素材用于封面定稿。

做一本书,就是打磨一件艺术品。诚哉斯言。

豆瓣阅读女性题材小说出版研究

何小月

一、绪 论

2018年两会期间,全国政协委员、网络文学作家张威(笔名唐家三少)言:"中国网络文学已经成为与美国好莱坞电影、日本动漫、韩国电视剧并称的'世界四大文化现象'。"[①]网络文学产业的兴盛,对于中国出版业乃至中国文化的发展,都具有颇为重要的意义。

在过往20余年的发展历程中,女性题材网络小说因其显著的经济效益、社会热度和稳固的读者群体而成为网络文学出版中一支不可忽视的脉系。从2011年《甄嬛传》掀起的"后宫热"到2019年网络播放量排行第一的网剧《陈情令》,这些成绩骄人的影视剧改编的作品,使女性题材网络小说的创作和出版受到了前所未有的重视。

(一) 网络文学出版背景

女性题材网络小说出版的发展历程与网络文学产业发展的整体步调基本保持一致。从产业背景、国家政策、技术变革和社会文化四个维度对网络文学出版发展状况进行梳理,可以更好地把握女性题材小说出版业态与未

[①] 中青视频.张威委员:中国网络文学已成"世界四大文化现象"之一[EB/OL].(2018-03-04)[2020-3-15]. http://v.cyol.com/content/2018-03/04/content_16989919.htm.

来发展趋势。

1. 网络文学出版的产业背景

1998年被视为网络文学在中国的起源之年,蔡智恒的《第一次亲密接触》被看作是国内第一部网络小说。2003年,起点中文网确立了VIP收费阅读制度,开启了网络文学付费模式,自此网络文学迈入了产业化时代。2013年开始,腾讯、百度、阿里巴巴三大互联网龙头企业依次进入网络文学市场,并带来了资本和渠道等强大的发展资源。2014年,CNNIC在《第34次中国互联网发展状况统计报告》中指出,网络文学的完整产业链已逐渐形成。在这条产业链条上,网络文学作为上游,IP将链条打通,通过IP授权,根据文学作品内容推出影视、动漫、游戏等一系列衍生产品。[1]

但另一方面,商业利益的驱动在一定程度上影响了网络文学的品质,许多作品良莠不齐,甚至产生了"劣币驱逐良币"的现象。部分作品内容低俗、价值观扭曲,可能为读者带来错误的引导。与此同时,盗版、侵权问题也是困扰业界已久的难点。

如今,"IP热"渐渐趋于平静,行业整体转为理性,能够更进一步地思考如何推动网络文学出版健康发展。中国作家协会网络文学中心发布的《2019年度网络文学发展报告》指出,网络文学出版的生态格局正处在良性变化阶段,2019年是中国网络文学稳健发展的一年[2]。提升网络文学内容质量、出版"有思想、有深度、有温度"的网络文学作品,正在成为行业共识。

2. 网络文学出版的政策背景

网络文学出版能够朝着良好有序的方向发展,始终伴随着文化政策的

---

[1] 中国互联网络信息中心. 第34次中国互联网络发展状况统计报告[EB/OL]. (2014-07-22)[2020-03-15]. http://www.cac.gov.cn/2014-07/22/c_1111724470.htm.

[2] 中国社会科学院文学研究所. 2019年度网络文学发展报告[EB/OL]. (2020-02-18)[2020-03-15]. http://www.literature.org.cn/wlwhywx_2173/202002/t20200218_5089802.shtml.

引导。2014年10月,习近平总书记在文艺工作座谈会上勉励网络文学作家创作"更多正能量的作品"①。2015年,国家新闻出版广电总局印发《关于推动网络文学健康发展的指导意见》,针对网络文学出版存在的问题,提出不断提升作品质量、健全编辑管理机制等8项重点任务②。

对于部分优秀网络文学作品,国家亦给予表彰以支持创作。2019年10月,国家新闻出版署和中国作家协会联合举办"庆祝新中国成立70周年"暨2019年优秀网络文学原创作品推介活动发布仪式③,《致我们终将逝去的青春》《繁花》《大江东去》等25部作品位列其中。入选推介活动的作品大多以现实生活为题材。这与阅文集团、豆瓣阅读等网络出版平台近年提出的重视现实题材的出版策略具有一致性。

此外,中共中央宣传部出版局副局长冯士新在第三届"网络文学+"大会上透露,目前正在起草规范网络文学出版服务的办法,对网络文学作品编发机制等环节提出更明确的要求,以强化出版平台主体责任,推动行业有序发展④。

3. 网络文学出版的技术背景

由于网络的开放性和即时性,网络文学出版脱离了传统纸质媒介的诸多限制,作者的创作更为自由,作品的出版与传播更为快捷,读者的阅读更为便利。

近年来,移动终端的普及同样促使读者的阅读习惯发生转变,越来越多

---

① 习近平. 在文艺工作座谈会上的讲话[EB/OL]. (2015-10-14)[2020-03-15]. http://www.xinhuanet.com/politics/2015-10/14/c_1116825558.htm.

② 国家新闻出版广电总局. 关于推动网络文学健康发展的指导意见[EB/OL]. (2015-01-05)[2020-03-15]. http://www.sapprft.gov.cn/sapprft/contents/6588/279377.shtml.

③ 王志艳,王莹,赵宇娇. 25部网文佳作获国家新闻出版署和中国作协联合推介[EB/OL]. (2019-10-11)[2020-03-15]. http://www.xinhuanet.com/politics/2019-10/11/c_1210308698.htm.

④ 杜燕. 第三届中国"网络文学+"大会在京开幕[EB/OL]. (2019-08-09)[2020-03-15]. http://www.chinanews.com/cul/2019/08-09/8922087.shtml.

读者倾向于在手机等移动终端上阅读网络文学作品(见图1-1)。阅读网络文学作品成为可以随时随地进行的文化休闲活动,可以在纷繁的内容中抢夺读者的注意力、适应读者的碎片化阅读习惯……这些伴随技术发展而萌生的问题,对网络文学出版商来说既是机遇也是挑战。

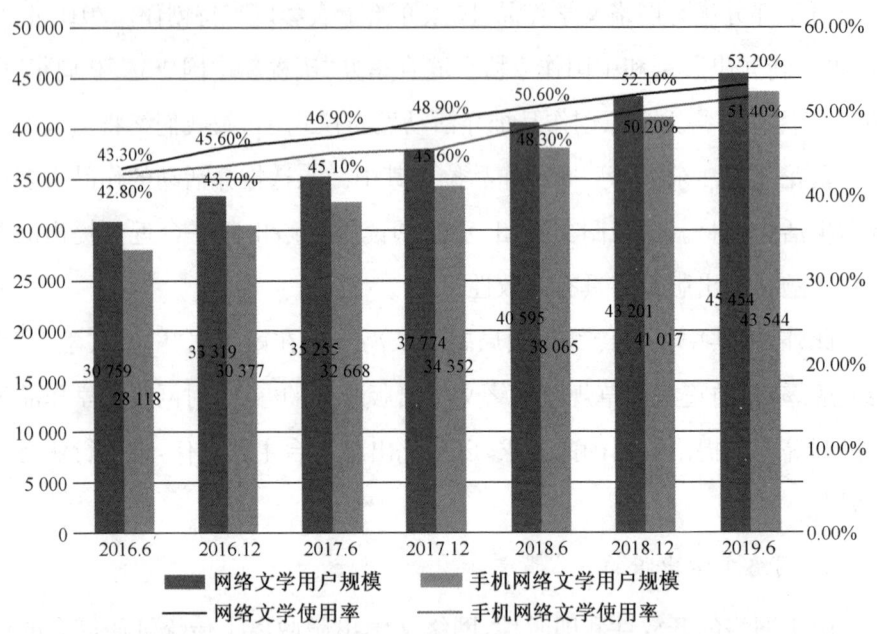

图1-1 2016年6月—2019年6月手机网络文学用户规模及使用率情况①

4. 社会文化背景

(1) 网络文学出版的社会文化背景。

相比传统文学,网络文学的文化使命感较弱,教育和审美功能有所欠缺。由于网络文学的出版和传播过程打破了传播者和受众之间的界限,读者的意见可以在创作过程中即时反馈给作者,读者的点击量、评价率等数据指标反映了一部作品的受欢迎程度,这也是网络文学最主要的评价标准。因此,网民阅读偏好成为网络文学出版平台的重要考虑因素。

---

① 数据来源:CNNIC《第44次中国互联网发展状况统计报告》。

一方面,受到快餐文化、娱乐文化、消费主义文化、草根文化的影响①,读者在阅读网络文学作品时,通常不追求深刻的思想内涵,而更倾向于寻求情感的宣泄与放松,这是网络文学出版产生"劣币驱逐良币"现象的根源之一。许多作品即便是内容经不起推敲,也可能因其刺激性的语言表达、直接爽快的情节设计而备受欢迎。另一方面,网络文学作品的创作虽具有幻想性,但作者在表达的过程中,势必会将对时代、社会和自我的思考有意无意地投射进文学世界中,其中传达出的价值取向无形中会对读者产生影响。

(2) 女性题材网络小说出版的社会文化背景。

伴随着女性主义思潮的扩散,女性对男女平等的诉求逐渐强烈,作者和读者的性别思考也会体现在网络文学作品中。阅文集团发布的《2019 红袖读书女性婚恋观研究报告》显示,独立已经成为众多女性读者心目中的共识,60%以上的女生争当"大女主"②。③ 这与女性题材网络小说的流行趋势相吻合,近十年来,小说中独立自强的女性主人公形象越发受到欢迎,与单纯的"甜宠文"④相比,在保持个性和自我的基础上寻找真爱的小说成为主流。2018 年,晋江文学城"大女主"网络小说《知否知否应是绿肥红瘦》改编而成的同名电视剧正是如此,收视率创湖南卫视年度最佳,在豆瓣网上亦收获 7.7 的高评分。

此外,在网络文学出版平台上发表评论、提出建议、影响作者的读者能够获得"叙述性自我认同(narrative identity)",读者在小说描绘的故事中寻找自己的身份认同感,逐渐明晰个人价值取向。这也是晋江文学城"兔区"⑤及百度"事件记录吧"等女性题材小说读者社群组建的基石,阅读小说

---

① 张晓蒙. 网络文学出版研究[D]. 湖北:武汉大学,2015.
② "大女主":女主角具有清晰明确的自我意识,为整部作品的核心人物。
③ 中国出版传媒商报. 红袖读书发布 2019 女性婚恋观研究报告[EB/OL]. (2019 - 03 - 08)[2020 - 03 - 15]. http://www.cbbr.com.cn/article/127474.html.
④ "甜宠文":着重展现男性角色对女主角矢志不渝的爱情的故事。
⑤ "兔区":晋江文学城读者交流区,网友普遍称呼其为"兔区",曾用名为"小粉红"论坛。

之余,她们试图与自己的"同类"搭建一个交流的空间。

"通过在线的文学生产和消费,中国妇女获得了一种新的言语和叙事形式去超越传统的性别角色,拆解生产——再生产性别边界的权力机制;即便现在这种超越和拆解,主要只能在想象的空间中展开,也仍然是意义重大的。"①这一说法体现了女性题材网络小说的价值。但对出版企业而言,仍需注意创造良好的阅读环境,引导正确的价值观念,避免低俗化审美取向的侵蚀。

(二)女性题材网络小说出版

网络文学的兴起悄然改变了国内文学的性别格局。在传统纸质出版的通俗文学中存在的性别区分尚不清晰之时,于世纪之交诞生的红袖添香、晋江文学城等网络文学出版平台已经明确自身面向读者群体的性别定位。除此之外,许多囊括不同题材的综合性网络文学出版平台,也会选择将已有的小说作品打上"男频"或"女频"的标签,以分流读者。

作为网络文学出版的重要细分方向,女性题材网络小说出版在业界有着不错的表现。第三届"网络文学+"大会评选出的"年度十大影响力 IP"中(见表 1-1),有 4 部作品属于女性题材;根据网站流量对近日原创小说出版网站进行排行(见表 1-2),前 10 位中有 5 位主要面向女性读者的网络出版平台(潇湘书院、红袖添香、云起书院、晋江文学城、凤鸣轩)。

表 1-1 第三届"网络文学+"大会评选出的 2019 年度十大影响力 IP

IP(均为网络小说作品)	题材类型
《麻雀的狮子》	女性言情
《DNA 鉴定师》	现代女性
《明月度关山》	励志成长

---

① 徐艳蕊.媒介与性别:女性魅力、男子气概及媒介性别表达[M].杭州:浙江大学出版社,2014:95.

(续表)

IP(均为网络小说作品)	题材类型
《海晏河清》	历史悬疑
《匠心之四艺堂》	历史文化
《消防英雄》	现代热血
《战长城》	近代战争
《大旗袍师》	近代女性
《网络英雄传Ⅱ:引力场》	现代职业
《制作人攻略:我是90后》	现代女性

表1-2 2020年3月9日至15日国内原创小说出版网站一周流量排行[①]

排行	网站
1	起点中文网
2	纵横中文网
3	潇湘书院
4	17k小说网
5	红袖添香
6	云起书院
7	晋江文学城
8	飞卢小说网
9	逐浪网
10	凤鸣轩

《2017年网络文学蓝皮书》提出,中小型出版平台在网络文学市场中生存艰难[②]。大型网络小说出版平台[③]的发展经验,不完全适用于中小型网络

---

① 数据来源:Alexa网站排名查询。
② 中国作家协会网络中心.2017中国网络文学蓝皮书[EB/OL].(2018-05-30)[2020-04-06]. http://www.chinawriter.com.cn/n1/2018/0530/c404027-30022514.html.
③ 主要指集团化网络小说出版平台,如阅文集团、掌阅科技旗下的出版平台。

小说出版平台；目前在女性题材网络小说出版领域，仍缺少对中小型出版平台实践案例的总结和分析。中小型网络小说出版平台如何规划自身的女性题材小说出版？与大型网络小说出版平台的发展模式存在什么区别？会面临哪些问题？本文试图借助案例分析、比较研究等方法回应上述问题。

在中小型女性题材网络小说出版平台中，豆瓣阅读凭借分众定位、特色发展站稳了脚跟，具有一定的典型性。具体而言，其典型性体现在如下三个方面：

第一，豆瓣阅读的女性题材小说出版的读者定位与其他出版平台相比存在一定差异性。与主流网络文学读者相比，其目标读者年龄层较高，以25岁以上的职场青年为主[①]；根据《2019年度网络文学发展报告》中的调查数据，在当前网络文学读者中，"95后"读者所占比例超过50%[②]，年轻化趋向明显。因此，相较其他出版平台而言，豆瓣阅读出版的女性题材小说倾向于讨论职场、家庭、女性成长等更具现实意义的话题，读者对作品质量有了更高的要求。

第二，豆瓣阅读注重内容质量、强调文学性、鼓励现实题材创作的出版主张，与当前网络文学出版精品化、有序化的政策引导相契合，在出版运营过程中展现了一定的文化影响力。多部豆瓣阅读出版的女性题材网络小说被列入"北京市向读者推荐优秀网络文学原创作品"名单；豆瓣阅读还曾与澳大利亚驻华大使馆合作举办"澳大利亚文学周"豆瓣阅读专场活动，并邀请女性题材小说签约作者参与，分享创作理念。

第三，豆瓣阅读创立于2013年，虽起步较晚，但已具有一定的市场影响力。2018年，豆瓣阅读获得6 000万融资并自豆瓣网拆分。如今，根据

[①] 数据来源：https://index.iresearch.com.cn/new/#/app。

[②] 中国社会科学院文学研究所.2019年度网络文学发展报告[EB/OL].(2020-02-18)[2020-03-15]. http://www.literature.org.cn/wlwhyyx_2173/202002/t20200218_5089802.shtml.

Alexa 网站的流量排行统计,豆瓣阅读网站在业内排行第 48[①];在七麦数据 App 的榜单上,豆瓣阅读在网络小说出版类 App 榜单中排名前 20,在国内免费图书类 App 中排行第 63[②]。

二、我国女性题材网络小说出版概况

经过 20 余年的发展,女性题材网络小说因其显著的市场效益而成为网络文学出版的一支不可忽视的脉系。从作者群到读者群,网络文学出版平台正在加速布局女性题材网络小说市场,以"她内容"助推"她经济"。

(一) 女性题材网络小说创作主体(作者)

数据研究与分析机构速途研究院于 2017 年开始发布"中国网络文学作家影响力榜单"。其中,通过分析 2017 年至 2019 年的"女频"作者榜单可知:女性题材网络小说作者整体呈现年轻化趋势,新生代作者层出不穷。2017 年,在体现作者人气程度的销售榜上,"90 后"作者在前 100 位中的占比已超过四分之一[③];2018 年,在"影响力 Top 50"榜单中,首次上榜的作者有 13 位[④];2019 年,首次登上"影响力 Top 50"榜单的作者有 16 位,占整体榜单的 30%以上[⑤]。新人不断涌现,作者间竞争较为激烈,若长时间无新作品推出,将严重拉低作者影响力。同时,通过分析上榜作者的年度主打作品可知,女性现实题材创作在 2019 年成为主流,且女性题材网络小说作品整

---

① 为 2020 年 3 月 1 日至 3 月 30 日内的平均数据。
② 数据来源:https://www.qimai.cn/app/globalRank/appid/560068813/country/th。
③ 速途研究院. 2017 年中国网络文学作家影响力榜[EB/OL]. (2017-12-11) [2020-04-15]. https://www.sohu.com/a/209749368_174789.
④ 速途研究院. 2018 年中国网络文学作家影响力榜[EB/OL]. (2018-12-10) [2020-04-15]. https://www.sohu.com/a/280902499_174789.
⑤ 速途研究院. 2019 年中国网络文学作家影响力榜[EB/OL]. (2020-01-07) [2020-04-15]. https://www.sohu.com/a/365276918_174789.

体在品类上呈现去中心化趋势。

1. 女性现实题材创作成为主流风向标

当下,现实题材网络小说创作日益蓬勃。《2018中国网络文学发展报告》中的数据显示,网络文学平台发布的新作品中,现实题材占比达65%,同比增长24%①。融合女性题材与现实题材的网络小说作品,成为女性题材网络小说作者的创作新风向。由爱奇艺文学、花溪小说网主办的2018年华语言情小说大赛中,女性现实题材网络小说数量在参赛作品中所占比例超6成②。获奖作品主题普遍聚焦女性成长,作者更着力于塑造坚强自信、独立自主的女性形象,女性角色不再是衬托男性角色的附庸。

不同于穿越、玄幻、仙侠等题材,女性现实题材网络小说更贴近生活,更易引发读者的情感共鸣。阅文集团旗下知名女性题材网络小说作者吉祥夜,曾凭借女性现实题材作品《写给鼹鼠先生的情书》入选由中共中央宣传部出版局牵头评选的"2018中国好书",成为首个入选的网络文学作品的一员;并登上速途研究院"2019中国网络文学女作家影响力Top 50"榜单。她认为,网络文学的边界不断拓宽,创作题材的更迭正在向现实主义要素渗透迈进。近几年在创作女性题材网络小说时,她"更想写一些和生活接近的内容",让选题和素材更加"落地"、更能反映现实③。

同时,国家的政策引导也在助推女性现实题材网络小说创作的发展。早在2014年底,国家新闻出版广电总局在《关于推动网络文学健康发展的指导意见》中,就将"引导网络文学创作植根现实生活"作为重点任务之一。

改编影视剧也是提升女性现实题材网络小说销量和关注度的重要途

---

① 人民日报海外版. 现实题材走红网络小说[EB/OL]. (2019-09-18)[2020-04-15]. http://book.people.com.cn/n1/2019/0918/c68880-31358988.html.
② 网文在线. 言情小说大赛现实题材超6成,网络文学影视火热依旧[EB/OL]. (2018-09-21)[2020-04-15]. https://www.doulook.com/3821.html.
③ 阅文集团. 吉祥夜谈女频网文创作的三大转变[EB/OL]. (2019-11-12)[2020-04-15]. http://www.chinawriter.com.cn/n1/2019/1112/c404023-31450436.html.

径。2019年热播的"大女主"现代家庭剧《都挺好》,改编自阿耐的同名网络小说,其中涉及的家庭关系、养老等话题引发热议。近几年,女性现实题材网络小说《欢乐颂》《海上繁花》等,都成功地改编为影视剧。优质改编作品的增多,逐渐形成业态的良性循环,带动女性题材网络小说作者更加关注女性现实题材创作。

另外,对现实主义题材的涉猎,强调作者对现实生活的考察,意味着作者需要深入不同行业、贴合现实。因此,虽然现实题材需求旺盛,但质量上乘的作品并不多。如何推动女性题材网络小说作者创作更多具有时代特色的精品小说,依然需要破题。

2. 作品品类去中心化趋势明显

如今,读者审美日趋多元化,女性题材网络小说的市场竞争越发激烈,女性题材网络小说作者在进行创作时,一定程度上已摆脱"风花雪月"的固有范式,不少现代题材作品致力于探讨当代女性面对的职场和家庭问题,古代题材作品中亦存在关于女性独立、抗争的故事。除了言情、青春等女性经典题材,体育、科幻、悬疑、电竞、民俗文化等不同选题类型也在不断增多,整体呈现多元化、主流化的发展趋势。

根据艺恩数据整理的"阅文女频年度好书"榜单,总结得出"题材类型丰富是阅文女频作品的突出特点"①,上榜的40部小说覆盖了生活职场、悬疑推理、历史军事等多种类型,读者的多样化阅读需求促使作者创作具有多元特色的女性题材网络小说。

而在登上"2019中国网络文学女频作家影响力Top 50"榜单的作家的作品中(见表2-1),可以看到入选"2018中国好书"的悬疑小说《写给鼹鼠先生的情书》、被推介为25部"庆祝国庆"主题网络文学作品之一的《燕云台》、讲

---

① 艺恩咨询.2019阅文女频"年度好书"榜出炉多元、主流、破圈成关键词[EB/OL].(2019-12-25)[2020-04-15]. http://sh.people.com.cn/n2/2019/1225/c134768-33660566.html.

述卧底警察缉毒历程的《破云》,以及融合传统国风与校园青春、聚焦太极国粹的《淑女飘飘拳》等。女性题材网络小说的内容深度和广度都在不断提升。

表2-1 2019中国网络文学女频作家影响力Top 50[①]

排序	作者名	小说名	出版平台	所属
1	丁墨	《待我有罪时》	云起书院	阅文集团
2	天下归元	《山河盛宴》	潇湘书院	阅文集团
3	囧囧有妖	《余生有你,甜又暖》	云起书院	阅文集团
4	叶非夜	《我的房分你一半》	云起书院	阅文集团
5	墨宝非宝	《蜜汁炖鱿鱼》	晋江文学城	晋江
6	苏小暖	《神医凰后》	云起书院	阅文集团
7	吱吱	《花娇》	起点女生网	阅文集团
8	Priest	《有匪》	晋江文学城	晋江
9	吉祥夜	《写给鼹鼠先生的情书》	红袖添香	阅文集团
10	随侯珠	《送你一个黎明》	云起书院	阅文集团
11	莫言殇	《白发皇妃》	潇湘书院	阅文集团
12	一路烦花	《夫人你马甲又掉了》	潇湘书院	阅文集团
13	蒋胜男	《燕云台》	浙江文艺出版社	浙江文艺出版社
14	夜北	《凤鸾九霄》	云起书院	阅文集团
15	冬天的柳叶	《掌欢》	起点女生网	阅文集团
16	安知晓	《我和黑粉结婚了》	小说阅读	阅文集团
17	西子情	《花颜策》	潇湘书院	阅文集团
18	萧七爷	《废柴夫人又王炸了》	云起书院	阅文集团
19	MS芙子	《天命凰谋》	云起书院	阅文集团
20	凤炅	《药门仙医》	云起书院	阅文集团
21	锦凰	《你好,King先生》	云起书院	阅文集团
22	淮上	《破云》	晋江文学城	晋江

---

① 资料来源:速途研究院.2019年中国网络文学作家影响力榜[EB/OL].(2020-01-07)[2020-04-15].https://www.sohu.com/a/365276918_174789.

(续表)

排序	作者名	小说名	出版平台	所属
23	姒锦	《乔先生的黑月光》	潇湘书院	阅文集团
24	绛美人	《嫁入豪门77天后》	云起书院	阅文集团
25	十月初	《炮灰她嫁了豪门大佬》	云起书院	阅文集团
26	恍若晨曦	《韩先生情谋已久》	红袖添香	阅文集团
27	意千重	《画春光》	云起书院	阅文集团
28	凤轻	《凤策长安》	潇湘书院	阅文集团
29	云霓	《齐欢》	起点女生网	阅文集团
30	莞尔wr	《前方高能》	起点女生网	阅文集团
31	公子衍	《穿书后她成了万人迷》	云起书院	阅文集团
32	紫伊281	《病娇反派今天也很乖》	云起书院	阅文集团
33	战七少	《电竞大神暗恋我》	云起书院	阅文集团
34	闲听落花	《暖君》	起点女生网	阅文集团
35	橙子澄澄	《农女福妃别太甜》	红袖添香	阅文集团
36	猪宝宝萌萌哒	《下下签》	云起书院	阅文集团
37	漫漫何其多	《FOG[电竞]》	晋江文学城	晋江
38	百香蜜	《我家影后超甜的》	云起书院	阅文集团
39	浮屠妖	《你是我戒不掉的甜》	云起书院	阅文集团
40	十四十四	《琉璃美人煞》	起点女生网	阅文集团
41	夏染雪	《贵女重生：侯府下堂妻》	云起书院	阅文集团
42	叶雪	《我喜欢的你都有》	红袖添香	阅文集团
43	天衣有风	《淑女飘飘拳》	起点女生网	阅文集团
44	梵缺	《天子谋婚》	云起书院	阅文集团
45	米西亚	《谁在时光里倾听你》	红袖添香	阅文集团
46	寻找失落的爱情	《六宫凤华》	起点女生网	阅文集团
47	连玦	《狂医废柴妃》	潇湘书院	阅文集团
48	穆丹枫	《佛系少女不修仙》	云起书院	阅文集团
49	风流书呆	《灵媒》	晋江文学城	晋江
50	微扬	《一见你我就想结婚》	云起书院	阅文集团

(二) 女性题材网络小说经营主体(出版平台)

目前,我国女性题材网络小说出版平台可分为两类,一类是专门出版女性题材网络小说的独立平台,如红袖读书、晋江文学城等;另一类是区分出女性题材板块的综合性出版平台,如豆瓣阅读、飞卢小说网、红薯中文网等。近几年,国内三家大型网络文学出版公司,即阅文集团、掌阅科技、中文在线,纷纷布局女性网络文学市场,组建独立的女性题材网络小说出版平台:阅文集团创立红袖读书,整合旗下 6 个女性题材网络小说网站;掌阅科技收购喵阅读;中文在线推出四月天文学网、火星女频 App。女性网络文学市场竞争越发激烈,凭借同质化的出版内容难以占据优势。因此,主流出版平台已逐渐形成出版特色,朝着分众化、垂直化方向发展。

1. 出版平台垂直化发展

一方面,女性题材网络小说的读者偏好垂直内容出版平台。《阅文大数据洞察:女性向市场升级趋势》报告显示,女性读者的首选网络出版平台分别是云起书院、起点女生网、晋江文学城,均为主要面向女性读者、出版女性题材网络小说的平台,侧面体现了数字阅读行业已跨过综合性内容时期,进入分众时代[①]。

另一方面,在女性题材网络小说出版平台中,根据不同的读者定位细分主打出版品类,也成为当前发展趋势。女性题材网络小说作者沐沐认为,每个出版平台都有属于自己的风格,她在其知乎专栏上总结的当前若干女性题材网络小说出版平台的主要风格,获得 682 人的赞同。沐沐提到,云起书院主打"总裁虐文",潇湘书院以"古言女强"为主,起点女生网流行"年代文"和"种田文",而红袖添香的读者年龄层相对较高,故以"婚恋文"为主[②]。根

---

① 速途研究院. 阅文大数据洞察:女性向市场升级趋势[EB/OL].(2017 - 06 - 27)[2020 - 03 - 31]. https://www.donews.com/news/detail/4/2958242.html.

② 沐沐. 网文作者来谈谈时下的女频网站[EB/OL].(2020 - 04 - 08)[2020 - 04 - 18]. https://zhuanlan.zhihu.com/p/22964289.

据对上述出版平台近期热门小说排行榜上的作品的观察,可以佐证沐沐的说法。云起书院、潇湘书院、起点女生网和红袖添香均为阅文集团旗下的女性题材网络小说出版平台,对阅文集团来说,自然需要区分各个平台的出版特色,以进一步挖掘不同读者群体的阅读需求。

同时,《2017中国网络文学蓝皮书》中提到,部分中小型网站凭借特色定位站稳脚跟,如"不可能的世界"小说网,致力于出版二次元小说,并成功吸引大量读者[①]。而豆瓣阅读同样通过分众定位,以特色的"新女性"小说在女性题材网络小说市场中占据一席之地。

2. 出版平台间"马太效应"加剧

由表2-1可知,目前国内影响力最高的50位女性题材网络小说作者集中在7个出版平台,仅阅文集团就包揽44位,分布情况可见表2-2的整合。

表2-2　2019中国网络文学影响力Top 50女频作家的出版平台分布情况

企业	出版平台	作家数
阅文集团	云起书院	23
	起点女生网	8
	潇湘书院	7
	红袖添香	5
	小说阅读	1
晋江	晋江文学城	5
浙江文艺出版社	浙江文艺出版社	1

由于阅文集团收购了多家女性题材网络小说出版平台,且其中的红袖添香、起点女生网、潇湘书院等网站均具有多年女性题材网络小说出版经

---

① 中国作家协会网络中心. 2017中国网络文学蓝皮书[EB/OL]. (2018-05-30)[2020-04-06]. http://www.chinawriter.com.cn/n1/2018/0530/c404027-30022514.html.

验,积累了较为丰富的出版资源;背靠腾讯,阅文集团在资本支持、IP运营等方面亦具有其他网络小说出版平台难以比拟的优势。根据2019年阅文集团财报可知,阅文集团在2019年总收入83.5亿元,同比增长65.7%[①],发展势头强劲。除阅文集团之外,自2003年创立的晋江文学城作为老牌女性题材小说出版平台,在"耽美"这一女性题材网络小说重要品类上具有突出优势,吸引了绝大部分致力于创作"耽美"小说的作者和喜爱阅读"耽美"小说的读者;掌阅科技、中文在线作为国内领先的网络文学出版平台,近年来积极布局女性题材网络小说市场,亦占据了一定市场份额。

在这样的发展状况下,女性题材网络小说出版平台间的"马太效应"愈发明显,即存在"强者愈强,弱者愈弱"的趋势,后来者难以与已具有雄厚资本实力或积累了大量女性题材小说出版资源的出版平台匹敌。

(三) 女性题材网络小说消费主体(读者)

《阅文大数据洞察:女性向市场升级趋势》报告中的数据显示,在数字阅读核心付费读者群体中,女性读者以56%的占比超过男性读者的44%。尤其是在新一代主流读者群体"Z世代"(Generation Z,泛指"95后")中,女性读者对于网络小说的付费意愿比例高达76.6%[②]。

1. "Z世代"读者崛起

2019年,网络文学读者群体表现出明显的迭代性。根据《2019年度网络文学发展报告》,在4.55亿网络文学读者中,"90后"读者已超总量的70%,其中"95后"和"00后"所占比例分别为18.49%和36.03%,二者相加超过50%;付费读者中,"95后"和"00后"所占比例一共为46.41%。"Z世

---

① 第一财经.阅文集团2019年财报[EB/OL].(2020-03-17)[2020-03-30]. https://www.yicai.com/news/100552688.html.
② 速途研究院.阅文大数据洞察:女性向市场升级趋势[EB/OL].(2017-06-27) [2020-03-31]. https://www.donews.com/news/detail/4/2958242.html.

代"已逐渐成网络文学接受主体和消费主力①。根据阅文集团的数据,"90后"、"95后"、"00后"三个年龄段的女性读者为其女性题材网络小说主要目标读者,其中"Z世代"已占据近40%的比例②。

"Z世代"的女性读者具有如下特征:

其一,女性独立自主意识逐渐觉醒,倾向于阅读"大女主"作品。在红袖读书的读者群体中,有60%以上的受访者认为"悦人不如悦己",偏好"大女主"③。

其二,"Z世代"具有注重精神享受、易受兴趣内容驱动的特征④。《2019年度网络文学发展报告》的数据显示,77%的"00后"容易为"有自己熟悉、喜欢元素的产品"付费。

其三,作为与互联网共同成长的一代,"Z世代"大多习惯于网络社交与网络表达。

2019年,起点中文网内社区板块的日活跃读者留存率达95%;弹幕功能的"本章说"(段评/章评)打开量占比超60%;平台社区"起点圈子"仅浏览量已超3.3亿⑤。对女性题材网络小说出版平台来说,需要顺应这一特点,提升读者之间的互动交流氛围,关注社交共读功能,推进阅读社区建设。

2. 女性读者粉丝化特征愈加显著

与男性读者相比,女性读者更易形成粉丝社群(fandom)。亨利·詹金

---

① 中国社会科学院文学研究所.2019年度网络文学发展报告[EB/OL].(2020-02-18)[2020-03-15]. http://www.literature.org.cn/wlwhywx_2173/202002/t20200218_5089802.shtml.

② 速途研究院.阅文大数据洞察:女性向市场升级趋势[EB/OL].(2017-06-27)[2020-03-31]. https://www.donews.com/news/detail/4/2958242.html.

③ 中国出版传媒商报.红袖读书发布2019女性婚恋观研究报告[EB/OL].(2019-03-08)[2020-03-15]. http://www.cbbr.com.cn/article/127474.html.

④ 颜维琦.Z世代加速"占领"网络文学领域[N].光明日报,2019-02-27(09).

⑤ 中国社会科学院文学研究所.2019年度网络文学发展报告[EB/OL].(2020-02-18)[2020-03-15]. http://www.literature.org.cn/wlwhywx_2173/202002/t20200218_5089802.shtml.

斯曾言,"粉丝是一个女性占绝对主导的社群"①。男性模式的阅读承认并尊重作者的权威,而女性读者更倾向于将自己置入"对话"关系中,也能够以积极身份参与创作②。如今的女性题材网络小说出版平台,为作者与读者,以及读者之间搭建了一个互动、交流的空间,为粉丝文化的形成提供了土壤。在此过程中,读者不仅仅是女性题材网络小说的受众,更是参与建构并流传文本意义的积极参与者。

《2019年度网络文学发展报告》提出,"粉丝化"已成为网络文学发展新的增长推动力,粉丝社群、粉丝共创等粉丝化特征愈加明显。许多女性读者在阅读网络小说之余,活跃在出版平台的社区板块,如晋江文学城的"兔区"、红袖读书 App 的社区话题功能等。阅文集团的调研数据显示,在其推出"兴趣社交"和"文字弹幕"等社区化功能后,目前平台内已形成书友圈、角色圈等 300 余个读者兴趣圈,喜好发布段评的读者的付费率比普通读者高 10%③。

三、豆瓣阅读女性题材小说出版机制研究

成立于 2013 年的豆瓣阅读,起初作为豆瓣网旗下产品之一发展,2018 年宣布从豆瓣分拆,独立融资,以实现网络文学及下游产业的更大愿景。笔者在分析当前豆瓣阅读女性题材小说出版理念、厘清已掌握的出版资源的基础上,从出版运营和宣传推广两方面对豆瓣阅读女性题材小说的出版机制展开论述。

---

① (美)亨利·詹金斯.文本盗猎者:电视粉丝与参与式文化[M].郑熙青译.北京:北京大学出版社,2016:300.

② (美)亨利·詹金斯.文本盗猎者:电视粉丝与参与式文化[M].郑熙青译.北京:北京大学出版社,2016:103.

③ 中国社会科学院文学研究所.2019 年度网络文学发展报告[EB/OL].(2020 - 02 - 18)[2020 - 03 - 15]. http://www.literature.org.cn/wlwhywx_2173/202002/t20200218_5089802.shtml.

(一) 豆瓣阅读女性题材小说出版理念

豆瓣阅读正式创立时,以"开辟类型化小说的更广阔天地,服务于高水平作者群体,并尽可能在流行性和文学性上实现兼容"①为目标。在女性题材网络小说出版过程中,豆瓣阅读不仅注重拓宽市场覆盖面,把读者置于中心地位,也强调小说内容价值与出版质量。

1. 以读者需求为导向

网络小说作为互联网时代的产物,在"以受众为中心"的传播模式下生长,与传统纸质图书的出版机制存在较大区别。由于我国大部分纸质图书出版商由事业单位改制而来,也承担了一定的公益出版职能,行业特质具有"商品属性"和"文化属性"的双重属性,出版商难以完全基于读者的需求决定出版行为。然而,网络出版平台面临的是完全市场化的环境,遵循优胜劣汰的市场规律。因此,作为网络出版平台的豆瓣阅读,在女性题材小说的出版运营和宣传推广过程中,要坚持以读者的需求为导向,否则极易落后于竞争对手、被市场淘汰。

由于豆瓣阅读的成立与发展依托于豆瓣网,其女性题材小说的读者大多由豆瓣网用户转变而来,这为其明确读者定位、捕捉读者需求提供了有利条件。尤其是自2005年上线的豆瓣读书栏目,10余年来积累了大量与读者阅读习惯有关的数据。通过分析这些数据,豆瓣阅读在出版女性题材小说时能够进行更有效的决策。同时,网络小说在线阅读的方式也使读者的意见可以即时反馈给出版平台,豆瓣阅读因而能够快速地调整出版行为,引导作者创作读者喜闻乐见的小说内容。

2. 强调小说内容质量

豆瓣阅读对自身的定位是"优质类型化小说出版平台",这与平台整体

---

① 豆瓣网.豆瓣阅读完成6 000万人民币A轮融资[EB/OL].(2018-01-23)[2020-03-25]. https://blog.douban.com/douban/2018/01/23/3768/.

的读者定位紧密关联。根据艾瑞指数①对豆瓣 App 的用户的年龄数据分析,31~35 岁使用人群占比最高,达 34.72%,其次是 25~30 岁人群,占比 27.89%;在区域分布上,以一二线城市,尤其是东部沿海一带城市的居民为主;在学历分布上,本科以上学历人群约占豆瓣用户的 60%。因此,整体而言,豆瓣阅读女性题材小说的主要目标读者群体为 25 岁以上、接受过高等教育的女性。

对这部分读者而言,过于浅显直白的小说内容未必能满足他们的阅读需求。所以,与完全的"大众化"作品相比,豆瓣阅读更追求"精品化"的小说作品。北京大学的网络文学出版研究者邵燕君认为,豆瓣网一贯被称作"全国文青基地",由其创立的豆瓣阅读为新一代"文学青年"搭建了一个更为便捷的网络出版平台,可视为"网络时代的'纯文学'移民"②。自豆瓣阅读发表的女性题材小说作品,在文学性上的表现明显高于其他网络出版平台,其"重质不重量"的要求亦与部分单纯追求噱头与点击量的出版平台的导向形成对比。在笔者的线上调研过程中,这一点普遍得到当前网络小说作者与读者的认同。

同时,豆瓣阅读注重加强对负面内容作品的审查,避免低俗化阅读取向对读者的侵蚀。除借助机器学习算法进行内容审核外,编辑在审稿过程中亦重视对负面内容的拦截,对签约作品、付费作品、推广作品的选取均十分严格。

3. 重点出版"新女性"小说

目前国内主打女性题材小说出版的网络文学平台中,既有以晋江文学城为代表的老牌出版平台,也有隶属于阅文集团、实力雄厚的红袖读书。如果一味紧跟流行趋势,难以与已有的强势出版平台竞争。因此,豆瓣阅读在

---

① 数据来源:https://index.iresearch.com.cn/new/#/app。
② 邵燕君."新文学"传统的断裂与"主流文学"的重建[EB/OL].(2012 - 09 - 04)[2020 - 04 - 10]. http://www.zgnfys.com/a/nfwx - 205_3.shtml。

明确自身读者定位的基础上,突出"职场女性""独立女性""集中于一、二线城市"等读者标签,围绕这些特性塑造"新女性"小说品类。豆瓣阅读的女性题材小说编辑如此定义"新女性"品类发展:关注城市化进程中女性社会地位的转变,讲述她们的职场和情感故事,展现领先时代的真正的独立女性形象,从而发掘更多记述当下女性声音的作者。①

通过在征文大赛中征集"新女性故事",豆瓣阅读逐渐强化对女性题材小说作者的创作引导,并由此汇集了一批侧重于描绘女性职业发展、个人成长与单身状态的"新女性"小说。与许多建构在"架空世界"的传统言情小说不同,"新女性"小说更倾向于表现当代女性的生活状态与真实诉求,更具有现实意义。

自 2018 年起,豆瓣阅读陆续联合浙江文艺出版社、江苏凤凰文艺出版社、广西师范大学出版社、天津人民出版社 4 家出版商②,以"新女性"品牌出版纸质图书。至此,"新女性"小说已成为豆瓣阅读女性题材小说出版的一面特殊的旗帜,也是其区别于其他女性题材网络小说出版平台的亮点。

(二) 豆瓣阅读女性题材小说出版资源

对网络小说出版平台来说,在平台上注册、签约的作者是最重要的出版资源。作者可以自行在平台上创作、连载作品,并与读者互动。有充足的作者资源才能保证作品的丰富性,从而吸引更多读者。

1. 作者资源分析

在豆瓣阅读成立之前,豆瓣网的"文艺"属性已吸引许多热爱阅读和写作、文化素养较高的年轻人入驻。2011 年票房过亿的电影《失恋 33 天》,该电影改编自豆瓣用户大丽花在帖子里以"直播"方式撰写的故事;2013 年由

---

① 豆瓣阅读. 豆瓣方舟文库·新女性[EB/OL]. [2020 - 03 - 25]. https://book.douban.com/series/43439.

② 截至 2020 年 3 月 30 日。

中信出版社出版的《我的朋友陈白露小姐》，在豆瓣网上有 8000 多人标记"读过"①，该作品改编自豆瓣用户海棠在日记中写下的短篇小说。豆瓣阅读的出现，为更多怀揣写作才能与表达欲望的用户提供了更好的创作平台。

如今，豆瓣阅读的作者数量为 75 042 人②。其中，明星作者和签约作者是经过出版平台筛选的固定作者资源。基于出版理念，豆瓣阅读对女性题材小说的明星作者和签约作者提出较为严格的筛选标准，读者偏好是其中重要的考虑因素。

（1）明星作者

当前豆瓣阅读的明星作者一共有 38 人③，其中 10 人以撰写女性题材小说为主（见表 3-1）。对于明星作者的选择，除考虑写作质量外，个人特色、作品受欢迎程度、连载稳定性、创作产量等因素同样是考量标准。

表 3-1　豆瓣阅读女性题材小说明星作者列表④

作者	已发表作品数量	作品总阅读量	简介
叶小辛	9	5 946 983	豆瓣阅读征文大赛首奖作者，毕业于上海交通大学，目前任职于民航。
兰思思	18	7 633 263	都市情感与职场生活书写者。
蔡青	14	833 836	医学博士，擅长以女性、医疗为题材的轻悬疑故事。
伊北	30	15 628 214	毕业于北京师范大学中国现当代文学研究所。以温情的现实题材见长。
王平常	8	1 568 598	现居加拿大，用理工科思维写小说，致力于探索新女性的自我成长。
易难	12	1 264 213	毕业于斯坦福大学，现职编剧，擅写海外华人女性复杂的生活状态。

---

① 截至 2020 年 4 月 30 日，数据来源：https://book.douban.com/subject/24754720/。
② 截至 2020 年 3 月 25 日，数据来源：https://read.douban.com。
③ 截至 2020 年 3 月 25 日，数据来源：https://read.douban.com/star_authors/womens_fiction。
④ 表格内数据统计时间截至 2020 年 3 月 25 日。

(续表)

作者	已发表作品数量	作品总阅读量	简介
刘玥	20	17 692 247	先后求学于北京大学、耶鲁大学和加州伯克利大学,追求创作有深度的国际言情小说
金牙太太	6	4 141 904	毕业于南京大学,前媒体人,现于高校任职。
酸菜仙儿	3	375 021	文学硕士,擅长写作喜剧故事。
辽京	20	395 196	在北非工作两年,曾任记者。

在10位以撰写女性题材小说为主的明星作者中,有9位女性作者和1位男性作者。已发表30部作品、总阅读量位居第2的伊北就是一位男性作者。他的活跃有助于打破女性题材小说创作中的"刻板印象",并非只有女性作者才能写出受到女性读者喜爱的故事,男性作者一样可以成为女性题材网络小说的畅销作者。

同时,从上述明星作者的作品总阅读量可以看出,大部分作者的作品具有较高的市场号召力,单部作品的平均阅读量基本在10万以上,吸引"粉丝"的能力较强。如作者刘玥,其单部作品平均阅读量为884 612,颇受读者欢迎。在作者运营和版权运营环节可以持续关注,深入开发作者个人及其作品的潜在价值。

(2) 签约作者

每位网络小说作者在同一时段内只能选择签约一家网络出版平台。因此,每一个平台的签约作者都是独家资源。目前,豆瓣阅读女性题材小说签约作者的年龄层集中在"80后"至"95后",其中"85后"女性数量较多。与明星作者的情况类似,签约作者普遍学历较高,或是具有较为亮眼的工作经历。作者群体的这些特质,与当前豆瓣阅读女性题材小说目标读者的高学历特征具有一致性,且作者与读者的年龄段较为相近,所创作的内容更易引发读者共鸣。

2. 作品资源分析

目前在豆瓣阅读平台上，一共可检索得到原创女性题材小说 5 126 部①，包括已完结和正在连载中的作品。一方面，这些作品能够给予读者多样化的阅读选择；另一方面，可作为版权资源供纸质图书出版商和影视企业等进行二次开发，为平台和作者带来更多收益。

依据小说内容主题，并参考豆瓣阅读为不同作品附加的标签，可将目前平台上主要的女性题材小说选题类型分为 10 种（可检索到的作品数量在 100 部以上），不同类型标签下的作品数量可见表 3-2。

表 3-2 豆瓣阅读女性题材小说类型标签及作品数量②

类型标签	作品数量（部）
职业女性	548
单身女性	516
女性成长	1 104
家庭故事	393
闺蜜友情	211
异国恋情	104
青梅竹马	373
浪漫喜剧	155
幻想言情	317
历史言情	248

可以看到，豆瓣阅读女性题材小说已有的选题类型涵盖爱情、友情、亲情、个人成长等多种主题。虽然其中总离不开对爱情的叙述，但相较传统言情小说而言，豆瓣阅读女性题材小说的选题类别显然更为丰富。其中，"单

---

① 截至 2020 年 3 月 25 日，数据来源：豆瓣阅读原创小说作品筛选页面 https://read.douban.com/category? kind=501。

② 表格内数据统计时间截至 2020 年 3 月 25 日，数据来源：豆瓣阅读原创小说作品筛选页面 https://read.douban.com/category? kind=501。

身女性"标签下的作品有 500 余部,"女性成长"标签下的作品已超过 1 000 部,可见大量作者倾向于创作独立自主的女性故事。

豆瓣阅读按照女性题材小说作品的字数以及连载状态,划分出 5 个榜单,依据作品热度、阅读时长等进行推荐,分别为长篇连载榜、长篇连载潜力榜、长篇完本榜、中篇榜、长篇推荐月榜。从这些榜单中,可以看出不同类型作品受读者欢迎的程度。

笔者记录了不同选题类型的女性题材小说在 2020 年 3 月第 3 周内登上豆瓣阅读榜单的次数(见表 3-3),并进行排序,可见目前读者普遍对职业女性成长以及婚姻家庭类选题更感兴趣,此类选题与大部分目标读者的实际生活关联性更强。

表 3-3 不同类型女性题材小说登上豆瓣阅读榜单的次数[①]

类型标签	上榜次数(次)
女性成长	20
职业女性	14
家庭故事	10
单身女性	8
闺蜜友情	6
青梅竹马	5
幻想言情	4
历史言情	4
浪漫喜剧	3
婆媳关系	1
异国恋情	1

同时,上榜作品标签类型较为多元,没有出现某种类型"霸榜"的情况。并且作者的创作趋势与平台内读者的阅读流行趋势基本保持一致,豆瓣阅读的编辑为作者的创作提供了较好的引导。

① 为 2020 年 3 月 16 日至 2020 年 3 月 22 日的榜单数据。

(三) 豆瓣阅读女性题材小说出版运营

在实际出版过程中,豆瓣阅读围绕其女性题材小说出版理念,积极出版"新女性"小说作品。从作者挖掘、作品编辑到版权输出与版权运营,豆瓣阅读有自己独特的路径。

1. 作者挖掘与服务

作者是出版平台的重要资源,许多已具有一定名气的作者,能够为平台吸引到更多读者。豆瓣阅读在选用编辑人员时如此说明:"编辑服务作者的意识与甄选作品的能力一样重要。"①因此,对新作者的挖掘、对优秀作者的服务、对明星作者的包装,体现了网络出版平台编辑人员的能力。

(1) 对新作者的挖掘与培养。

新作品的诞生来自作者的创作,为保证平台内容的丰富性,必须不断扩充作者团队,才能带来源源不断的新作品。挖掘和培养新作者是编辑重要的日常工作之一。

① 充分挖掘有潜力的新作者。

目前豆瓣阅读对于新作者的挖掘主要有以下两种方式。

其一,海量阅读平台上的新发表作品,邀请优质新作者成为签约作者。这是编辑挖掘新作者的常规方式。基本每天都有 100 位左右的新作者加入豆瓣阅读②,并在其上发表新作品。其中,2 万~8 万字的中篇小说需创作完成后发表;预计全稿字数在 8 万字以上的长篇连载可以分章节发表。如作者已完成中篇小说的发布,或长篇连载达到 2 万字,即可主动向平台发起签约,编辑会对其进行审阅。同时,编辑亦会广泛阅读平台内近期热度较高或连载稳定的小说,对写作质量较高的作者主动发起签约。

---

① 豆瓣阅读. 欢迎来豆瓣阅读工作[EB/OL]. [2020 - 03 - 26]. https://www.douban.com/note/690572297/? from=tag_all.

② 此为 2020 年第一季度的普遍状况。

其二,借助征文比赛,挖掘潜力作者。每年进行的征文比赛、长篇拉力赛以及主题征稿活动,是编辑们挖掘新作者的重要窗口。同时,由于此类活动参赛者及关注读者数量众多,在活动中获奖,能够快速为作者带来较高的关注度和知名度,从而积攒一批原始的"粉丝"资源。如在第四届征文比赛中凭借小说《空港》获得职业女性故事组首奖的作者叶小辛,如今已成为豆瓣阅读的明星作者。《空港》系列的两部作品亦已出版纸质图书,并售出影视版权。

② 为新作者提供多层次的写作指引。

除编辑给予的建议外,互联网平台的便利性,使豆瓣阅读为新作者们提供了较为完善的自助写作服务。

首先,注册成为豆瓣阅读作者之后,可以获取完整的豆瓣阅读入门写作指南。其共包含 10 个小节,从写作之前的选择,到行文和写作的建议,以及如何通过标签和作品导言触及目标读者,每一部分都有清晰的说明。同时,这份写作指南会根据豆瓣阅读产品的演进、作者及读者的需求变化而不断更新。

其次,在发布作品的过程中,每一环节都有对应的指引信息。在填写作品标题时,会出现针对标题拟定的建议,如设计有明显多重含义或留下悬念的标题;在填写作品简介时,会建议作者阐明故事的核心情节与基本人物关系;若作者选择创作女性题材小说,会提醒作者需以女性为小说主角、应重视女性形象塑造。

此外,关于写作基本要求、连载状态与其他需要完成的事项,都在平台内有详细说明,足以为新作者提供充分的写作指引,使其更快速地适应豆瓣阅读的写作环境。

(2) 对签约作者的服务与激励。

写作质量佳、创作风格符合豆瓣阅读女性题材小说定位的作者,有机会成为豆瓣阅读的签约作者。其中,不少人气签约作者已完成了向明星作者的过渡。因此,完善对签约作者的服务与激励机制,有助于留住优秀作者资源,提升作者的创作积极性。目前豆瓣阅读针对签约作者的服务与激励措施主要可分为以下几点。

① 提供更多曝光机会。

首先,签约作者的小说作品可以登上豆瓣阅读网站和 App 首页的推荐位、专题栏及排行榜等。"签约新作""重磅推荐""专题荐书"等推广位,均为签约作者专享。同时,豆瓣阅读在豆瓣网以及微博、微信等平台的官方账号,也会定期对签约作者发布的小说进行推荐,从而吸引更多读者的关注及阅读。

其次,签约作者将获得"豆瓣阅读作者"的专属标识并展示在豆瓣网个人页面。据豆瓣阅读签约作者刘青羽所言,作者可以凭借此标识在微博等平台申请"加 V"认证。此类认证标识有利于为作者们在相应社交平台上的个人账号带来更多关注者。

② 完善销售分成模式。

在豆瓣阅读上,只有签约作者才可以获取小说作品的销售分成。按销售方式划分,签约作者可获得的收益分为"入 V 销售""完本销售""会员销售""第三方平台销售"四种主要类型。

其中,"入 V"是网络小说出版的经典销售模式,即连载中的作品从特定章节开始进行单章定价销售,由于定价章节一般在网络出版平台上被称为"VIP 章节",因此定价过程被称为"入 V"。对于积累了较高人气的连载作品,"入 V"可以帮助作者利用连载时的高人气获得较丰厚收益。在豆瓣阅读上,一般将 70% 的销售额分成给作者①。

"完本销售"即中篇完本作品签约后直接定价销售,或连载作品完结后使用完本定价功能进行定价销售。具体分成模式与"入 V"销售方式一致。

"会员销售"模式建立在豆瓣阅读的读者会员制度之下。从 2019 年 8 月开始,读者可以购买会员,免费阅读会员书库的作品。加入会员免费书库的作品可享受会员费分成,按月度结算,将每日单部作品结算金额进行累加

---

① 豆瓣阅读. 豆瓣阅读"入 V"定价简介[EB/OL]. [2020-03-26]. https://www.douban.com/note/690572297/? from=tag_all.

后计算阅读收入。具体结算方式可参考图 3-1。

单本书籍 A 结算基数 = 书籍 A 原价 × 书籍 A 有效阅读次数

单本书籍 A 结算金额 = (会员总收入($\sum Pi$) − 第三方渠道费) × $\dfrac{书籍 A 结算基数}{所有会员免费书籍结算基数之和}$ × 分成系数

会员总收入($\sum Pi$) = $\dfrac{P1\ 开通价格}{P1\ 开通天数} + \dfrac{P2\ 开通价格}{P2\ 开通天数} + \dfrac{P3\ 开通价格}{P3\ 开通天数} + \cdots + \dfrac{Pi\ 开通价格}{Pi\ 开通天数}$ (P = 开通项;i = 1,2,3$\cdots n$)

图 3-1　豆瓣阅读"会员销售"模式结算规则[①]

"第三方平台销售"包含在亚马逊 Kindle、喜马拉雅有声书等平台上的销售。通常情况下，按照作品授权协议，扣除第三方分成后，作者可获得50%的收益。

③ 引入创作激励机制。

目前豆瓣阅读已针对签约作者初步引入创作激励机制。一是设置奖励金计划，分为勤奋写作奖励和读者热议奖励。其中，勤奋写作奖励的获取标准为，单部长篇连载小说在一个自然月内的更新篇数超过 12 篇，且有 12 篇以上的单章更新字数超过 2 000 字，作者即可获得奖励金。而中篇小说在签约当月即可获得奖励金。目前，奖励金额针对新老作者有所区分，从 100 元至 300 元不等。

二是设置豆瓣阅读"小雅奖"。"小雅奖"每个月评选 2 次，其中"最佳作者"奖项用以奖励三个月内有新创作的签约作者，豆瓣阅读编辑部会综合作者近 3 个月内的作品被读者阅读、购买、评价的次数，在所有候选的"热门作者"中选出获奖作者，给予 2 000 元的奖金。除可获得奖金收益外，获奖作者及其作品可能出现在豆瓣阅读首页推荐位上，这对作者来说亦是难得的展示机会。

---

① 资料来源：豆瓣阅读作者收入结算说明[EB/OL].[2020-03-27]. https://read.douban.com/submit/agent/63767853/sales.

④ 推荐参评文学奖项。

获得文学奖项能够对作者产生极大的激励作用,既是对创作才能的肯定,也是后续版权运营的一块"敲门砖"。长期以来,豆瓣阅读积极推荐签约作者的小说作品参与各大文学奖项的角逐,已有多名作者获得华语星云奖、"岛田庄司推理小说奖"等奖项。

在女性题材小说作者中,伊北、叶眉曾凭借小说《六姊妹》《两个人的晚餐》入选"2019 年北京市向读者推荐优秀网络文学原创作品"名单①。这一名单由北京市新闻出版局选定,具有一定影响力。

(3) 对明星作者的包装与宣传。

明星作者的创作反映了豆瓣阅读女性题材小说的主流创作趋势,同时也是平台实力的展现。除普通作者和签约作者可获得的服务外,明星作者还能得到豆瓣阅读集中的展示、宣传与资源倾斜。

① 通过线上推广打响知名度。

首先,豆瓣阅读网站与 App 首页存在专门的"明星作者"栏目,平台内所有明星作者均位列其中,并按照女性、悬疑、科幻等细分创作方向将作者进行划分。每一位明星作者都可获得单独的专栏与个人介绍。同时,一对一的责任编辑会对明星作者的个人形象以及作品风格定位有所把控。

其次,豆瓣阅读会不定期对明星作者进行个人专访,或整理明星作者的小说作品,以合集推荐、内容精选等形式在不同平台发布。在女性题材小说明星作者中,对叶小辛个人作品的推荐就曾在豆瓣阅读微信公众号发布的33 篇推文中出现②。通过在豆瓣阅读站内与相关内容平台的频繁曝光,读者更有可能对明星作者产生熟悉感,因而更倾向于购买、阅读由他们发表的作品。

---

① 豆瓣阅读. 平台两部作品入选 2019 优秀网络文学作品名单[EB/OL]. (2019 - 10 - 24)[2020 - 03 - 27]. https://read.douban.com/reader/bulletin/125257870/.

② 截至 2019 年 3 月 27 日。

② 线上线下联动宣传。

针对明星作者，豆瓣阅读曾筹划一系列线下活动，如"小说日"、作者沙龙、新书签售会等，从而进一步提升明星作者的影响力。

如在 2019 年 5 月于北京举办的女性主题沙龙"言情小说需要怎样的男主角"中，活动邀请到明星作者金牙太太、王平常参加，他们基于个人的创作体验进行分享，并与到场读者展开交流。2019 年 3 月，豆瓣阅读携手澳大利亚驻华大使馆，合作举办"澳大利亚文学周"豆瓣阅读专场活动，以"恋爱小说与爱情算法"为主题，女性题材小说明星作者酸菜仙儿受邀参加，与来自澳大利亚的作家一同讨论对于"恋爱小说"的新的看法。这些活动让明星作者从线上走到线下，不仅能使他们获得更高的价值认同感、更有可能对平台产生依赖，也有利于巩固自己的读者群体。

2. 作品编辑与加工

女性题材网络小说的出版，离不开网站编辑人员的活动。虽然豆瓣阅读创建伊始，以作者的自由创作模式为主，编辑仅起到审稿与决定是否进行作品签约的作用，但随着平台的发展与大环境下网络小说 IP 热度的提升，编辑已经开始更多地参与到小说作品的创作过程中。

(1) 介入作者创作，引导选题

通过豆瓣阅读推出的征文大赛、主题征稿与长篇拉力赛等活动，编辑开始更多地介入到小说的选题阶段。其中，征文大赛自 2014 年发起，如今已举办至第七届。2017 年的第四届征文大赛，豆瓣阅读开始有意识地框定作者的选题范围，以"职业女性故事"为主题征稿。在此之前，只有"女性"这一主题。

创办于 2019 年的豆瓣阅读长篇拉力赛，使得选题变得更加具体。2020 年女性组长篇拉力赛中，"亲密关系"和"轻装上场"为赛事主题，其中"轻装上场"主题特别强调需"以女性在'情场''职场''生活场'中的成长经历为主线"①,而且创作风格要鲜明。

积极引导小说选题,既能帮助新人作者把握创作方向,更有益于编辑把控平台上的小说内容,从而带动更多符合"新女性"定位的小说作品诞生。

(2) 跟进创作过程,参与完善作品

对于签约作品,豆瓣阅读均会安排责任编辑,在创作过程中主要起到内容把关的作用。除了在审读过程中避免错误的内容导向以外,责任编辑会对小说标题、简介,以及故事的谋篇布局、情节安排等方面提出一些修改建议。由于编辑往往比作者更了解平台内读者的阅读习惯与阅读偏好,适当的改稿建议会使小说更具有吸引力。

(3) 形式与内容:把控签约作品的装帧设计风格

对于列表中的小说,能够吸引读者点击的元素,除了标题、简介以外,还有小说的封面。针对签约作品,豆瓣阅读特有的设计服务能够为其打造更亮眼的封面。责任编辑除了审核文字和内容之余,也会注意作品的封面设计与创作特色是否相协调。签约作品的封面统一出自豆瓣平台的设计师之手,在审美层面可以给读者留下较好的印象。

3. 版权运营与版权输出

对于签约作者创作的女性题材网络小说,豆瓣阅读会为其提供版权推广机会,作为作者的激励手段之一。通过版权运营与版权输出,有益于豆瓣阅读提升自身影响力,同时可以为作者及平台带来更多收益。

(1) 版权运营

豆瓣阅读目前的女性题材网络小说版权运营尝试,主要在图书出版、影视作品、舞台剧,以及有声书改编等领域。由于豆瓣阅读不具备纸质书出版资格,缺少其他内容形态媒介产品的改编实力,豆瓣阅读通常选择与网络文学出版下游企业合作完成版权运营。

---

① 豆瓣阅读.豆瓣阅读第二届长篇拉力赛[EB/OL].[2020-03-26]. https://read.douban.com/rally/2/.

① 版权运营维度。

豆瓣阅读已与纸质图书出版商合作出版 26 部女性题材小说[①]。豆瓣阅读自 2014 年底开始运作纸书的出版，2018 年和 2019 年纸书的数量显著增多。合作的出版商中既包含人民文学出版社等老牌出版社，也有新经典文化、浦睿文化等民营出版商(见表 3-4)。

豆瓣阅读已有 28 部女性题材小说作品售出影视版权。其中，描述爱情、职场生活、婚姻家庭这三个主题的小说作品最受影视公司青睐。《空港：云霄路上》《安居乐业》《金融街没有爱情》《不过神仙和没事妖怪》《我的相亲路上满是珍禽异兽》(又名《那些在动物园里找对象的日子》)5 部小说作品，既获得了纸质图书的出版机会，又获得了影视改编版权。

表 3-4 豆瓣阅读女性题材小说纸质图书出版情况

已出版小说	出版时间	合作出版商
《我们夜里在美术馆谈恋爱》	2014 年 11 月	中信出版社
《荡平千军万马，等你前来爱我》	2015 年 9 月	北京联合出版公司
《不许青梅见白头》	2015 年 10 月	江苏凤凰文艺出版社
《逆光也是种向阳》	2015 年 11 月	测绘出版社
《严晓丽我最亲爱的人》	2015 年 11 月	四川人民出版社
《我想站在你身边》	2016 年 2 月	四川人民出版社
《你好，抑郁》	2016 年 3 月	中信出版社
《一场说走心就走心的恋爱》	2016 年 5 月	中国华侨出版社
《我二十九岁的夏天》	2016 年 7 月	北京联合出版公司
《看了高兴的爱情故事》	2016 年 8 月	北京联合出版公司
《世界上到底有没有百分之百的异性恋》	2016 年 10 月	中信出版集团
《我不知道该如何像正常人那样生活》	2016 年 10 月	上海文艺出版社
《燕子最后飞去了哪里》	2017 年 1 月	人民文学出版社
《如何让女人免于心碎》	2017 年 4 月	北京联合出版公司
《一些时刻》	2018 年 3 月	理想国｜广西师范大学出版社

---

① 截至 2020 年 3 月 25 日，数据来源：豆瓣阅读出版计划 https://read.douban.com/bulletins/saleofrights/≠publishing。

(续表)

已出版小说	出版时间	合作出版商
《港岛之恋》	2018年9月	江苏凤凰文艺出版社
《喜欢就买单》	2018年11月	江苏凤凰文艺出版社
《吃麻雀的少女》	2018年12月	新经典文化
《急诊室女神》	2018年12月	上海文化出版社
《我的相亲路上满是珍禽异兽》	2018年12月	果麦文化
《空港:云霄路上》	2019年3月	浙江文艺出版社
《不过神仙和没事妖怪》	2019年4月	新民说|广西师范大学出版社
《金融街没有爱情》	2019年7月	新民说|广西师范大学出版社
《单身在线》	2019年8月	浙江文艺出版社
《新婚之夜》	2019年11月	中信出版集团
《安居乐业》	2020年1月	中国友谊出版公司
已售出版权(还未出版)		**合作出版社**
《倒霉女神和她的幸运宠物》		木本水源文化
《女神蒙上眼》		天地出版社
《两个人的晚餐》		人天兀鲁思

豆瓣阅读自2019年起将热门女性题材小说作品制作为有声书,发布在喜马拉雅平台上出售。如今共有9部女性题材小说转化为有声读物。目前单部有声书中阅读量最高的作品为长篇连载小说《六姊妹》,以讲述女性家庭生活为主题,总播放量374.1万[①]。

在豆瓣阅读出版的女性题材小说中,有个别作品被授权改编为舞台剧。第一届豆瓣阅读征文大赛中获得优秀奖的作品《女孩们在那年夏天干了什么》,在2015年改编为舞台剧,并在北京人艺实验剧场上演。

② 版权运营策略。

豆瓣阅读的常规版权运营模式是定期汇总《豆瓣阅读出版推荐月报》,向存在合作意向的50家出版社、300家影视公司进行版权推荐[②]。

---

① 截至2020年3月25日。
② 数据来源:https://read.douban.com/submit/contract_benefit。

2019年开始,豆瓣阅读积极优化版权运营方式。第一届长篇拉力赛活动中,豆瓣阅读从赛事命题阶段开始,就与部分版权合作方进行商议。在参赛作品的连载过程中,版权合作方作为观察团,从不同角度考察小说质量,并向作者提供他们的意见。同时,观察团将有权优先获取出版、改编作品的授权。

至第二届豆瓣阅读长篇拉力赛,一共有12家版权合作方加入观察团,其中有6家影视企业组成的影视观察团,4家纸质图书出版商组成的出版观察团,以及自2020年开始与豆瓣阅读开展合作的"特别观察团":有声平台喜马拉雅和漫画平台快看漫画①。在赛事尚未结束、作品仍在连载的过程中,已有影视制作公司购买热门女性题材小说的影视改编权。

基于这样的形式,版权合作方能够在选题和创作过程中对作者产生影响,从而在豆瓣阅读上获取更多他们感兴趣的、更具改编潜力的、能够为市场所认可的女性题材小说作品;豆瓣阅读也能加速版权运营,帮助更多的女性题材小说走上跨平台、跨媒介传播之路。

(2)版权输出

在豆瓣阅读出版的女性题材小说中,由酸菜仙儿创作的《我的相亲路上满是珍禽异兽》已售出繁体出版权,2019年9月由台湾三采文化正式出版。

由日本知名插画家河尻圭吾(Keigo)绘制的封面插画,在宣传推广时成为亮点。新书问世时,登上了三采文化自营图书销售平台——三采网路书店的首页推荐位。

(四)豆瓣阅读女性题材小说的宣传推广

豆瓣阅读在已出版的女性题材小说进行宣传推广的过程中,除了开展基本的渠道运营工作之外,同样重视读者的维护。只有不断完善面向读者的阅读服务,丰富读者运营方式,才能赢得更多读者。

---

① 豆瓣阅读.豆瓣阅读第二届长篇拉力赛[EB/OL].[2020-03-26]. https://read.douban.com/rally/2.

1. 多渠道整合营销

互联网及移动设备的普及、数字内容产业的兴盛,使网络读者的注意力成为一项稀缺资源。如何在纷杂的信息中"突出重围",获取更多读者的关注,对出版商来说是一道难题。在女性题材网络小说宣传推广的过程中,豆瓣阅读充分调动现有的渠道资源(见表 3-5)以维持作品与作者的曝光度、增强与读者的接触,尽可能吸引更多读者的注意力,并进一步促进营销目的达成。

(1) 多渠道运营

借由豆瓣阅读已有的渠道资源、作者个人的社交网络和第三方媒体,营销内容通过以下不同方式在向读者输送。

表 3-5　豆瓣阅读女性题材小说分销渠道与营销推广渠道①

渠道类型		渠道名称
分销渠道	自有渠道	豆瓣阅读
	内部渠道	豆瓣读书
	外部渠道	亚马逊 Kindle

渠道类型		渠道名称	关注度
营销推广渠道	自有渠道	豆瓣阅读	/
	内部渠道	豆瓣网	网站日均访问量 2 000 万次以上②;官方账号粉丝数量 64 061 人
	外部渠道	微信公众平台	公众号日均阅读量 7 000 左右
		微博	官方账号粉丝数量 647 873 人
		知乎	官方账号粉丝数量 2 745 人

① 基于豆瓣阅读渠道资源的营销推广。

豆瓣阅读网站和 App 首页的运营推广位是重要的流量入口。豆瓣阅

---

① 表格内数据统计时间截至 2020 年 3 月 25 日。
② 2020 年 1 月至 3 月间数据情况,数据来源:http://www.alexa.cn/traffic/douban.com。

读会根据近期的读者搜索、阅读与评论等数据，了解近一段时间内读者关注的热点和内容，确定近期需要着重宣传的女性题材小说作品，放在豆瓣阅读网站和 App 较为明显的推广位。如读者个人关注的作者或订阅的作品产生更新，读者会在 App 上收到通知。对于平台上的一些重要消息，如某作品成功签约出版，售出了影视版权，会以滚动消息栏的形式在首页展示。

定期通过豆瓣网发布营销推广内容。平时豆瓣阅读的重要活动——征文大赛、长篇拉力赛等，会通过豆瓣网首页发布专题广告，以辐射更多潜在的读者；豆瓣网官方认证账号上也会定期发布原创书单、小说推荐等内容，以促进更多的豆瓣网用户转化为豆瓣阅读的读者。

豆瓣阅读通过微信、微博、知乎等平台建立官方账号，以维持自己的"曝光度"。目前，豆瓣阅读在其官方微信公众平台上每天会发布推文，内容包括小说作品推荐、版权推荐、人气新文、活动资讯等。豆瓣阅读官方微博账号发布消息的频率为每日 7 条左右，内容包括作品推荐、小说内容节选、活动资讯、签约快讯等。在微博平台上，除自身宣传推广的内容以外，会和粉丝展开评论回复和积极的点赞等互动，并和其他出版商、媒体通过相互转发的形式进行宣传资源的置换。豆瓣阅读官方知乎账号平均每周在知乎上发布 4 条动态，内容以小说推荐和活动宣传为主。

② 作者个人的营销推广。

许多人气作者已经在不同的社交平台上积累了一批忠实的读者群体。如鲍鲸鲸在豆瓣网以网名"大丽花"发表原作小说《失恋 33 天》时，在其个人粉丝组建的"我们是花粉"小组内进行连载。但小说内容之精彩，吸引了越来越多的人在豆瓣网内转发，并逐渐被分享到其他媒介平台。小说热度的提升，引起了出版商和影视公司的注意。

如今，豆瓣阅读的大部分女性题材小说作者，尤其是签约作者和明星作者，在发表新作时都会在作者个人的不同平台宣传，以吸引更多读者前往豆瓣阅读，付费购买自己的小说作品。借助作者个人的宣传渠道，能够更快接触到目标读者。

③ 通过专业媒体进行宣传。

经过专业媒体的宣传，既可以吸引更多读者阅读、购买豆瓣阅读的女性题材小说作品，也可以提升豆瓣阅读品牌在读者中的知名度。

一些媒体宣传稿中，有针对小说作者的人物专访，如澎湃新闻曾把对作者朱一叶的人物访谈发布在其官方平台上。还有对新作的推荐，如《南京日报》《深圳商报》，曾分别对叶小辛的《空港：云霄路上》及沈书枝的《燕子最后飞去了哪里》进行推荐，这两位作者不仅是豆瓣阅读明星作者，还曾是豆瓣阅读征文大赛的冠军。此外，豆瓣阅读征文大赛作为文学性较强、特色鲜明的网络小说征文比赛，一直颇受各界关注。《北京晚报》、澎湃新闻、新华网等媒体，都对豆瓣阅读征文比赛的赛况进行过报道。

(2) 针对渠道特性定制推广内容

下文以豆瓣阅读明星作者伊北于 2019 年发表的女性题材小说《美人余》为例，分析豆瓣阅读如何针对不同渠道特性安排推广内容。

首先，在由豆瓣阅读发布的《美人余》相关推广内容中，具体包括以下几种方式：① 在豆瓣阅读网站及 App 上发布专题推荐。由于《美人余》是 2019 年长篇拉力赛参赛作品，在赛事过程中，编辑会定期汇总热门作品并以专题形式发布，这既是向读者推荐，亦是鼓励作者创作。因为《美人余》曾连续 6 期入围关注名单，在售出影视改编版权时，豆瓣平台将此信息以滚动消息的形式向读者公示。② 在豆瓣网官方账号上撰写专文推荐。豆瓣网的推荐文章往往会扣住《美人余》故事中"女性成长"与"闺蜜友情"的关键词，以书单推荐的形式吸引豆瓣用户，并将《美人余》放在推荐书单的第一顺位。③ 在微博官方账号上以碎片化图文内容推荐。微博用户普遍喜爱阅读字数较为精简且图文并茂的内容，因此《美人余》的微博推荐以搭配图片的碎片式内容摘录为主，并附带阅读链接，以吸引读者跳转至豆瓣阅读。④ 在微信公众号上进行综合推荐。在微信公众号上发布的《美人余》推荐内容，形式较为多元，既有围绕内容主题及亮点撰写的专题推荐文章，也有将《美人余》列入近期热门小说、拉力赛成绩汇总等内容合集进行推荐。同时，由于微信公众平台汇集的内容较多，在其上发布的推广内容，通常更加注重标题的拟定，以更富悬念或冲突感的文字促使微信关注用户点击，如《美人余》推荐文标题"好女孩得个'好'字，坏女孩得到所有？"以及"这个时代的好女孩们，在各自演绎着怎样的人生？"等。

其次，伊北作为中国作家协会会员，在成为豆瓣阅读作者之前曾出版多部纸质图书，其个人微博账号关注人数接近 10 万，知乎账号关注人数超过 1 万，豆瓣粉丝超过 3 000[①]，已积累一批较为稳固的读者群体。在《美人余》的推广过程中，伊北在个人的微博、知乎、豆瓣账号上均发布了相应推广内容，并积极与读者互动，除在豆瓣阅读上回复读者的评论外，还通过其个人豆瓣账号转发读者的书评文章，从而鼓励更多读者进行评论与内容分享。

如今，《美人余》在豆瓣阅读上已有近 70 万阅读量，累计获得 2 万多张读者推荐票[②]，在同期女性题材小说作品中表现较佳。这是豆瓣阅读与伊北本人通过不同渠道联合进行小说营销推广的结果。

2. 读者拓展与维护

对读者群体的拓展和维护是网络小说出版平台不容忽视的重点。只有凝聚更多的读者资源，才能为平台和作者带来更高的收益。从新读者的引入到对读者付费行为的促进，豆瓣阅读在各个环节均存在不同的运营方式。

（1）加速新读者的引入

首先是从豆瓣网用户中引流。目前豆瓣网注册用户数量已超 2 亿，而豆瓣阅读累积读者数约为 2 000 万[③]，在豆瓣网上依然存在一定数量的潜在读者，未能得到充分的挖掘，因此，豆瓣阅读会定期在豆瓣网上发布首页广告与活动推荐。同时，作为豆瓣网的核心板块，在豆瓣读书页面内搜索到相应作品时，也可以方便地跳转到豆瓣阅读。这些方式都有助于将豆瓣网的

[①] 数据截至 2019 年 3 月 28 日。
[②] 数据截至 2019 年 3 月 28 日。
[③] 北京晚报. 豆瓣阅读推出纸质文库主打类型文学创新[EB/OL]. (2018 - 04 - 30)[2020 - 03 - 25]. http://www.xinhuanet.com/book/2018 - 04/30/c_129862201.htm.

已有用户和新用户转化为豆瓣阅读的新读者。

其次,通过注重豆瓣网之外的渠道增加读者数量。豆瓣阅读之所以维持在微博、微信及知乎等第三方内容平台的运营,除了有助于拓宽小说的宣传渠道外,也是为了吸引更多的订阅用户,引导其成为豆瓣阅读的新读者。如在微博上利用抽奖功能,定期推出转发赠书活动。作者伊北的女性题材小说《安居乐业》在出版纸质图书时,就通过微博转发抽奖。这既是对作品的宣传推广,在活动的助力下也有益于扩大传播声量。通过微博用户的接力转发,能够让更多人认识、了解豆瓣阅读及其推出的女性题材小说,从而促进新读者的引入。

(2) 维护老读者

其一,通过个性化推荐功能,依据读者的阅读偏好推荐女性题材小说作品。豆瓣阅读能够基于读者的过往搜索记录与阅读数据,分析出读者近期可能感兴趣的小说作品,并借助豆瓣阅读网站、App 的提醒功能,以及豆瓣网的站内信功能,有针对性地向读者进行推荐。读者使用豆瓣阅读的时间越长,推荐结果就越精准。长此以往,就可以降低读者的决策难度、节省决策时间,以增强平台的不可替代性。

其二,不断完善阅读服务功能,提升读者对豆瓣阅读网站和 App 的使用体验。豆瓣阅读专门会设置一个"读者帮助中心",具有较完备的使用问题归纳以及详细的操作指引,使读者在遇到问题时能够更快速地获得解答。同时,豆瓣阅读 App 专门设置了问题反馈页面,如读者在阅读小说或使用 App 的过程中遇到问题,可即时发送反馈,工作日平均 2 小时内可以得到回复。持续不断地探索如何优化读者的阅读体验,才不会流失老读者。

(3) 增强读者黏性

一方面,豆瓣阅读注重提升读者的互动性,建立了较为良好的评论交流氛围。在阅读小说的过程中,支持读者对文本内容进行划线、批注,以类似视频"弹幕"的形式在阅读小说的过程中展示,可以与他人进行互动交流,也可以将自己的批注分享到豆瓣广播或新浪微博。同时,每位读者都拥有自己的豆瓣阅读个人页面，可以关注其他读者或作者、记录自己喜欢的作品、展示个人对小说的评论，从而推动社交化阅读环境的构建。

另一方面，豆瓣阅读注重提升读者的参与性。自2013年第一次征文大赛开始，便设置了"读者评委"的角色，面向所有读者开放报名。在入围小说的决赛阶段，各个组别的不同奖项均根据读者评委的有效评分选出。对于每一部获奖作品，均公示读者评委的综合评分，同时编辑会摘选优秀的读者评论集中展示。在第一届豆瓣阅读征文大赛举办时，共有986位读者报名参与；至第三届征文大赛，已有17 838名读者评委加入[①]，人数增长速度迅速，体现了读者对这一参与机制的认可。豆瓣阅读的此类活动促使读者付出创造性劳动，有助于提升读者的价值获得感，从而进一步对平台产生更高的认同感。

（4）提升读者付费率

目前促进读者付费的方式主要有三种。

其一是2019年推出的会员制。读者可以按月购买会员订阅服务，开通后即可获得会员身份专属标记，同时可以在豆瓣阅读网站及App上阅读2万余部网络小说，无须再次付费。此外，对于喜爱的连载小说作品，普通读者一天之内仅可以赠送一张推荐票，而会员读者每日能够额外赠送一张推荐票。

其二是定期开展的促销活动。豆瓣阅读会定期以付费购买折扣、发放优惠券、限时免费阅读等形式开展网络小说的促销活动，并通过豆瓣阅读站内推送，以及豆瓣网首页广告、私信提醒等形式进行宣传。同时，如果参与促销活动的作品中有读者此前关注的小说，豆瓣阅读将向读者发送针对性通知，提醒其该小说处于促销期，以刺激读者的消费行为。

其三是免费试读功能的推行。传统纸质图书出版活动中，读者大多只有在完成购买之后才能读到小说内容。而在豆瓣阅读上，读者可以在购买之前免费试读部分章节。试读部分通常由作者和编辑共同确认，选取开头

---

① 数据来源：https://read.douban.com/competition/2015/.

部分与全文中较为精彩、较具悬念的章节,免费开放给所有读者阅读。如此一来,读者能够对小说内容以及作者的创作风格有更为直观的感受。并且,在阅读了部分章节之后,更易使读者产生继续阅读的欲望,从而完成对小说的购买。

四、豆瓣阅读与海内外知名女性题材网络小说出版平台比较研究

(一)比较对象的选择

作为中小型网络出版平台的豆瓣阅读,与集团化大型出版平台相比,其在发展模式上必然存在差异。考虑到大型网络出版平台通常在行业中起到一定的引领作用,通过比较豆瓣阅读与其在女性题材网络小说出版上存在的异同,可以进一步厘清豆瓣阅读与之存在的差距,从而形成更具可借鉴性的出版优化建议。

在比较对象的选择上,本文选取了当前中国与韩国在网络文学出版市场中占据领先优势的出版平台,分别为阅文集团红袖读书和世联互动(网站原名 Naver,中文名为"世联互动",以下统称为"世联互动")。

其中,根据 2019 年阅文集团财报,阅文集团总用户数已达 2.2 亿[①]。而 2019 年我国网络文学用户数为 4.55 亿[②],阅文集团的总用户数约占我国网络文学用户数的一半,可见其在国内网络文学市场中的地位。

而在海外,韩国的网络文学出版产业与中国最为相近[③],相对来说更具

---

① 第一财经. 阅文集团 2019 年财报[EB/OL]. (2020 - 03 - 17)[2020 - 03 - 30]. https://www.yicai.com/news/100552688.html.
② 中国互联网络信息中心. 第 44 次《中国互联网络发展状况统计报告》[EB/OL]. (2019 - 08 - 30)[2020 - 03 - 15]. http://www.cac.gov.cn/2019 - 08/30/c_1124938750.htm.
③ 金恩惠. 从"Internet 小说"到"Web 小说"——媒介融合生态下韩国网络文学生产机制的确立(1990—2017)[J]. 网络文学评论,2018(5):29 - 45.

可比性,这是选取韩国网络文学出版平台作为海外比较对象的原因。参考韩国 Rankey 网站的市场占有率调查,韩国网络小说网站排名第一的是世联互动①。因此,作为中国与韩国的网络文学出版龙头企业,选取阅文集团和世联互动的女性题材网络小说出版状况作为参照,有一定代表性。

1. 阅文集团红袖读书:全版权运营模式下的女性出版品牌

阅文集团成立于 2015 年 3 月,由原盛大文学与腾讯文学整合而成。发展至今,旗下已囊括十余个网文品牌,实力雄厚。早在合并之前,盛大文学已提出"全版权运营"发展战略,如今依托于腾讯集团,能够更方便地与多元化的文娱平台进行联动,如腾讯影视、腾讯动漫、腾讯游戏等,足以打造融合发展的泛娱乐矩阵。因此,阅文集团基于旗下各个内容平台的大流量网络小说作品,与影视剧、动漫、游戏、实体周边等领域进行衍生业务的合作,从而开展网络文学 IP 的全版权运营(见图 4-1)。

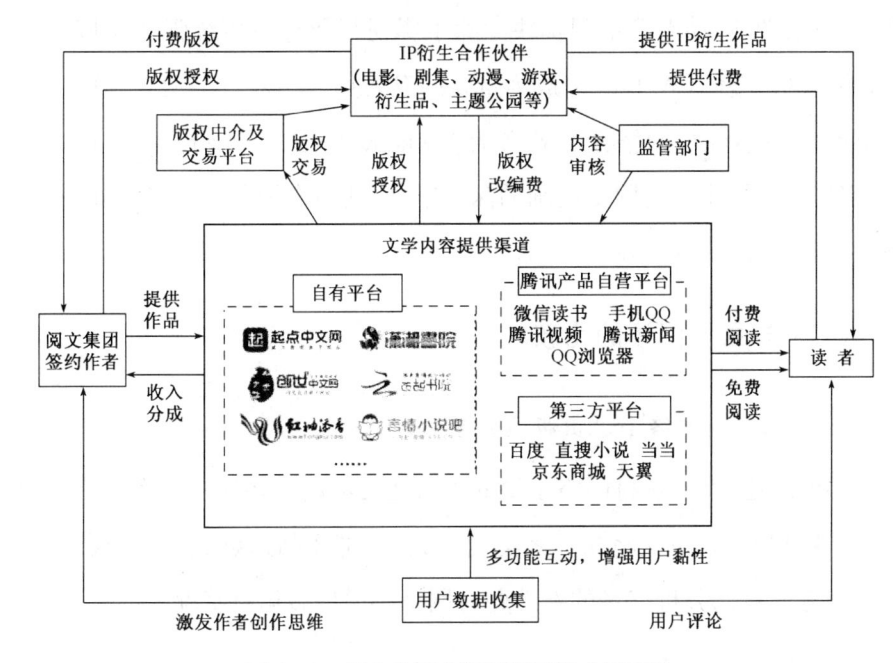

图 4-1 阅文集团全版权运营模式示意图

① 排名资料来自 Rankey 网站,网址为 http://www.rankey.com,查询时间为 2020 年 3 月 30 日。

2018年9月,阅文集团正式推出女性阅读品牌红袖读书,以整合旗下原有的6个女性题材网络小说出版平台,分别为起点女生网、云起书院、潇湘书院、红袖添香、小说阅读网及言情小说吧。由此,红袖读书集聚了阅文集团优质的女性题材小说出版资源,承担起女性题材"IP库"的入口角色。

2. 韩国世联互动:女性题材网络小说多面渗入文娱产业

世联互动公司旗下拥有韩国第一大门户网站,2013年开始在网站上开辟网络小说板块(Naver Web Novel)[①]。世联互动背靠集团资源的强力支持,在韩国网络小说市场的竞争中后来居上,增长态势迅猛。截至2019年3月,其网络小说销量同期增长30.4%,读者数量也较前一年增长了60%[②]。

韩国文娱产业的发达,使女性题材网络小说在版权运营过程中与其他内容形式结合得十分密切。与阅文集团类似,世联互动公司旗下业务同样涉及影视、游戏、动漫等不同板块。除了影视行业这一传统强势领域,近年来,韩国网络漫画(Webtoon)成为重要的发力点。2017年5月,世联互动将旗下的网络小说与网络漫画业务合并,正式成立了Naver Webtoon子公司,实现了网络小说与网络漫画的深度融合,共同作为IP产业链的源头,向下辐射影视、游戏等产业。

(二) 与豆瓣阅读的比较

1. 女性题材网络小说出版运营层面的比较

如前所述,女性题材网络小说的出版运营活动主要涉及作者运营、作品编辑与版权运营,下文将从作者运营方式、头部作品选题类型、版权运营状况三个方面对比分析三者的女性题材网络小说出版运营状况。

[①] 网址为https://novel.naver.com/webnovel/weekday.nhn。
[②] 中国新闻网.韩国网络小说渐流行[EB/OL].(2019-06-03)[2020-03-30]. http://korea.people.com.cn/n1/2019/0603/c407883-31117366.html.

(1) 作者运营的主要方式

在新作者的获取上，红袖读书、世联互动与豆瓣阅读大体相似，都以广泛挖掘平台内新发表小说的作者、通过征文比赛召集潜力新人作者为主。

从2013年开始，世联互动网络小说平台开始通过作品征集大赛选拔新人作家，2016年参加挑战赛的选手累计达到18万名，2017年3月则累计达到19万名[①]。而红袖读书在创立伊始，即推出"红袖读书首届全球征文大赛"，其后成为一年一度的常规赛事。除此之外，红袖读书旗下网站时常开展主题征文活动，如2020年2月开启的"同舟共济，战'疫'有我"主题征文，既切中时下读者关心的热点，又能够发掘具备现实题材小说创作才能的优秀作者。

在将新作者转化为签约作者的过程中，世联互动的"晋级模式"颇具新意。在世联互动的网络小说平台上，分设"今日网络小说""佳作推荐""挑战专区"三个主要板块。"今日网络小说"是专供签约作者发表作品的空间，要成为"今日网络小说"专区的作者，必须通过网站编辑的审查才能正式签约。未能通过审查的作者，只能停留在"佳作推荐"和"挑战专区"板块。对新人作者来说，其发表的小说最开始只能进入"挑战专区"，从"挑战专区"到"佳作推荐"的升级，每个月实施一次，晋升为"佳作推荐"板块的作者之后，才可以继续挑战"今日网络小说"专区。如果作者一直在"挑战专区"和"佳作推荐"，未能"晋级"成功，世联互动会通过其他辅助渠道，协助作者寻找网络书店或出版商发行单行本。目前合作的出版商包括Naver Books、Yes24、教保文库、Ridibooks等。

在对已有作者的服务和激励方面，红袖读书的举措较为突出。除了与豆瓣阅读类似的全勤奖、版权推荐与文学奖项参评以外，红袖读书还推出"小分类题材类别扶持福利"，如签约作者创作悬疑、科幻等指定题材作品，

---

① 原宵. 16亿元市场规模的韩国网文，如何做IP开发？[EB/OL]. (2018-03-07)[2020-03-30]. http://k.sina.com.cn/article_6171529581_16fda116d020006339.html.

可获得自有平台100%收入分成。此举可较好地鼓励作者在小众品类上的创作。同时,红袖读书为作者提供了较为完善的写作课堂,还专门推出作家助手App,打造集作品发布、编辑联络、粉丝互动、数据追踪等功能为一体的创作平台,为作者提供了极大的便利。

(2) 头部作品选题类型

从目前三个出版平台覆盖的女性题材小说数量上看,红袖读书远多于世联互动与豆瓣阅读。2018年红袖读书创立之时,其聚合的女性题材小说总数已近500万部。世联互动已有的女性题材小说数量为65 420部[①],多于豆瓣阅读的5 126部。由于作品总数较多,下文选取三个出版平台当前热度较高的作品进行对比,探讨各出版平台主流作品的类型之差异,亦可从侧面体现其出版理念以及对作者创作的引导。

具体筛选标准为:红袖读书App内小说人气榜单前10位[②];世联互动网站内按小说近期喜爱数排行,选取前10部作品[③];豆瓣阅读网站首页长篇女性连载榜前10位[④]。可发现三个出版平台头部作品的内容风格各有不同(见表4-1)。

表4-1 红袖读书、世联互动、豆瓣阅读近期热门女性题材网络小说选题类型

	小说	类型
阅文集团红袖读书	《夫人你马甲又掉了》	爽文、现代言情
	《重生后我成了权臣的掌中娇》	帝王、古代言情
	《我的房分你一半》	娱乐圈、现代言情

---

① 截至2020年3月30日,数据来源: https://novel.naver.com/challenge/genre.nhn? genre=101。

② 依据2020年3月1日至3月30日小说阅读人数排序。

③ 2020年3月24日至3月30日,数据来源: https://novel.naver.com/best/levelUp.nhn? genre=all&order=Like。

④ 2020年3月24日至3月30日,数据来源: https://read.douban.com/charts? type=unfinished_column&index=womens_fiction&dcs=charts&dcm=charts-nav。

(续表)

	小说	类型
阅文集团红袖读书	《校园全能王牌少女》	女强、现代言情
	《席爷每天都想官宣》	爽文、娱乐圈
	《我成了五个大佬的祖宗》	豪门、现代言情
	《这个大佬画风不对》	科幻、快穿、轻松
	《别闹,薄先生!》	甜宠、御姐
	《我家个个是霸总》	豪门、现代言情
	《初恋是颗夹心糖》	竞技、现代言情

	小说	类型
世联互动	《爱之深》(거친 사랑)	都市恋情
	《秘书》(비서님 도시기)	职场恋情
	《她不是她的前女友》(전여친 말고, 그녀)	都市恋情
	《王国可疑的伯爵夫人》(어느왕국의 수상한 백작부인입니다)	幻想言情
	《双人床的心愿》(내 소원은 침대 두 개)	幻想言情
	《再见》(이별후에)	娱乐圈
	《花》(꽃)	都市恋情
	《恶女之花》(악녀의 꽃은 대공을)	幻想言情
	《她将改变你的生活》(먼치킨 엑스트라가 인생을 바꿔드립니다)	幻想言情
	《反派也心烦》(악역도 귀찮아서)	悬疑推理

	小说	类型
豆瓣阅读	《与往日重逢》	幻想言情
	《毒爱》	女性成长
	《无法抵达的南亭山》	悬疑、爱情
	《晴空与星夜》	职业女性
	《女子博士图鉴》	心理学、爱情
	《迎接你》	家庭故事
	《南华曲(二)》	历史言情
	《我和猫妖在长安》	幻想言情
	《婆媳神探》	悬疑推理
	《江南雪化》	女性成长

目前，在世联互动网络小说平台上，较受欢迎的女性题材小说的选题类型为幻想言情，在前 10 位热门作品中占据 4 席；国内的红袖读书和豆瓣阅读，则是以现实社会为故事背景的小说更受欢迎，但两者存在区别。红袖读书上，具有"爽文""萌系""轻松"等特质，创作风格更为简单明快的女性题材小说更易登上榜单；而在豆瓣阅读中，展现女性个人成长的故事更可能吸引关注、获得推荐。

三者相较，豆瓣阅读热门作品榜单上的女性题材小说最为多元，覆盖职业女性故事、家庭故事、悬疑推理、幻想言情、历史言情等不同的选题类型；同时，豆瓣阅读榜单上的现实题材作品更侧重于展现真实生活，从中更能反映出女性可能面临的现实困境与生活感悟。

(3) 版权运营整体状况

① 版权运营活动。

在女性题材网络小说的版权运营方面，豆瓣阅读明显弱于红袖读书与世联互动（见表 4-2）。由于版权运营十分考验母公司的经营实力，阅文集团和世联互动的综合能力与版权运营资源远强于豆瓣网，因此，豆瓣阅读在版权运营方面并不具备优势，也难以将当前持有的小说版权资源发展、转化为 IP。

表 4-2　红袖读书、世联互动、豆瓣阅读当前版权运营主要覆盖领域①

阅文集团红袖读书	影视改编、图书出版、有声书改编、漫画改编、动画改编、舞台剧改编、虚拟偶像打造等
世联互动	影视改编、图书出版、有声书改编、漫画改编、动画改编、舞台剧改编等
豆瓣阅读	影视改编、图书出版、有声书改编、舞台剧改编等

其中，世联互动的女性题材网络小说，得益于韩剧产业的发达，在影视改编上成果显著。譬如于 2013 年 10 月至 2014 年 12 月在世联互动上连载的女性题材网络小说《云画的月光》，于 2016 年 8 月改编为电视剧，并在韩国

---

① 资料整理日期截至 2020 年 3 月 30 日。

KBS第2频道上播出,并创下了22.9%的高收视率。经由热播电视剧的助推,2016年9月,仅在一个月内,该小说的付费阅读金额就超过了5亿韩元①。

此外,世联互动集团内已覆盖诸多内容制作公司,足以支撑网络小说改编为动漫、视频等不同内容形态。网络漫画与网络小说业务归属于同一个子公司,在内容的转化上尤其便利。2017年至2018年,世联互动先后成立视频内容制作公司Playlist和电影制作公司工作室N②,从而能够更好地助力网络小说与网络漫画IP的改编。

整体来看,阅文集团当前在版权运营和改编方面的尝试最为多元,涉及电影、电视剧、网剧、动漫及游戏改编等多种形式。通过与娱乐行业优质合作伙伴的协作,阅文集团的改编作品库不断壮大,推动网络小说IP价值进一步提升,有助于延长作品的生命周期,并实现多种内容形式的变现。

近年来,阅文集团深化全版权业务领域的布局,已在动漫、影视、有声读物、互动视频等领域展开投资(见表4-3),为红袖读书女性题材网络小说的版权运营提供了更充足的多元形态内容开发支撑。

表4-3 阅文集团多领域布局情况整理(2015年8月至2020年3月)

布局领域	企业简称	轮次	投资时间	投资金额
影视领域	苍穹互娱	天使轮	2018/01/11	未知
	新丽传媒	并购	2019/08/14	155亿元
动漫领域	福煦影视	天使轮	2015/11/30	未知
	音熊联盟	天使轮	2017/07/08	1 000万
	娃娃鱼动画	天使轮	2017/07/12	5 000万
	Kaca Entertainment	A轮	2018/08/30	5 000万
	A4漫业	A轮	2019/06/20	1 000万

---

① 原宵.16亿元市场规模的韩国网文,如何做IP开发?[EB/OL].(2018-03-07)[2020-03-30]. http://k.sina.com.cn/article_6171529581_16fda116d020006339.html.

② 三文娱.漫画产业报告:从平台、内容、用户、IP和盗版看行业实况[EB/OL].(2019-07-23)[2020-03-30]. http://www.3wyu.com/21672.html.

(续表)

布局领域	企业简称	轮次	投资时间	投资金额
互动视频	互影科技	A轮	2019/12/11	近亿元
有声阅读	懒人听书	B轮	2015/12/14	6 000万元
	腾讯音乐	战略合作	2020/03/18	/
海外文学	Munpia(韩国)	战略投资	2018/10/19	未知
	OBU(泰国)	股权融资	2019/09/27	1 051美元

基于这样的运作，阅文集团在版权运营板块的营收得到飞速增长。2019年度，版权运营收入在阅文集团年度总收入中所占比例从2018年度的19.9%增长为53%。[①] 版权运营已取代在线业务，成为阅文营收的最大利器。

此外，红袖读书于2018年开始尝试推出"IP共营合伙人"制度，类似于明星经纪人，全程为小说保驾护航。在小说连载过程中，跟进作者的创作，帮助作者找到符合用户需求的创作方向；在小说完成后，持续在IP运营环节中展开宣传推广等工作[②]。通过这一制度，有助于把控改编质量、协调各环节营销方案，吸引更大规模的粉丝群体，从而提升女性题材网络小说作为IP的价值。

② 面向海外及港澳台地区的版权输出。

目前，豆瓣阅读仅有一部女性题材小说售出繁体版权，为《我的相亲路上满是珍禽异兽》，由台湾三采文化在2019年9月正式出版。除此之外，还未有其他女性题材小说登陆海外或港澳台地区。

与之相比，阅文集团红袖读书的版权输出成果较为显著。阅文集团旗下拥有面向海外读者的阅读平台"起点国际"，将已有网络小说作品翻译为

[①] 第一财经.阅文集团2019年财报[EB/OL].(2020-03-17)[2020-03-30]. https://www.yicai.com/news/100552688.html.

[②] 罗立,肖映萱.IP运营与网络文学的主流化——阅文集团副总裁罗立访谈录[J].网络文学评论,2018(5):59-70.

外文,配合在读者本土化付费习惯上的培养,如观看广告解锁付费阅读章节等模式。目前"起点国际"累计访问用户已达4 000万①。该平台上不乏源于红袖读书的女性题材小说,并且时常登上小说排行榜"Power Ranking"。其中,作为"起点国际"上第一本已完结的女性题材小说,叶非夜的《国民老公带回家》总书评数达到30万条,收藏人数达3 820人②。

2. 女性题材网络小说宣传推广层面的比较

在这一部分,本文将从渠道与读者两个方面分析红袖读书、世联互动与豆瓣阅读在女性题材网络小说宣传推广层面存在的差异。

(1) 渠道层面的比较

总体来说,豆瓣阅读所具有的渠道资源无法与红袖读书及世联互动相匹敌。

世联互动旗下拥有韩国本土最受欢迎的搜索引擎 Naver、手机通信软件 LINE、在韩国大学生群体中颇为热门的社区应用 Band。基于这些大流量的入口,其女性题材网络小说可更便利地通过搜索引擎及关联内容获取。同时,除了专门的网络小说网站,通过世联互动的电子书平台 Naver Books,也可搜索和购买其出版的网络小说。

红袖读书已囊括潇湘书院、云起书院、起点女生网、红袖添香、言情小说吧、小说阅读网等平台,除红袖读书 App 以外,阅文集团涉及的网络小说网站和阅读类 App 有 QQ 阅读、微信读书,合作渠道包含百度浏览器、搜狗浏览器、天翼读书等,亚马逊 Kindle 电子书专区亦专门开设了"阅文·网络小说"板块。销售与营销渠道的铺开,能够广泛打响红袖读书旗下作者与小说的知名度,为作者及集团带来更多收益。

---

① 第一财经. 阅文集团 2019 年财报[EB/OL]. (2020 - 03 - 17)[2020 - 03 - 30]. https://www.yicai.com/news/100552688.html.

② 娱乐产业君. 阅文集团推出女性阅读品牌红袖读书[EB/OL]. (2018 - 09 - 15)[2020 - 03 - 30]. https://www.sohu.com/a/254095968_100156659.

(2) 读者层面的比较

在读者群体的特征上,三个平台均有所区别;在读者群体的维护方面,红袖读书在三者之中较为突出。

读者群体的特征。

如前文所述,豆瓣阅读的读者群体以 25 岁以上的职场青年为主,学历普遍较高,其女性题材小说的主要目标读者亦为职场女性。而根据阅文集团数据中心发布的报告,"95 后"女性为其女性题材小说的主流读者群体,19～25 岁女性读者在所有读者中占比最高。[①] 世联互动的读者群体,则以 20 岁左右的女性读者为主。读者群体的基本特征,决定了何种内容在平台上会更受欢迎。这与小说作品排行榜中,豆瓣阅读女性题材小说读者偏好职场、家庭、个人成长类内容,世联互动读者偏好幻想言情小说,红袖读书读者更倾向于阅读"爽文"、"甜宠文"的情况基本相符。

读者群体的维护。

目前三个平台内都有基本的小说评论与互动的功能,读者疑问引导与阅读服务亦较为完善。除此之外,红袖读书针对女性题材网络小说读者打造的社区功能值得注意。红袖读书 App 上设立独有的社区板块,阅读小说之余,读者可以在此围绕小说相关内容或其他话题进行交流。社区板块内设置了女性题材小说相关的热门话题,以引导读者讨论,如"玛丽苏小说大赏""吐槽言情小说里无法接受的用词"等。许多话题已有上万条讨论以及数十万的阅读量,可见其吸引了不少读者的关注。同时,为了提升读者发帖的质量,社区内亦有不少有奖征集活动,如"最火热书衍生创作",参与活动即有机会获得"红袖币"的奖励,可在平台内购买网络小说。此外,读者可以关注平台内的作者或其他读者,也可以自由创建书单,收录自己喜爱的作品。发帖记录、书评内容、关注情况、个人书单都一并展示在读者的个人主

---

① 速途研究院.阅文大数据洞察:女性向市场升级趋势[EB/OL].(2017-06-27)[2020-03-31]. https://www.donews.com/news/detail/4/2958242.html.

页中。如此可在女性题材小说的阅读之上形成社交环境,能够显著提升读者黏性。

(三)对比视角下豆瓣阅读女性题材小说出版的优势与不足

根据对豆瓣阅读女性题材小说出版机制的分析以及比较研究,可看出豆瓣阅读在女性题材网络小说出版理念、小说选题特色及内容质量方面具有一定优势,但同时又具有版权运营受限、作者晋升机制模糊、渠道资源不足等发展局限。

1. 豆瓣阅读女性题材小说出版的优势

豆瓣阅读较好地把握了目标读者特征,树立了较为清晰的出版理念,并由此吸引了一批注重小说文学性及内容质量的创作者。因此,豆瓣阅读的女性题材小说在出版理念和内容质量上表现较佳。同时,作为豆瓣阅读的发展依托,豆瓣网也为其女性题材小说出版提供了支持。

(1)出版理念清晰

当前主流女性题材网络小说出版平台盛行的作品风格不尽相同,在读者群体中,有"潇湘宠文当道,耽美看晋江,霸道总裁在红袖"等说法。当读者发现一个平台内的某一品类小说尤为精彩,便会在论坛、社群等有相同喜好的读者群体中分享。经由不同读者的聚集和推动,再通过编辑对平台内作者的引导,逐渐形成各平台的强势出版品类有所区别的情况。因此,对出版平台而言,明确女性题材网络小说出版理念、形成出版特色尤为重要,如此才能找准自身相较于其他平台的营销亮点与竞争优势。

由于豆瓣阅读聚集了年龄层相对较高的女性题材小说读者,豆瓣阅读基于此明确自身出版理念,带动职场女性、家庭故事等细分品类女性题材小说的崛起,并以"新女性"小说为出版重点,从而能够为读者群体提供更多符合其阅读取向的作品,同时也为豆瓣阅读塑造了与其他女性题材网络小说出版平台有所区别的招牌。

(2) 小说内容质量普遍较高

首先,豆瓣阅读继承了豆瓣网的文化价值取向,对于内容质量具有一定要求,平台一贯的"文艺"定位也吸引到众多喜爱文学作品的作者和读者。可以说,在诸多强调"网感"与内容噱头的女性题材网络小说出版平台中,豆瓣阅读为注重小说文学性的作者提供了难得的创作土壤。在这部分追求"正统"、倾向于探讨严肃话题的作者的推动下,豆瓣阅读的女性题材小说质量普遍较高,行文较为严谨。

其次,豆瓣阅读主推的现实主义题材符合当前女性题材网络小说的创作趋势。在国家新闻出版广电总局发布的《关于推动网络文学健康发展的指导意见》中,已将"引导网络文学创作植根现实生活"作为重点任务之一①。近年来,《欢乐颂》《精英律师》等由网络小说改编的现实题材影视剧的走红,也让市场看到了现实题材网络小说的改编潜力。同时,关注现实、关注人民群众生活的小说作品,不会因为潮流的更迭而过时。因此,豆瓣阅读具有一定数量的优质现实题材女性小说作者及作品,同样是其发展优势之一。

(3) 有原生内容平台作为依托

一方面,豆瓣网作为社交化的内容平台,其发展经验和平台基础可为豆瓣阅读提供支撑。目前,读者的阅读数据与阅读行为可与豆瓣网互联,展示在豆瓣网个人页面,既有益于对女性题材网络小说的分享和传播,也为获取读者数据、提供更具针对性的出版和营销方案提供便利。

另一方面,在豆瓣网上讨论的热门内容,可以作为豆瓣阅读编辑的参考。由于豆瓣网用户和豆瓣阅读的读者有极高的重合度,豆瓣网用户讨论的热点可能是豆瓣阅读的读者潜在的关注点。跟进豆瓣网上的热门内容,能够帮助编辑做决策,亦可帮助其引导作者创作。

---

① 国家新闻出版广电总局.关于推动网络文学健康发展的指导意见[EB/OL].(2015-01-05)[2020-03-15]. http://www.sapprft.gov.cn/sapprft/contents/6588/279377.shtml.

此外，豆瓣阅读的编辑也可以在豆瓣网上挖掘优质的内容创作者，邀请其成为豆瓣阅读签约作者。

2. 豆瓣阅读女性题材小说出版的不足

与红袖读书及世联互动相比，豆瓣阅读的母公司豆瓣网在资金实力和发展资源上明显处于弱势，因此，豆瓣阅读女性题材小说出版在版权运营、渠道资源等方面存在一定欠缺。

(1) 作者晋升机制不明确

通过与红袖读书和世联互动的对比，可知豆瓣阅读目前的作者层级划分较少，作者晋升机制亦不够明晰。世联互动的"晋级机制"，明确规定了新人作者迈向签约作者需要经历的三个阶段；而红袖读书的头部作者，除"白金作家"以外还有"大神作家"，作者分级明确。并且，通过作者"明星化"战略，对不同层级的作者均有较为明确的扶持计划。而豆瓣阅读除了规定签约作者可享受的福利外，并未明确提出签约作者与明星作者的差别。虽然签约作者数量众多，而主要撰写女性题材小说的明星作者目前仅有10人。对人气签约作者来说，缺少与普通签约作者的身份差别，亦难以实现向明星作者的过渡，不利于提升创作积极性。

(2) 版权运营存在局限性

目前豆瓣阅读的版权运营面较窄，主要围绕纸质图书出版及影视剧改编、有声书改编三个方向。而红袖读书及世联互动在版权运营上已十分多样化，其重点女性题材小说作品可被开发为影视、动漫、游戏、有声读物、虚拟偶像等多种样态。这背后的原因之一是豆瓣阅读不具备如红袖读书和世联互动那样强大的资本支持；原因之二是豆瓣阅读主要的版权合作方依然局限在影视和纸质出版领域。2020年，豆瓣阅读已通过长篇拉力赛活动，尝试与快看漫画合作，以提升版权运营的丰富度，但目前尚无确定的改编案例。

(3) 渠道资源弱势明显

红袖读书隶属于阅文集团，背靠腾讯；世联互动本身为韩国排名第一的搜索引擎网站。作为中小型出版平台，豆瓣阅读在渠道资源上自然无法与二者匹敌。在女性题材网络小说出版活动中，豆瓣阅读主要依靠自有渠道进行销售；营销方面则主要通过积极开展新媒体运营工作，在第三方平台上积累粉丝资源，再反哺平台，对自身小说作品进行推广。这一方式对于渠道资源的拓展仍较为有限。

（4）读者运营方式有所欠缺

如今"粉丝化"已成为网络文学市场新的发展推动力，红袖读书在其App上建立了女性阅读社区，注重对社交互动功能的完善。豆瓣阅读虽然同样重视读者运营、强调读者使用体验，但在读者运营策略上较红袖读书稍显逊色。虽然已推出独立App，但并未设置专门的社区板块，读者的评论与互动基本只能围绕单部小说作品进行，尚未为读者建立一个具有足够的开放性和互动性的社交空间，长此以往不利于提升读者黏性。

中国图书出版企业数字出版赢利模式研究

姚沛沛

近年来,数字出版产业规模成爆发式增长。据中国音像与数字出版协会发布的《2015年度数字阅读白皮书》数据显示,2015年中国数字出版产业营收超4 400亿元,数字阅读市场规模超93亿元,用户规模2.96亿[①]。从2002年到2014年中国新闻出版研究院发布的《中国数字出版产业年度报告》数据可知,中国数字出版总收入由2010年的1 051.79亿元增长到2014年3 387.7亿元。2015年数字出版总收入是2010年总收入的4倍之多,是2006年213亿元总收入的20倍,是2002年15.9亿元总收入的276倍。中国数字出版产业发展十分迅猛。

一、中国图书出版企业数字出版现状分析

(一)中国图书出版企业数字出版概况

1. 图书出版企业数字出版发展现状

截至2014年底,全国共有出版社583家(包括副牌社33家),其中中央级出版社221家(包括副牌社13家),地方出版社362家(包括副牌社20家)。根据国家新闻出版广电总局2015年7月发布的《2014年新闻出版产

---

① 魏玉山.2015年度数字阅读白皮书[R].北京:中国音像与数字出版协会,2016.

业分析报告》数据显示：2014年全国图书出版实现营业收入791.2亿元，同比增长2.7%；利润总额117.1亿元，同比降低1.3%。全国共出版图书44.8万种，较2013年增长0.9%。2014年全国出版图书、期刊、报纸总印张为2 810.13亿，折合用纸量650.13万吨，与上年相比用纸量降低6.49%[①]。据中国音像与数字出版协会发布的《2015年度数字阅读白皮书》数据显示，2015年中国数字出版营收首破4 400亿元，数字出版业发展势头强劲。改制后出版企业逐渐开始数字化转型，主要是进行内容数字化及数字化发行，比如将纸质图书制作成电子书，建立网上书店等。随着数字化程度加深，一些图书出版企业开始自行研发制作阅读平台及相关应用等。

本文选择了7家内地上市出版公司财报数据作为例证，分析当前中国图书出版企业的数字出版现状。7家出版类上市公司分别是：凤凰出版传媒集团股份有限公司、中南出版传媒集团股份有限公司、中文天地出版传媒股份有限公司、长江出版传媒集团股份有限公司、时代出版传媒股份有限公司、北方联合出版传媒集团股份有限公司、中原大地传媒股份有限公司。经过对这7家公司的财务报表研究，发现其数字出版现状为：

首先，数字出版进程加快，营业额收入逐年递增。由图1-1中的数据可以看出，各公司近三年(2013—2015)的数字出版营业收入逐年递增，其中2014—2015年中文传媒集团发展速度达到了1 500%。2015年中文传媒营业收入达33.45亿元，是其余6家数字出版营业收入总和的近2.8倍。凤凰出版集团也达到了历史新高6.34亿元。数字出版营业收入破亿的，还有中南传媒为3.9亿元。其余几家数字出版营业收入也很可观。

其次，出版企业积极探索并建立数字出版运营平台(详见表1-1)。每个公司平均建立两个以上数字出版运营平台，显示出图书出版上市公司对数字出版的重视，但这些平台内容却大同小异，多是提供在线阅读、在线教育平台等，目标市场细分不够。7家集团只有中文传媒将支付平台单独列

---

① 2014年全国新闻出版业基本情况[R].北京：新闻出版总署，2015.

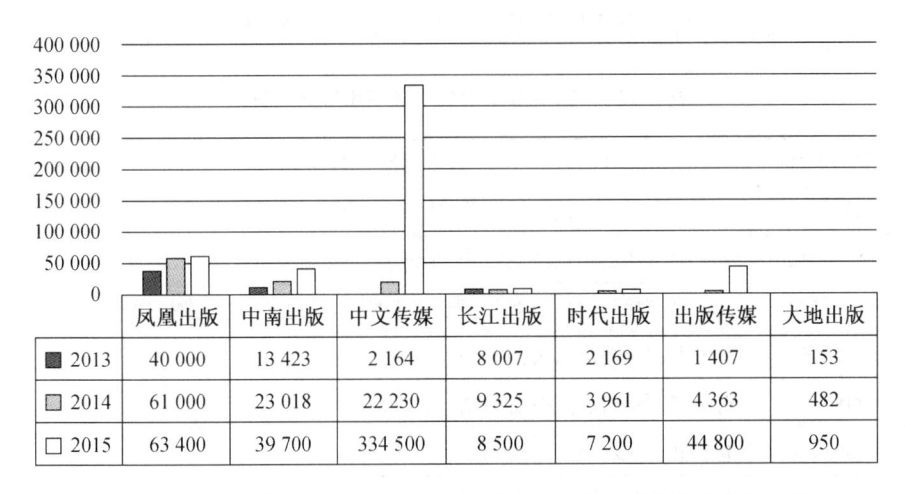

	凤凰出版	中南出版	中文传媒	长江出版	时代出版	出版传媒	大地出版
■ 2013	40 000	13 423	2 164	8 007	2 169	1 407	153
▨ 2014	61 000	23 018	22 230	9 325	3 961	4 363	482
□ 2015	63 400	39 700	334 500	8 500	7 200	44 800	950

图 1-1　2013—2015 年 7 家出版上市公司数字出版营业收入

（数据来源：各集团财报）

出作为重要项目在运营，笔者以为中文传媒的数字出版营收能力的高低和其独立做支付平台具有正相关关系。

表 1-1　7 家出版上市公司数字运营平台建设

集团名称	数字运营平台建设
凤凰出版	江苏智慧教育云服务平台、云出版印刷平台（100VR）、凤凰学习网、儿童数字图书馆
中南出版	数字资源全屏服务平台、Read 阅读平台
中文传媒	智明星通（版权运营平台）、壹书屋、发行支付平台
长江出版	长江幼教数字化云平台、湖北数字教育公共服务平台、大众数字阅读服务平台、长江中文网
时代出版	时光流影、时代教育在线、时代 e 博、时代健康数字平台服务项目
出版传媒	富媒体数字出版内容集成及分发平台、微电影数字平台
大地出版	中悦网、云书网、绘本网、中国教育出版网、书法美术出版网、完美手工网、戏曲出版网、武术出版网、中国三农出版网

再次，企业积极探索数字出版业务形式（详见表 1-2）。7 家集团均进行了数字出版业务探索，包括电子书、在线教育、版权运营甚至大数据等，从这些发展业务中可看出，这 7 家集团在努力推进数字出版，这些业务有许多

相似之处，侧面说明 7 家集团对数字出版业务的探索创新不足。

表 1-2　7 家出版上市公司数字出版业务探索

集团名称	数字出版业务探索
凤凰出版	电子书、在线教育、游戏制作、影视、大数据
中南出版	电子书、在线教育、游戏投资、影视、osting 阅读器
中文传媒	电子书、在线教育、游戏、影视、艺术品经营、电子书包、虚拟现实
长江出版	电子书、在线教育、公共服务
时代出版	电子书、在线教育、按需印刷、衍生品
出版传媒	电子书、在线教育、泛娱乐
大地出版	电子书、在线教育、数据库、数字图书馆、电子书包

目前 7 家出版上市集团的主营业务收入仍以传统出版业务收入为主（详见图 1-2），数字出版业务收入为辅。除中文传媒因 2015 年上线手游《列王的纷争》获得 28.2 亿元收益外，数字出版营业收入均高于传统纸质出版营业收入，其余 6 家出版集团的主要赢利来源仍是传统纸质出版。传统纸质出版营收远高于数字出版营收，如大地出版传媒集团数字出版业务收入仅占传统出版业务收入的 7‰（0.007 2）。各公司产品结构都以出版传统纸质品种为主，且品种多、数量大，而数字出版产品品种占比较低。（凤凰出版集团将游戏、影视、软件、数据业务共同看作数字出版业务，故此处数字出版营业收入指游戏、影视、软件、数据业务营收总和。时代出版营业收入是指：数字产品收入和培训、科技孵化、影视收入总和。）

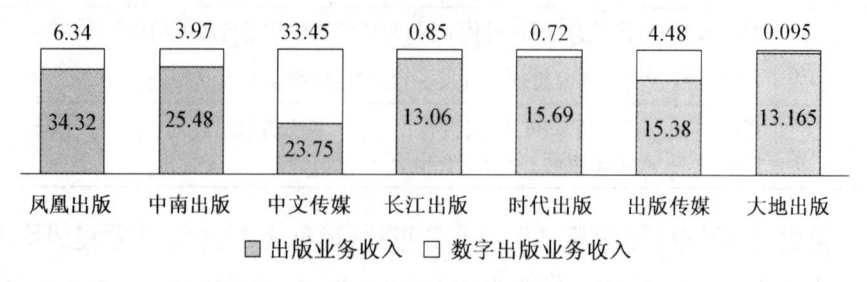

	凤凰出版	中南出版	中文传媒	长江出版	时代出版	出版传媒	大地出版
数字出版业务收入	6.34	3.97	33.45	0.85	0.72	4.48	0.095
出版业务收入	34.32	25.48	23.75	13.06	15.69	15.38	13.165

图 1-2　2015 年 7 家出版上市公司主营业务收入

（数据来源：各集团财报）

通过对上述7家出版上市集团的分析可推导出中国图书出版企业数字出版现状,即图书出版企业已开始推进数字出版业务,并在不断探索数字出版业务形式。除因游戏、大数据(凤凰集团因大数据业务获得1.8亿元的营收)等业务获得赢利外,数字出版产品并未真正为图书出版企业带来大规模赢利。而企业存在的目的是获利。

2. 出版企业中的数字出版分类

为更好地了解图书出版企业在数字出版业中的地位,此处将对出版企业中的数字出版进行分类。

(1) 基于企业主营业务分类

基于企业主营业务划分,出版企业数字出版可分为传统出版企业发展数字出版业务和新媒体数字出版企业[1]。前者的赢利模式仍以传统出版编印发为主,数字出版业务为辅;后者以发展数字出版为主要业务。本文的研究对象为图书出版企业的数字出版赢利模式,即传统图书出版单位在数字出版业务上的发展。

(2) 基于产品内容属性分类

根据出版企业生产的产品内容属性进行划分,出版企业的数字出版可分为教育类数字出版、大众类数字出版、少儿类数字出版、专业类数字出版。

(3) 基于数字出版产业链分类

基于数字出版产业链划分,即产业链的上游为内容供应商,以传统出版企业为主,同时包括手机内容提供商、网络游戏开发商等;中游主要是从事技术加工的网络运营商、平台服务商;下游主要从事数字产品发行商、终端供应商[2]。

可见图书出版企业在整个数字出版产业中处于上游地位,是内容提供

---

[1] 黄孝章,张志林,陈丹. 数字出版产业发展模式研究[M]. 北京:知识产权出版社,2012:43.

[2] 肖洋. 我国数字出版产业发展战略研究——基于产业结构、区域、阶段的视角[D]. 南京:南京大学,2013.

商角色。

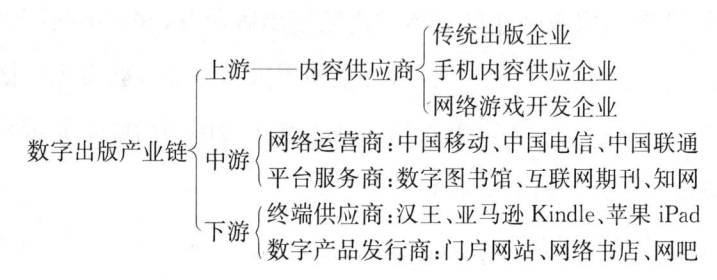

```
数字出版产业链 ┬ 上游 ── 内容供应商 ┬ 传统出版企业
               │                    ├ 手机内容供应企业
               │                    └ 网络游戏开发企业
               ├ 中游 ┬ 网络运营商：中国移动、中国电信、中国联通
               │      └ 平台服务商：数字图书馆、互联网期刊、知网
               └ 下游 ┬ 终端供应商：汉王、亚马逊 Kindle、苹果 iPad
                      └ 数字产品发行商：门户网站、网络书店、网吧
```

图 1-3 基于数字出版产业链分类出版企业

(二) 中国图书出版企业数字出版发展的外部环境

1. 政策环境

(1) 中央政府积极推进数字出版政策法规建设

近年来数字出版产业快速发展、行业规模急剧扩大，引起了各级政府的高度重视。早在 2006 年《"十一五"规划纲要》颁布时，政府即明确提出要发展以数字化、网络化为特征的新兴文化产业。《"十二五"规划纲要》更是将大力发展数字出版视为文化产业创新的核心、科技创新的重点以及国家软实力提升的关键点，提出要大力扶持文化创意产业包括数字出版产业等，并要加大政府的支持力度。

2014 年，中共中央、国务院及相关部委还出台了《国务院关于推进文化创意和设计服务与相关产业融合发展的若干意见》《关于推动新闻出版业数字化转型升级的指导意见》《国务院关于扶持小型微型企业健康发展的意见》等重要政策文件，旨在促进数字出版技术更新、加强数字出版人才队伍建设、探索数字出版赢利模式、构建合理数字出版产业链，加速数字出版产业结构化升级。

2015 年 3 月，李克强总理提出大力推行"互联网+"计划，这一举措推动数字出版产业战略升级，规范市场运营机制，坚定了数字出版企业向前发展的信心。

(2) 地方政府积极推进数字出版政策法规建设

2014年,上海市委市政府颁布《上海市版权"走出去"扶持资金管理办法》。2015年为推动网络文学健康发展、搭建内容平台,上海市新闻出版广电总局下发《关于推动网络文学健康发展的指导意见》。上海张江国家数字出版基地、国家版权贸易基地、上海"云部落"TMT产业园(电讯Telecommunication、媒体Media、科技Technology)等园区的建设,均得到上海市委市政府的鼎力支持。江苏省国家数字出版基地同样值得关注,据江苏省新闻出版广电局的数据显示,到"十二五"末期,基地实现产值150亿元。① 2013年,南京数字出版协会成立。之后南京市政府还下发了《关于加快发展南京数字出版产业的若干意见》《江苏国家数字出版基地(南京园区)数字出版企业评审认定办法》等政策扶持当地数字出版企业。2015年湖北省为加快数字出版产业的发展,明确提出了对数字出版企业实行7大税收优惠政策,并设立了湖北数字出版专项资金。

中央或地方政府都十分重视数字出版产业的发展,并不断加大扶持尚"年轻"的数字出版企业力度,并颁布各种政策法规及减免财政税收为数字出版企业提供良好的政治环境。

2. 经济环境

国民经济持续稳定发展,国民收入不断增长。

据国家统计局数据显示,自2006年到2014年间,中国GDP的增长率基本保持在10%左右,即经济超高速发展。2012年到2014年间,GDP增长率每年稳定在7%左右。国民经济平稳发展,对数字出版业平稳较快发展起到了积极促进作用。另据国家统计局数据显示,城镇居民的人均可支配收入逐步增加,2014年达29 381元。居民的人均可支配收入越高,居民的生活水平越高,其用于非生活必需品、精神产品上的消费就有可能增加。

---

① 江苏国家数字出版基地[EB/OL].[2015-02-17]http://cul.jschina.com.cn/system/2015/02/17/023776683.shtml.

数字出版物属于精神产品消费品,而非生活必需品,因此,人均可支配收入越高,居民购买数字出版物的可能性越大。

3. 社会环境

(1) 网民人数增多,用户资源广泛

据 CNNIC(中国互联网络信息中心)发布的《第 37 次中国互联网络发展状况统计报告》显示,2015 年中国网民数量已达到 6.68 亿,网民规模位居世界第一[①]。从图 1-4 中可看出从 2010 年到 2015 年中国互联网普及率以每年 30%~40%的速度递增,截止到 2015 年底已达 50.3%。网民人数越多,选择阅读数字出版内容的概率就大,同时网民对数字内容的要求也会越来越高。同时,据《2015 全国国民阅读调查报告》2015 年中国数字化阅读方式接触率为 64%。数字化阅读方式接触率越高,表明读者对数字内容接受度越高。这就要求数字出版企业保质保量地提供数字内容产品,增强由内容打造品牌的能力。由图 1-5 可知,中国手机网民用户达 6.2 亿人,占比全部网民规模的 88.9%,手机作为我国网民的主要上网方式。图 1-5 中手机网民占比网民数量(斜线)持续递增,并显示出高速发展的趋势。

图 1-4 2010—2015 年中国网民数量和互联网普及率

(数据来源:中国互联网络发展状况统计报告)

---

① 第 37 次中国互联网络发展状况统计报告[R]. 北京:中国互联网络信息中心,2016.

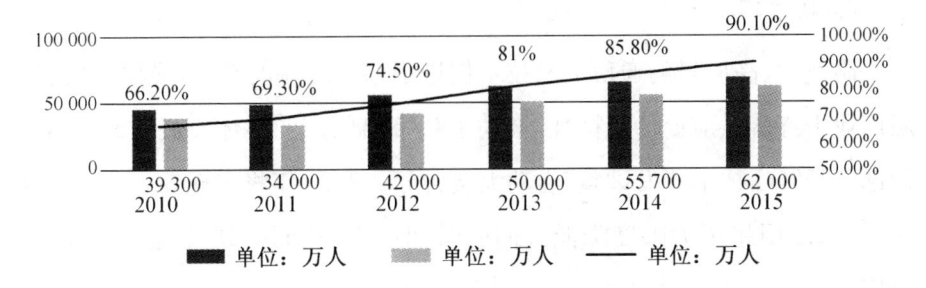

图 1-5　2010—2015 年中国网民数量和手机网民数及占比

（数据来源：中国互联网络发展状况统计报告）

(2) 全民阅读活动广泛开展

近年来从中央到地方都在积极推行全民阅读政策，自 2016 年《全民阅读促进条例》向社会公布后，江苏、湖北、深圳等省市都颁布了相关阅读立法。这些举措为数字出版的发展提供了有利的政策环境。据中国新闻出版研究院 2016 年 4 月发布的《2015 全国国民阅读调查报告》数据显示，2015 年中国 18～70 周岁国民人均阅读纸质图书 4.58 本，人均电子书阅读 3.26 本[①]。由下图 1-6 可知，2012—2015 年间，人均阅读量逐年递增，其中电子书阅读量增加速度较快，这体现了全民阅读活动的积极效果。

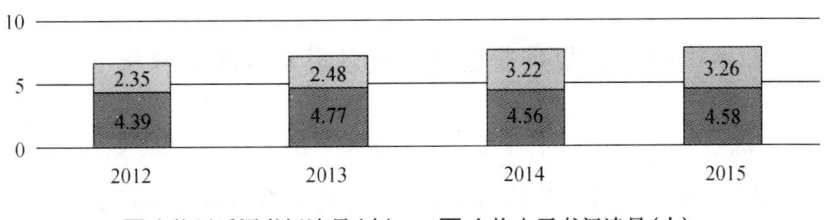

图 1-6　2012—2015 年中国人均阅读量

（数据来源：中国新闻出版研究院全国国民阅读调查）

---

① 2015 全国国民阅读调查报告[R].北京：中国新闻出版研究院，2016.

4. 技术环境

高速度、高质量的通信上网技术促进了移动终端的繁荣,提高了数字出版产业中终端供应商的积极性,推动了数字出版产业整体发展。2016年工信部召开"5G技术研发试验"启动大会,据悉,2020年将实现5G技术商用。5G技术商用将更大限度降低人们的时间成本,从而提高人们工作和生活效率。

2006年Google公司首次提出云计算概念后云计算迅速风靡全球,各国都加入到了云计算的研究中,以期用云计算为产业发展提供动力。国内众多企业均已投入到云计算的研发里,其中以互联网企业居多。以BAT(百度、阿里巴巴、腾讯)三家互联网龙头企业为例,其都推出了云服务的有关产品,如百度云、阿里云、盛大云等。图书出版企业对云计算、云服务、云出版平台的探索,有利于数字内容的整合,并向读者提供更精准地服务等。不仅如此,电子纸的电泳技术、有声读物技术等更将为数字出版发展提供技术优势。

二、中国图书出版企业数字出版赢利模式分析

(一)中国图书出版企业数字出版各类赢利模式分析

本文通过对图书出版企业数字出版的不同赢利来源,对赢利模式进行划分,分别是:基于直接出售内容赢利模式、基于内容运营赢利模式、基于增值服务赢利模式和基于"免费内容+收费网络广告"赢利模式,并通过案例分析进行论证。

1. 基于直接出售内容的赢利模式

这是图书出版企业中数字出版最常用的方法,最典型的便是电子书模式,即图书出版企业通过自建或他建的平台将数字化内容直接出售给用户,并获得赢利的过程。

(1) 电子书

电子书即"将信息以数字形式存储在光盘、磁盘等存贮介质上,通过计算机网络进行传播,并借助计算机或类似设备来阅读的电子图书"。[①] 电子书的流行显示了人们对书籍轻便、易携带、易购买的真实需求。据《中国数字出版产业年度报告》数据显示,2014 年中国电子书收入 45 亿元,2015 年中国数字化阅读方式接触率甚至达 64%,过半的人选择阅读数字化内容,我国电子书发展前景广阔。

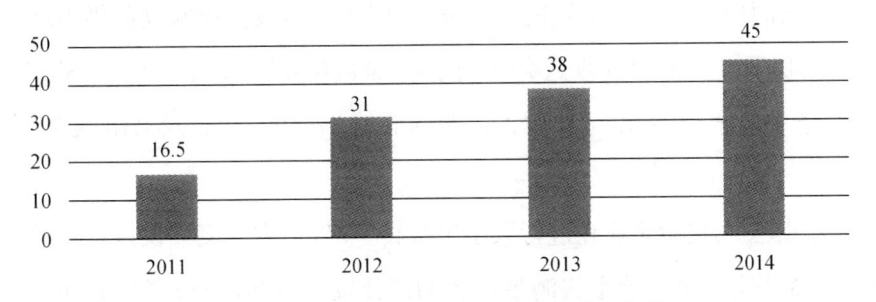

图 2-1　2011—2014 年中国电子书收入规模

(数据来源:中国数字出版产业年度报告)

(2) 电子书模式应用

图书出版企业制作的电子书主要是指将纸本图书数字化,置于发行网站中供读者购买阅读,其收费方式主要包括:一是内容版权收费,如按本收费、按流量收费、包月收费等;二是收费阅读类 App 产品或免费 App 内置收费内容;如外语教学与研究出版社(以下简称外研社)在 iOS 系统发布的"大学英语高分向导"、"大学英语高分四六级必备"等收费类 App,前者收费 30 元,后者收费 12 元。再如 iOS 系统内由商务印书馆开发的《牛津高阶英汉双解词典(第 7 版)》App 收费 98 元,而后开发出升级版 158 元。另外,外研社还推出了许多免费应用+内置收费的 App,如"小虫子点读机系列"、"外延 Q 词系列"等。

[①] 彭冬莲.eBook 探析[J].高校图书馆工作,2003(1):10-12.

中信出版社从自身内容资源优势出发,探索出了一套适合自己的电子书赢利模式。中信电子书赢利方式主要有:一是独立研制电子书终端应用;如"有样儿"App,其主要收费方式是靠用户打赏。二是与运营商合作,中信出版社同中国移动、联通协力推出应用"咪咕中信书店"和"大布阅读"。"大布阅读"的主要赢利方式为单本销售和包月收费等。单本销售价格不固定,包月收费主要分三种:"名家精品包"每月8元,"新书速递包"每月3元,"畅销图书包"每月5元。

目前国内电子书市场规模虽然很大,但图书出版企业的收益仍不理想。2014年我国电子书营业收入是45亿元,而数字出版总收入是3 387.7亿元,电子书收入仅占1.3%,除去运营商和终端商的利润,图书出版企业所剩无几。

另外,图书出版企业在进行数字出版转型时,不重视交互设计,用户体验不佳。如果电子书不能很快满足读者的阅读需求,而耗费较多的时间,读者的期待值和注意力就会降低,用户购买力下降,最终导致出版企业的赢利能力下降甚至亏损。国内的图书出版企业在发展电子书的模式上仍需要努力。

2. 基于内容运营的赢利模式

基于内容运营赢利模式,最典型的是数字版权运营模式,即图书出版企业通过对出版物内容深度的整合、开发和网络营销,对传统图书在内的内容资源的信息网络传播权、影视音乐综艺动漫作品改编权、游戏开发权、周边衍生品开发权等各种数字版权交易活动,并获得赢利的过程。

(1) 数字版权运营模式概述

业界围绕版权运营这一主题的讨论已有很多,但大多将"版权运营"看作"版权经营"。张阿源在他的硕士论文里定义"著作权人或著作权代理人,运用经营权(即对著作权的占有、使用、依法处分的权利)来使著作权在一系列活动中产生经济效益的行为。"[1]由此可见出版活动归根到底是一种版权

---

[1] 张阿源. 数字出版的版权运营研究[D]. 北京:北京印刷学院,2011.

交易活动,即版权运营活动。传统版权运营活动仅涉及版权转让及版权保护活动。随着数字网络技术的发展、数字版权交易活动的创新,数字版权运营发展模式应运而生。

(2) 数字版权运营模式应用

数字版权运营模式在互联网企业发展较好,腾讯文学依托集团的社交属性及海量用户全力打造集阅读、社交、影视、游戏、综艺、听书等一体的多样化阅读。其两大内容来源分别是以男性阅读为主的"创世中文网"和以女性阅读为主的"云起书院"。据腾讯 2015 年第三季度财报数据显示,QQ 智能终端月活账户 6.39 亿人,微信(包括 WeChat 版)月活账户 6.5 亿人,国内移动网民几乎都在使用腾讯的产品。

腾讯文学数字版权运营赢利方式主要包括:一是向个人的租赁版权收费,主要指在线阅读收费。如充值收费、按本收费、按章节收费、VIP 会员收费等。其中,1 元=100 读书币,充值可选 10 元、30 元、50 元,也可自行充值。会员收费(包月收费)为每月十元。按本收费为前几章节内容免费阅读,后面章节收费。二是向企业转让网络文学的影视、动漫、游戏改编权。如 2014 年腾讯文学将旗下阅文集团的网络玄幻小说《择天记》的游戏开发权,以高价出售给了巨人网络公司,同时巨人网络公司表示要做"书游同步"的游戏客户端。借由此事,腾讯文学和巨人网络达成战略合作,将网络文学作品改编成同名游戏取得更大的收益。2014 年 12 月腾讯文学又联合腾讯影业,共同打造《择天记》电影,并联合腾讯视频共建动漫版。据了解,"腾讯文学针对《择天记》这一 IP 进行了统一的 LOGO 和统一的人物形象设定,同时协调出版商、游戏商、周边制作厂商等合作方的配合需求,以集中打造《择天记》IP 品牌"。[①]

图书出版企业在推进数字版权运营模式时应充分借鉴互联网企业这一

---

① 改编权开价上千万,网络小说和游戏商的蜜月还能维持多久[EB/OL]. http://news.163.com/14/0802/10/A2KTM35U00014SEH.html. 2014-08-02.

点,加大对现有内容资源的开发力度,扩展以内容资源为主导的产业链布局。出版传媒集团也在不断发展数字版权运营模式,投资建设微电影数字化平台。据凤凰传媒2015年财报数据可知,2014年与光线传媒合作运营的《左耳》电影版权,就是通过网络宣传等方式获利4 000多万元。

中信出版社在开始数字化转型时就提出实现"数字版权运营"战略,2015年12月和阅文集团实现战略合作,建立"中信出版品牌专区",双方共享内容资源,并通过向其他网络游戏公司、影视公司转让版权获得赢利。中信出版社对图书《从0到1》及其电子版本的运营值得借鉴,图书出版前,中信出版社就和周鸿祎、徐小平、刘强东等知名创业人士创办相关路演活动,并进行网络营销,录制《对话》和优酷《老友记》节目,开建"从0到1创客学院",并在微博、微信平台上大量宣传。售价18元的电子书版本长期在各互联网企业阅读App的热销榜,截至2016年5月24日《从0到1》电子书在京东阅读App好评榜第五名位置,共有26 849人读过。截至2016年5月24日,该电子书占领了百度阅读App热门频道第七名的位置,23.2万用户阅读了此书。

同一时间,天猫旗舰店该书的纸本月销量达1 928本,当当网3 393本。2016年前3个月都获得了经管类网上销售榜第一的位置(以上数据来自相关App及网站的主页)。可见数字版权运营不仅能助力数字出版的发展,也能带动纸质图书的销量。随着数字技术的发展,内容资源将会被更新的方式改编。市场会越来越向大企业靠拢。

3. 基于增值服务赢利模式

图书出版企业数字出版基于增值服务赢利的模式有多种,指出版企业为满足不同用户需求,以非常规的内容资源呈现形式出售给用户,并获得赢利的过程。如在线教育模式、数据库模式等,本文将以在线教育模式为例进行分析。

(1) 在线教育模式概述

在线教育(E-learning),是图书出版企业在数字出版赢利模式探索中的又一重要形式,它以传递信息、分享教育资源为宗旨,利用高新技术突破时空限制,为用户提供非线性、个性化的学习内容。图书出版企业数字出版中的在线教育赢利模式,指图书出版企业通过自行搭建或同其他在线教育平台合作提供内容资源等举措获得赢利的方式。因目前在线教育产业属发展萌芽期,故平台上大多数内容供应企业都在推广免费课程来吸引用户。据艾瑞咨询发布的《2015年中国在线教育平台研究报告》数据显示,2015年中国在线教育市场规模达1 192亿元,相比2014年高了19.4个百分点[①]。可以说在线教育市场规模大发展快,是一快速上升的产业。当前在线教育的商业模式主要有:针对企业进行培训的课程B2B模式、针对个人学习的课程B2C模式、个人互助学习课程C2C模式、以家教为主的课程O2O模式,如图2-2。

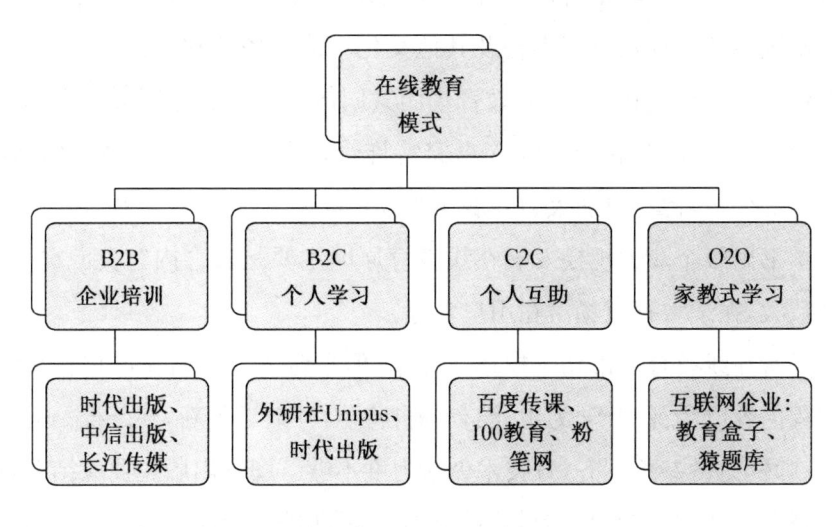

图2-2 在线教育商业模式

(2)在线教育赢利模式应用

中国图书出版企业在线教育收费方式主要有:一是内容收费,即对平台

---

① 艾瑞咨询:2015年中国在线教育平台研究报告[EB/OL]. http://www.iresearch.com.cn/report/2490.html.2015-12-01.

中提供的课程或资料等收费,这是最普遍的收费方式。如传统出版企业外研社推出的收费课程《职业英语课程》《商务英语课程》,以及图书产品如《英美小说选读》《学术英语听力》。支付方式主要为在线支付、汇款支付等。二是移动端软件收费。如商务印书馆在 iOS 系统中推出的《牛津高阶英汉双解词典(第 8 版)》App,收费 118 元。三是政府招标收费。长江传媒集团建立的第一教育网平台。据中南出版传媒 2015 年财报数据可知,天闻数媒以 CCE 云课堂、区域教育云等在线教育项目,通过营业收入 3.97 亿元,净利润 2 347 万元,步入了快速发展期。凤凰传媒下辖的学科网也于 2015 年获得了 500 万元左右利润①。可见图书出版企业依托固有的内容资源推进在线教育的模式前景广阔。

其他未形成大规模赢利的图书出版企业也开始试水在线教育。如中信出版社早在数字化转型时,便将在线教育培训纳入重要发展项目之一,并将图书出版、数字出版、书店零售及其他文化增值业务放在一起。2014 年 11 月中信出版社同美国 Kaplan 教育集团共同成立了以金融服务为主的中信楷岚教育公司,同时联合 CIMA 皇家特许管理会计师公会、沪江网校及高顿财经等公司,旨在更加大力发展在线教育业务。

图书出版企业大规模发展在线教育原因主要是教育内容资源深厚,生源基数大,在线教育市场潜在用户多等。

尽管在线教育的市场规模逐年递增,但平台内容同质化严重。在线教育课程内容以考证、升学为主,没有各自特色,并缺乏创新,缺乏统一的行业标准,师资力量参差不齐,且技术创新力度不够。图书出版企业应结合自身内容资源优势,打造高质量的在线教育内容,加强技术创新,以建立品牌效应从而提高赢利能力。

4. 基于"免费内容+收费网络广告"赢利模式

基于"免费内容+收费网络广告"赢利模式指的是图书出版企业为抢占

---

① 从 2015 年报看出版传媒集团在线教育发展[EB/OL]. http://www.cbbr.com.cn/article/103992.html. 2016 - 05 - 17.

互联网入口,通过免费内容吸引大量用户,并获得广告商注意来投放广告,获得赢利的过程。

(1)"免费内容+收费网络广告"赢利模式概述

许多 IT 企业的赢利模式都遵从"先免费后收费"的原则,造成这种现象的最主要原因是企业要吸引大量用户,但企业在创业初期往往规模较小,提供内容量也少,若使用收费制一般难以迅速招揽用户,因此 IT 企业普遍选择用"免费"模式。如互联网公司奇虎 360 当初开发免费版电脑安全卫士,一经推出便迅速占领市场、获得大规模用户,并形成行业进入壁垒,给同行业的金山网络、卡巴斯基等收费杀毒软件以痛击。近年来微信 App 用户火爆的重要原因也是为用户提供了"免费"的沟通渠道。目前众多成功互联网企业大多通过提供免费的资源获取大量读者。但企业存在的最主要目的是获利,所以"免费"获取用户之后需要收费才能完成赢利目标,稳住市场地位。

网络广告运营正符合"免费+收费"模式,即免费提供内容给用户,获得大量点击以此吸引广告主,并得到广告收入的模式。1994 年 10 月 14 日,美国著名杂志 Wired 网络版主页刊登了 AT&T 等十余个客户的旗帜广告(Banner),该事件被看作是广告史上里程碑式的一个标志,标志着互联网广告的开始[1]。据易观智库发布的《中国网络广告市场年度综合报告 2016》数据显示,2015 年,中国互联网广告收入规模达 2 136.3 亿元,比 2014 年高 36.5%[2]。另据艾瑞咨询搜集数据制图 2-3[3]。由图可知 2015 年互联网广告收入约为 2010 年的 6.7 倍,可见数字出版领域互联网广告的火爆程度。

---

[1] 李振国,纪淑平.网络广告媒介的发展趋势及其创新[J].商业研究,2006(21):198-200.30.

[2] 易观智库:中国网络广告市场年度综合报告 2016[EB/OL]. http://www.analysys.cn/view/report/detail.html?columnId=8&articleId=18609.2016-04-07.

[3] 艾瑞咨询:2014 年网络广告核心数据发布[EB/OL]. http://www.iresearch.com.cn/data/247057.html.2015-03-03.

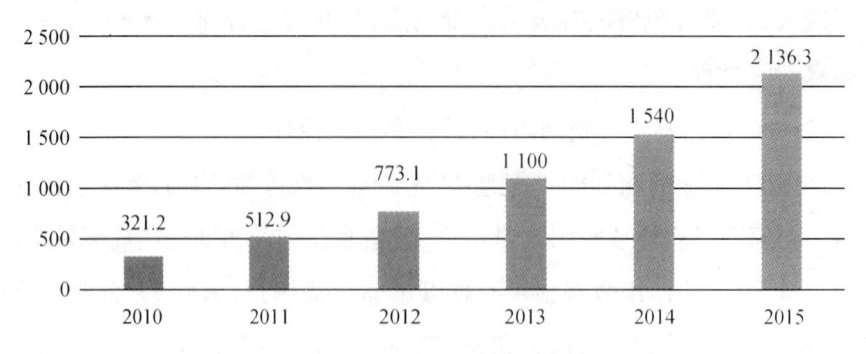

图 2-3　2010—2015 年中国互联网广告收入

（数据来源：中国数字出版产业年度报告）

(2) 网络广告

尽管以网络广告赢利的模式已成为互联网领域的主要模式，但图书出版企业在推进数字出版发展时仍使用不多，目前仍处于发展初级阶段。图书出版企业可以利用"限免"（限时免费）方式发展网络广告模式，即"免费应用软件+免费内容"引入流量获取大量用户，再以用户为资源同广告主合作，最终获得广告收入。

如中信出版社同百度阅读合作推出的"限时免费图书"，以免费内容吸引用户点击，靠其中插入的广告收入为主要收入方式。具体来说，用户可选择免费获取内容后直接进行阅读，但阅读过程中有广告页面跳出。也可选择用"阅读豆"购买屏蔽广告版的内容，即用户付"广告费"，最终获得的收入由运营商和内容提供商平分。上海世纪出版集团在自建平台易文网上也进行了网络广告模式探索，代理集团和新汇光盘集团公司下属单位的网上广告。

互联网广告逐年递增，加之"免费+收费"在互联网领域的成功，"免费内容+网络广告"赢利模式或将成为图书出版企业数字出版赢利的一种趋势。

(二) 案例分析：中信出版社数字出版赢利模式

本文选择中信出版社作为案例主要原因有：一是中信出版社 2015 年新

挂牌的新三板就获得数字出版营收3764万元,其赢利模式值得借鉴;二是中信出版社在探索数字出版赢利模式中存在问题是图书出版企业的共性问题。

中信出版社成立于1988年,2008年转企改制后更名为中信出版股份有限公司,自行经营、自负盈亏,2013年成立中信出版集团公司,2015年11月26日于新三板挂牌上市(股票代码834291),现为中信出版集团下辖子公司。中信出版社致力于建立以客户为中心的O2O出版服务体系,建立了中信连锁书店、读者会员服务、教育培训、文化增值服务等。2010年中信出版社开始组建数字传媒中心,随后将内部分为运营商运营团队和互联网运营团队。2013年成立中信联合云科技公司,并大刀阔斧实施数字出版改革,包括B2C式自建网站、开发App终端应用软件、成立自媒体等;B2B式有与运营商中国移动共建"咪咕中信书店"、与中国联通共建"大布阅读"App,同时与第三方电子商务平台如天猫、京东、当当、亚马逊等公司开展交流合作。中信出版社近两年的实践内容如图2-4。从图中可看出中信出版社数字出版业务发展全面,既自建平台企业又同产业链中下游建立合作关系。同时也能看出中信出版社以发展纵向数字出版产业链为主,走的是一体化、专业化数字出版发展道路。

自中信出版社开始实施数字出版业务后,其营业收入逐年递增。据前中信出版社电子书部门总编黄一琨说,"数字出版业务能给出版社带来真实的收益,能挣到钱已毋庸置疑。"[①]2013年中信出版社数字出版业务收益近2000万。另据中2015年财报数据显示,其主营业务收入图书出版、数字出版及书店经营等三大部分达77820万元,净利润10275万元,数字出版营收超过3764万,占比4.84%,虽比2014年有所降低,但3700多万元营收仍是不俗的成绩,如图2-5。但中信出版社的主要赢利来源仍是图书出版,数字出版营收只占4.84%,占比较低,如表2-1。中信出版社数字出版

---

① 黄一琨.中信出版社:2000万收益如何炼成?[J].出版人,2014(4):33.

业务占比低原因有：一是数字出版业务起步晚。中信2010年才开始成立数字传媒中心，2013年才成立中信联合云科技公司大规模发展数字出版。二是数字出版产品形态单一。由图2-4可知，中信出版社产品形态以建设终端软件App为主，辅以自媒体产品，其他形态少。三是自建业务少，合作业务多，赢利被侵占严重。

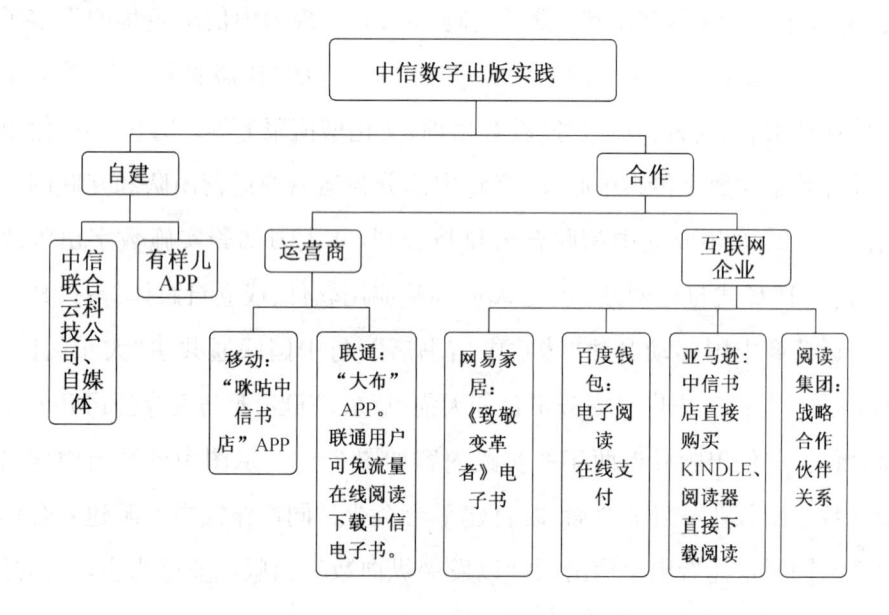

图2-4 中信出版社数字出版实践

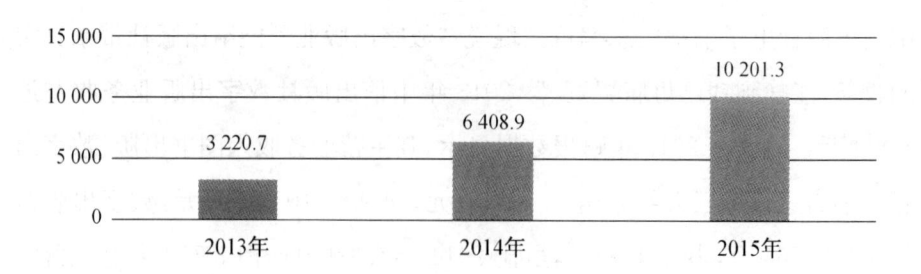

图2-5 2013—2015年中信出版社主营业务收入

（数据来源：中信出版集团股份有限公司2013—2015年财务报表审计报告）

表 2-1　2015 年中信出版收入构成数据　　　　　（单位：元）

类别/项目	本期收入金额	占营收比例	上期收入金额	占营收比例
图书出版	465 245 005.64	59.78%	337 896 474.39	54.86%
数字阅读	37 643 427.40	4.84%	33 088 055.30	5.37%
书店及其他文化增值	275 207 126.51	35.36%	243 820 055.48	39.59%
其他业务收入	109 081.45	0.01%	1 095 888.93	0.18%
合计	778 204 641.00	100%	615 900 474.10	100%

（数据来源：中信出版社 2015 年财报）

中信出版社数字出版的赢利模式包括：基于直接出售内容赢利的电子书模式，如自建或共建应用软件——"有样儿"、"大布阅读"、"咪咕中信书店"等；基于内容运营赢利的数字版权运营模式，如同阅文集团合作，共同打造 IP 运营等；基于增值服务赢利的在线教育模式，如建立中信楷岚教育公司等；基于"免费内容＋收费网络广告"赢利模式，如和百度阅读等互联网企业共同推出"限时免费"＋"去广告"方式。

（三）图书出版企业数字出版赢利模式特点

1. 多样性

与传统出版单一赢利模式不同的是数字出版多样化的赢利模式。传统出版主要依靠"作者——出版社——印刷厂——批发商——零售商——读者"这一产业链模式，以版权转让方式赢利。

但数字出版不仅包含这些赢利模式，还有电子书、数字版权运营、在线教育、网络广告等赢利模式。当然还有其他模式如数字图书馆、数据库、按需出版、资本运营等模式。数字出版从最初的电子书模式发展到现在多种模式并存，是一种进步。尽管这些赢利模式还未成熟到能大规模普及，但是其未来发展空间是巨大的。根据表 1-2 显示，7 家出版上市公司的数字出版业务赢利模式都包含了电子书、在线教育、数字版权运营等。

2. 交叉性

各赢利模式之间相互影响、互有交叉，但交叉部分并不一样。比如电子书模式和版权运营模式，二者不同在之处在于，前者是出版企业可以直接将内容资源售卖给用户，且用户多为个人。后者是出版企业通过对内容资源再加工，将其版权的不同表现形式售卖给用户，且用户多为企业。但二者的交叉点是都以内容资源为赢利对象。

同样以广告收入为赢利方式的是"免费内容＋收费网络广告"赢利模式和在线教育模式中的共同点，二者的不同点在于，前者指的是图书出版企业是整个数字出版过程中的主要赢利方式，后者则单指图书出版企业因在线教育活动所得，它们的指代范围不同。再如同样是"免费＋收费"和"免费内容＋收费网络广告"赢利模式，这和电子书模式中的"免费App＋收费内容"是不一样的，前者注重广告获利，后者注重内容获利。

3. 数字运营平台集中度低，缺乏规模效应

图书出版企业在进行数字出版业务探索时，离不开数字运营平台的建设。我国图书出版企业普遍各自独立建立数字运营平台，这虽能加强图书出版企业同技术运营商和终端供应商之间的合作，但也容易使得图书出版企业忽略同其他出版企业之间的交流，没能就数字运营平台形成有效的沟通和合作，所以企业的集中度低，无法形成一定的经济规模。

因为图书出版企业未能成功构建大规模的数字出版运营平台，所以大量内容资源不能被有效进行整合，读者要获得内容资源只能去互联网企业平台或出版企业平台。如读者同时想阅读并购买外研社和高等教育出版社的电子书，除非去互联网平台阅读并购买，不然只能先去一家出版企业平台上找书、下单，再去另一家重复上述过程。这一过程大大消耗了读者的时间和心理成本，影响了读者的购买行为，降低了读者的满意度。另外多数出版企业未能对各自的数字运营平台进行深入的研发和建设，或者流于表面，所以大多质量不高，内容不够充实、模式化严重，更新量少，界面单调。模

化、同质化严重极易造成企业间的无序竞争,形成不同程度上的资源浪费,影响市场和行业的发展。

4. 利润率低,图书出版企业由"内容提供商"向"内容运营商"转型

由于数字出版产业链的中下游企业,如运营商和终端商分别占领了"微笑曲线(Smiling Curve)"上最具赢利能力的两端:研发和营销,从而瓜分了大量利润[①]。图书出版企业不得不改变其宏观发展策略,开始整合产业链,由早期的"内容提供商"向"内容运营商"转型,这一点尤其在数字版权运营模式中得到了体现。中信出版社在2015年财报中提出要"继续推进数字出版业务,初步实现从内容提供商向内容运营商的转变"[②],旨在加强从直接售卖内容的电子书模式向具有互联网思维的以对内容进行数字化运营赢利的数字版权运营模式转变。通过建立中信网络出版服务云平台、少儿平台、视频业务平台、教育培训平台等,构建版权运营体系。

一些图书出版企业提出把"内容运营商"的转变当作发展战略,如凤凰集团就将由"传统教育出版商"向"教育综合运营商"转变当作战略之一,意在发挥教育内容的资源优势,延伸数字教育出版产业链,加强集团在数字出版产业链条上的地位,提升话语权,减少因产业链中下游企业对技术垄断而造成利润分配不均的现实,争取自身的利润。

---

① 戴天婧,张茹.财务战略驱动企业盈利模式——美国苹果公司轻资产模式案例研究[J].会计研究,2012(11):27.

② 中信出版集团2015年年度报告.[R].北京:中信出版集团;http://www.publish.citic.com/uploads/soft/160322/21-1603220U419.pdf.

三、中国图书出版企业数字出版赢利模式的现存问题及其成因分析

(一) 图书出版企业数字出版赢利模式现存问题

1. 产业链利润分配不均

整合产业链能够降低产业内部的流通成本、优化资源配置,形成规模经济,使产业链内部所有企业都能获得最大经济效益。在传统出版中,出版企业作为内容资源的提供者占据产业链的主导地位,有强大话语权,利润率高。与传统出版相比,出版企业在数字出版过程中所得利润率较低。在数字出版产业链中,无论是平台运营商还是终端制造商,都有自己领域的核心价值和技术优势,都以提供资源的稀缺性和重要性为砝码,强烈要求高回报、高利润,图书出版企业作为主要的内容提供商却因技术能力欠缺而被长期排除在赢利门外。出版企业去除运营商、终端商所占有的高额利润,再去除人力物力成本,企业所剩利润无几。

如中信出版社同运营商中国移动、联通等合作推出的产品"咪咕中信书店"、"大布阅读"等,中信出版社仍是内容提供商,大量技术支持需运营商来做,此时运营商就占据了主导地位,拥有强大的话语权,且中信出版社也未能同运营商有效沟通争取高回报,这就产生这样一种结果:虽然这些应用软件得到了较高收入,但大部分仍落入了运营商手中。笔者在2016年4月8日通过访问中信出版社"大布阅读"应用软件的张姓负责人得知,虽然中信出版社的数字出版业务获得了较高营业收入,但其中的60%~70%已被运营商收入囊中。

目前多数出版企业在数字出版业务过程时都面临这一问题,这是出版企业在进行数字出版赢利模式探索时要面临的。未来运营商会继续加大对技术的研发,逐渐对行业进行垄断,而以提供内容为主的图书出版企业则会

被越来越边缘化。

2. 赢利模式缺乏创新

虽然图书出版企业在推进数字出版发展时存在多种赢利模式,但许多图书出版企业未考虑自身出版社情况,通过生搬照抄或直接套用的模式来获得赢利。但这些客观存在的赢利模式本身不够成熟,各个企业自身情况也各不相同,出版企业在推进数字出版过程中极易造成"水土不服"的现象,不仅未获赢利,反而赔了时间和精力。

仍以中信出版社的数字出版为例,尽管中信出版社意在向"内容运营商"转型,但其数字出版业务仍停留在只将"内容数字化"的层面,并没有太多技术的创新。如基于直接出售内容赢利的电子书模式,中信出版社虽自建或与中下游企业合建了App"有样儿"、"大布阅读"等,主要工作仍是提供内容资源,并不进行深加工,技术创新举动也很少。另外其对技术研发所投入的资金也很少,这也是导致出版企业缺少话语权、无法获得赢利的原因。根据中信出版社 2015 年财务报表及审计报表数据显示,中信出版社在 2014 年及 2015 年用于研发的金额为 0 元[①]。不进行自主技术研发,处处依赖运营商和电商,只能将辛苦提供并整合的内容资源拱手相让,这也是其他图书出版企业在推进数字出版活动所共有的问题,对整个出版企业来说是一个严重的警告。

(二) 现存问题的成因分析

1. 法律法规不完善

互联网的普及,使海量信息方便易得,多数图书、期刊、报纸、音乐、影视等作品也可轻松获取,数字化盗版传播速度快、范围广,多数情况下超出图书出版企业可控范围,这严重挫伤了推进数字出版的决心和对内容挖掘和

---

① 中信出版集团 2015 年年度报告[R]. 北京:中信出版集团,2016:http://www.publish.citic.com/uploads/soft/160322/21 - 1603220U419.pdf.

技术开发的积极性。据艾瑞咨询发布的《2015 中国网络文学版权保护白皮书》数据显示，盗版已发展至 4.0 时代，并逐渐专业化、规模化。2014 年中国网络文学因盗版损失 77.7 亿元，及 21.8 亿元衍生品价值[①]。深究这一现象的重要原因是相关数字出版法律法规不完善。

尽管政府高度重视数字出版产业发展，频频颁布各种政策法规加以扶持，如《互联网著作权行政保护办法》《信息网络传播权保护条例》等，但目前仍未有一部专门的有关数字出版的立法，现有的法律体系相较于产业发展已显滞后，无法有效协助数字出版产业发展。2010 年和 2011 年百度文库被著作权人（韩寒、贾平凹等人）发表联合发声明控告侵权，最终被法院认定侵权事实并要求公开道歉和赔偿。因为法律法规不完善，导致此类侵权事件频出，影响图书出版企业推进数字出版转型发展。

2. 图书出版企业数字出版转型意识强

（1）缺乏专业的数字出版人才

现阶段中国大陆图书出版企业中的人才队伍还不足以适应激烈的市场竞争环境。人才结构单一，编辑团队大都不是复合型人才。所谓复合型人才在数字出版企业里指既要懂得传统编、印、发出版流程也要会利用互联网技术进行产品策划、产品运营、品牌营销和推广等，拥有互联网思维的编辑。7 家内地出版上市公司信息披露，大多数董事、监事和高层管理人员从业经历为传统编辑工作、政府工作和高校教师工作等，有互联网企业或数字出版企业相关经历的人较少（详见表 3-1）。

高层人员数字出版经历不够，互联网思维欠缺、观念守旧，不能很好提出数字出版发展建议，造成基层数字出版编辑人员无所适从，从而影响图书出版企业推进数字出版转型发展。

---

① 艾瑞咨询：2015 年中国网络文学版权保护白皮书．[EB/OL]．http://www.iresearch.com.cn/report/2515.html. 2016-01-07.

表3-1 7家出版上市公司高层人员分布

	凤凰传媒	中南出版	中文传媒	长江出版	时代出版	出版传媒	大地传媒
政府工作经历人数	4	4	7	7	2	3	4
传统出版工作经历人数	11	11	6	7	12	6	7
高校教师工作经历人数	3	4	5	3	7	6	2
其他工作经历人数	9	4	2	2	5	8	5
总人数	27	23	21	19	26	23	18

出版企业技术人员占总人数比率低,技术发展后劲不足。如编辑人员要对页面文字进行排版设计,需要技术人员使用文本编辑器做出相应程序开发,但进行文本编辑过程过于复杂,技术人员的匮乏极易导致程序开发不成功,最终影响页面设计和用户体验。据中信出版社2015年财报,截至2015年底,中信出版社正式员工共486人,其中编辑人员169人,占比近35%,行政管理人员70人,销售人员49人,财务人员24人,业务支持人员174人。笔者通过访问中信出版社了解到此处"业务支持人员"并非完全指代技术人员。图书出版上市企业人员主要分五类:生产人员、销售人员、技术人员、财务人员、行政人员,研发人员占比低(详见表3-2)。7家上市出版企业中,除长江传媒、凤凰传媒技术人员占比超过10%,时代出版占比超过7%外,其他均未超过4%,中国大陆图书出版上市集团里缺乏技术人才。

表3-2 7家出版上市公司技术人员占比

	凤凰传媒	中南传媒	中文传媒	大地传媒	长江传媒	时代出版	出版传媒
技术人员	1 356	473	264	547	884	235	47
总人数	8 623	14 112	7 022	16 133	4 953	3 242	1 447
技术人员占比(%)	15.73%	3.35%	3.76%	3.39%	17.85%	7.25%	3.2%

(2) 用户体验不佳

图书出版企业在推进数字出版过程中普遍存在用户体验不佳的现象。如某出版社自建的应用软件的 iOS 版本,界面只有三个交互按钮:"首页"、

"发现"和"个人",且前两个页面有大量完全相似内容,页面白底黑字,设计感不强。同时,字数过多容易影响用户阅读体验,不仅不能达到吸引用户的目标,同时还会因为内容资源的短缺、更新速度的迟缓而失去黏性用户。

互联网企业建设的阅读软件的用户体验就相对较好。以百度阅读为例,交互功能多,包括使用魔方方式翻转"个人"和"书城"页面,再在书城的二级页面中设置"推荐""免费""排行""分类"等交互按钮,用户社交分享方便。用户阅读时可直接从页面底部点击分享按钮,将内容发送给其他用户。云端同步,指用户可以在不同终端软件上使用同一账号获取自己收藏的内容资源,这一方式确保了用户阅读的延续性,加深用户对应用软件的忠诚度。互联网企业中技术团队的支持,运营和编辑人员对内容的抓取,以及设计人员对页面的丰富等一系列工作,能建设出更优质的应用软件。

因互联网企业建设的应用软件用户体验较好,通过口碑传播扩大用户规模,企业逐渐形成进入壁垒。这些值得图书出版企业借鉴。

(3) 支付系统不完善

随着数字出版产品的发展,更多的读者倾向于网上直接交易,但多数图书出版企业因未成功构建企业内部支付系统,而不能完全实现读者这一购物需求。图书出版企业因不能独立开发支付系统,造成数字出版物的交易须借助其他企业的力量才能完成,只能将出版的数字产品置于第三方电子商务平台上出售。

能独立做支付系统的图书出版企业处境则好得多,如人民教育出版社开发了一套适合自己企业发展的支付系统,用户能直接用银联卡、支付宝等方式在平台上购买图书或在线教育课程。7家出版上市公司中仅中文传媒将"支付平台"单独作为一个项目运营,且中文传媒2015年数字出版营业收入达到33.45亿元,属7家公司最高,其支付的便利性是影响企业高收入的原因之一。

主题图书出版如何具备精品意识
——以江苏凤凰出版传媒集团主题出版为例

唐 婧

2018年是贯彻党的十九大精神的开局之年,也是改革开放40周年。这一年,江苏将"贯彻落实重大会议、宣传阐释重大理论、隆重纪念重大节点"贯穿融入全年。江苏凤凰文艺出版传媒集团主动承担起江苏主题出版的重任,把主题出版摆在突出位置,用一批主题出版新作、力作巩固了全国出版行业"第一方阵"和地方出版社"排头兵"的地位。

一、"江苏凤凰"主题出版的特征分析

与一般的大众出版和学术出版不同,主题出版具有鲜明的特殊性和重要的使命感,主题出版具有政治性、导向性、时效性、多元性、互动性、公益性等特征[1]。此外,主题出版还具有较强的人文关怀,及较多聚焦公共话题、人民关切的热点等特性。

为贯彻党的十九大精神,江苏省委宣传部、省新闻出版广电局精心组织了"2018年主题出版重点选题"的策划工作,围绕深入宣传阐释习近平新时代中国特色社会主义思想和党的十九大精神、中国特色社会主义和中国梦、社会主义核心价值观、庆祝改革开放40周年等重点方面,遴选出2018年江

---

[1] 周蔚华.紧紧围绕大局做好主题出版究[J].中国出版,2011(5):37-39.

苏省主题出版重点出版物选题50种(其中图书40种,音像电子出版物10种)①。

(1) 明确价值导向

"江苏凤凰"在策划主题出版时,以高度的政治责任感、使命感为前提,并紧紧围绕学习宣传贯彻党的十九大精神这条主线,精心策划"宣传贯彻十九大精神"选题。为推动习近平新时代中国特色社会主义思想深入人心、建设具有强大凝聚力和引领力的社会主义意识形态、培育和践行社会主义核心价值观、提高国家文化软实力,做出积极贡献。与此同时,在做主题出版的策划是也能严格落实意识形态责任制,把好政治导向关,始终把社会效益放在首位,并贯穿于选题策划全过程。努力实现社会效益和经济效益相统一,做到了"策划一批、出版一批、储备一批"。

2018年,江苏凤凰人民出版社策划的主题出版选题共有81个,其中被纳入国家重点出版规划项目4个,纳入国家出版基金资助项目4个②。紧扣十九大新思想新观点新战略新举措,提高政治站位,站上国家高度,组织策划了《三十年,两步走》《新时代中国特色社会主义简明读本》《治国理政关键词》等7个重点选题,推动"学懂、弄通、做实"十九大精神落地生根。把握"四个自信"在习近平新时代中国特色社会主义思想中的重要地位,策划了《中国特色社会主义"四个自信"研究丛书》。围绕集中反映江苏贯彻十九大精神具体行动与务实举措,策划推出《美好"政"发生:民生实事100件》。

(2) 抓住时效性,关注热点

在出版市场竞争激烈的今天,谁抢先占领了阵地,谁就掌握了主题出版

---

① 共江苏省委宣传部,江苏省新闻出版广电局.关于公布2018年江苏省主题出版重点出版物选题的通知[OL]. http://jsxwcbgdj.jiangsu.gov.cn/art/2018/4/17/art_51501_7584794.html.

② 中国新闻出版广电网.江苏人民社:五大板块做亮主题出版[OL]. http://www.chinaxwcb.com/2018-02/02/content_367104.htm.

的主动权。主题出版有着很强的时效性,很多时候,它策划的前提往往依附于各种主题活动和社会关切与热点。而主题活动和社会热点一般都具有一定的时间和阶段,所以,主题出版要根据主题活动的进展程度安排出版进度,并且要在主题活动的不同阶段,实施相应的营销策略,以提高主题出版的成效。

2018年是马克思200周年诞辰,围绕这一重大历史节点,江苏凤凰人民出版社坚持以马克思主义理论出版作为主题出版优先方向,抓住马克思200周年诞辰时间节点,组织策划了《马克思主义论宪法》《马克思哲学要义》《图说〈共产党宣言〉》等重点选题,推动马克思主义理论研究深化发展。

(3) 注重创新性,进行深度策划

图书内容同质化是当前图书市场一个比较严重的问题,这在主题出版中也表现突出。当多家出版单位围绕同一个主题进行选题策划时,很容易与其他图书重复。"江苏凤凰"为了贯彻"双创"理念,精心策划"弘扬中华优秀传统文化"选题。坚持用"双创"出版实践、出版成果推动中华优秀传统文化创造性转化、创新性发展。

为推动重点文化出版工程,策划推出"江苏文库"7个选题、"凤凰文库"18个选题。着眼于追溯文化渊源、填补出版空白,组织策划了《中国哲学通史》(10卷)《明清文化通史》(3卷)《中国古典美学史》等历史文化选题。积极探索更多细分领域"双创"出版,组织策划了集成10种非遗剧种的《中国戏曲艺术与地方文化系列丛书》(10卷)、集中考察中国海洋文化的《大国海疆丛书》(4卷)等重点选题,拓展"双创"出版范围。

(4) 根植于江苏,深挖地域资源

地方出版社要围绕贯彻落实中央关于地区经济社会发展的指示要求,从地方在国家战略中的定位、在国家发展中的贡献上选材取料,从地方党史

资源、文化底蕴、时代精神中汲取养分①。

江苏历史悠久,是人文荟萃之地,具有深厚的文脉资源。植根于一方沃土,"江苏凤凰"也精心策划了许多彰显江苏特色选题。从江苏在国家战略中的定位、在国家发展中的贡献上选材取料,从江苏党史资源、文化底蕴、时代精神中汲取养分,打造江苏特色主题出版精品。

比如,围绕宣传习近平总书记视察江苏三年多来江苏改革发展成就,江苏凤凰人民出版社策划推出《江苏新答卷》。围绕反映江苏改革发展新战略、新举措,组织策划了《江苏"1+3"功能区战略发展研究》《江苏城乡发展一体化研究》《江苏调查2017》等重点选题。

二、"江苏凤凰"主题出版的策划思路分析

虽然经过多年发展,主题出版已在出版界形成规模,并且开展主题出版活动成为各出版企业挺拔主业、创新选题和提升企业社会影响力的重要途径。但主题出版的选题开发也面临一些矛盾。比如,规模数量与质量的矛盾,严肃性与大众化的矛盾等。为了应对出版中的这些矛盾,"江苏凤凰"在策划主题出版时,往往能整合各方资源,精准定位,为江苏的文化发展与繁荣做出了不小的贡献。

(1) 定位精准

观察近年来的图书市场,不难发现,主题出版类出版物越来越呈现出角度新颖、表达新鲜、以小见大、务求实效的特点。越是注重内容品质的主题出版类选题,越有可能产生持久的社会影响力,在两个效益上取得优异

---

① 宋思佳,陈前进,吴月淋.新时代主题出版的发展趋势及策略研究[J].科技与出版,2018.04.009

成绩①。

出版业同仁也越来越清醒地认识到,主题出版并不是非得"高大全"才行,不只是讲理论、提要求,更不是应景之作,相反需要更加重视选题的质量,特别是要改变原来习惯的宏大的叙述模式,变成贴近个人的、生动的、普通的小故事,以平等的视角传递人文精神,才能受到读者的欢迎。

江苏省新闻出版广电局精心部署规划十九大主题出版工作。在2018年年初召开的全省文广新工作会议上、印发的全省工作要点中,专题部署十九大主题出版工作,并专门召开主题出版工作推进会,开展专题调研,推动部署落实。要求各家出版机构的主题出版要根据实际需要,把握好定位,特别是宗旨、内容、形式、定价、营销的定位等。明确把十九大主题出版作为选题规划重点,引导出版单位推出一批重点主题图书,目前已在国家、省和出版单位三级重点出版规划体系中选定45种十九大主题出版物,并将进一步充实完善。

为此,江苏凤凰文艺出版社策划了《我的高考:南京大学1977、1978级考生口述实录》《一个采集播撒种子的人:时代楷模钟扬》等关注大时代中的个人的选题,这些选题定位精准,目标读者群明确,作品一经出版便获得了市场与读者的好评。

(2) 资源整合优化

主题出版是一项复杂的系统工程,涉及社会生活的各方面,需要出版单位围绕出版主题,最大限度地整合资源。

一方面,出版单位要积极整合和利用出版界自身的资源,打破出版社界限,由多家出版社共同组成项目组,以有效利用策划、编辑、作者、设计、宣传、营销等方面的资源,形成出版资源的集聚效应,集各出版社的优质资源

---

① 李建红.2013—2017年主题出版的选题特点、矛盾及对策[J].出版科学,2018.01.007

共同做好主题出版；另一方面，要打破行业界限，整合新闻、广电、互联网、有线、通信等行业的优质资源，实施"多媒体"出版工程，融合媒介资源，形成出版主题被多媒介共同关注的发散效应，以扩大主题出版活动的影响面和传播力①。

面对2018年主题出版"内容要素集聚""使命任务叠加"的工作局面，江苏凤凰人民社突出"五大板块"，策划了一批主题出版新作力作。比如：抓牢工作主线，精心策划"宣传贯彻十九大精神"选题。紧扣十九大新思想新观点新战略新举措，组织策划了《三十年，两步走》《新时代中国特色社会主义简明读本》《治国理政关键词》等7个重点选题，推动"学懂、弄通、做实"十九大精神落地生根。这些选题就是在全面整合内部、外部资源后重磅推出来的，无论是在内容选定，还是渠道营销上均整合一切可利用之资源，大力推广。

（3）内容规模化、精品化

要做好主题出版工作，整体性的长远规划不可或缺。"江苏凤凰"在自身的发展规划中，都要求必须突出主题出版的地位，构建多层次、多向性、多元化的产品线。为此，凤凰出版传媒集团定期召开主题出版规划会，围绕中央重大决策部署和国家、省发展战略，提前储备选题，确保今后几年的主题出版物具有深度，并且能够形成一定的规模。

为人民抒写、为时代放歌，是出版工作者的使命担当。改革开放40周年，是全党全国人民将隆重纪念的重大节点，也是主题出版大有可为的重要契机。为此，"凤凰出版"紧扣历史重大节点，精心策划了"庆祝改革开放40周年"选题、"小岗村40年"选题等选题。

此外，也在这一重大历史节点上，策划了许多着眼于反映改革开放总设计师邓小平的历史性贡献，宣传中国改革开放40年发展历程、成功经验和

---

① 杨国祥.浅谈主题出版的特征与策划[J].出版广角，2013.11.04

伟大成就的专题。比如,江苏凤凰人民出版社就组织策划了《邓小平在1984》《邓小平的政治信仰》《试点:改革的中国经验》《改革开放思想史》等10个重点选题。与此同时,他们结合江苏实际与特点,积极承担了《中国改革开放全景录》(江苏卷)项目,组织策划了《江苏改革开放实录》《江苏改革开放40年》等重点选题,力求全方位展现江苏改革开放历程与成就。

三、"江苏凤凰"主题出版的趋势与展望

梳理分析近几年的重点主题出版物选题不难发现,主题出版物的策划性愈加突显,题材更加广泛、形式更加多样:既有学术著作,也有通俗读物;既有面向成年读者的读物,也有面向青少年读者的读物,可谓丰富多样①。

如何做到人无我有、人有我新、人新我精,主题出版物才能出新出彩出亮点。联系实际、找准热点难点、易于为读者接受,是主题出版物的关键要素。板着面孔空洞说教的出版物无法走近读者,以小见大、可读易读、生动表达的出版物才是受读者欢迎的。

(1) 加强编辑队伍的建设

未来,为应对主题出版热,应对新时代发展对主题出版的强烈需求,"江苏凤凰"应该加强符合出版规律、适应时代发展、结构规模合理的专业编辑队伍和权威作者队伍,专业编辑队伍往往具有专业出版能力,从而够保证出版规划和出版进度的落实。

(2) 梳理文脉,利用好经典资源

"文化"是出版业最核心的竞争资源,所有在市场上受关注与欢迎、口碑

---

① 何军民. 关于主题出版三个维度的分析——以国家新闻出版广电总局 2015—2017 年主题出版重点选题为考察对象[J]. 中国出版,2018.01

良好的图书都围绕着一个轴心在旋转：传统文化的重新发掘、重新利用。

新时代的背景下，"文化自觉、文化自信"被提到重要的位置谈论。我们需要重建中国人的精神，让中国人重新找到自己作为中国人的精神气质和伦理精神的路径，真正恢复中国人的时代传统，并且在和平崛起的时代，再造"时代中国"和"中国时代"。这就更需要出版单位站在时代的前端，挖掘民族文化瑰宝，为广大人民群众提供真正有价值的作品。

主题出版是独具中国特色的出版领域之一，把握主题出版的内在规律和发展趋势，努力发挥其传播主流文化、展现时代风貌的重要作用，是出版业的时代使命。出版单位要坚持助推理论创新，精心策划"深度关注重大理论"选题，贯彻"双创"理念，策划能够"弘扬中华优秀传统文化"的选题，要植根一方沃土，策划彰显地域特色的选题。

期刊出版

日本《周刊少年 JUMP》品牌策略研究

袁 中

作为漫画大国的日本,漫画在其出版业中占据着举足轻重的位置,根据日本出版协会每年公布的数据可以推算出,日本出版业超过四分之一的利润来自漫画[①]。这得益于日本漫画产业链的完善。《周刊少年 JUMP》作为日本最具代表性的品牌漫画杂志之一,是值得我们研究和借鉴的对象。该杂志中产生的众多优秀的漫画作品,支撑起了日本漫画产业的一片天。

表 1 日本漫画市场销售额一览

年份\份额	漫画销售额	整个出版市场销售额	占据比例
2014 年	4 456 亿日元	17 209 亿日元	0.259
2015 年	4 437 亿日元	16 722 亿日元	0.265
2016 年	4 454 亿日元	16 618 亿日元	0.268

本文从《周刊少年 JUMP》的品牌策略入手,分别从《周刊少年 JUMP》的品牌建构、营销、延伸和维护逐一解析其品牌策略,为日本品牌漫画的出版学研究和中国漫画出版的品牌建设提供自己的一些心得。

《周刊少年 JUMP》由日本集英社发行,是日本销量最高的漫画杂志,位列日本三大漫画杂志之首。本文根据《周刊少年 JUMP》创刊至今的杂志销

[①] 日本出版协会. 2016 年漫画市场概况[EB/OL]. http://www.ajpea.or.jp/information/20170224/index.html,2017-02-24/2017-03-25.

量变化,并结合连载漫画的题材风格对其发展历程进行划分,将其发展历程划分为5个阶段。此外,品牌策略是充分利用外部环境及内部资源,创建、发展和维护品牌的一套具有长远性、根本性和全局性的行动[1]。《周刊少年JUMP》的5个阶段的发展反映出了品牌策略的运行轨迹。

一、《周刊少年JUMP》品牌的兴起与发展

(一) 初创期(1968—1975):品牌的建构

这一时期是《周刊少年JUMP》的创刊初期,也是品牌形象的建设期。品牌建构是一个品牌发展最开始的部分,也是最重要的部分,决定了该杂志的内容质量及其受众人群。《周刊少年JUMP》在品牌建构时期,确定了杂志的主题题材等重要内容。

1959年,讲谈社创立《周刊少年MAGAZINE》,小学馆创立《周刊少年SUNDAY》,从此,日本开启了漫画周刊杂志的时代。1963年,《铁臂阿童木》电视动画开始播放,日本的漫画市场开始快速发展。《周刊少年JUMP》创刊于1968年7月11日,当时是半月刊,名为《少年JUMP》,1969年10月变更为周刊,改名为现在的《周刊少年JUMP》。《周刊少年MAGAZINE》《周刊少年SUNDAY》和《周刊少年JUMP》构成了日本三大漫画杂志。相较于其他两大杂志,《周刊少年JUMP》的创刊晚了近十年。近十年的漫画市场,已经被其他两大杂志瓜分,在极其不利的条件下创刊的《周刊少年JUMP》凭借自身独有的特点成功逆袭。

首先,"友情、努力、胜利"的三大题材要素保证了漫画的质量。这三大题材要素原先是对4~5年级的小学生进行调查而产生的词汇,小学生们认为,最暖心的是"友情",最重要的是"努力",最开心的是"胜利"。基于此调

---

[1] 徐莉莉,骆小欢.品牌战略[M].杭州:浙江大学出版社,2007:23.

查,漫画杂志的三要素被定为"友情、努力、胜利"。至少要满足其中一条,漫画才可以在《周刊少年 JUMP》上连载。其次是价格,根据《周刊少年 JUMP》前主编西村繁男在其著作《再见了,我的青春〈少年 JUMP〉》中的叙述,《周刊少年 JUMP》创刊初期坚持以高定价、多印张、低发行量的原则,来保证杂志的正常运营。《周刊少年 JUMP》创刊时的价格为 90 日元,相比其他杂志 60 日元左右的定价,要高出不少,这是为了保证杂志创刊初期,销量低时能够有效地收回成本。但是在漫画杂志进入正轨的时候,90 日元的定价反而比其他同类杂志便宜 10 日元。《周刊少年 JUMP》的创刊号发行量只有 105 000 册,而当时《周刊少年 SUNDAY》的发行量有 691 000 册,而《周刊少年 MAGAZINE》的发行量达到 844 000 册,《周刊少年 JUMP》的创刊号发行量不及其八分之一[①]。作为后创刊的杂志,比其同类杂志晚了将近 10 年,为了能够吸引读者,就需要从漫画杂志本身下手。当时的漫画杂志,一本在 250 页左右,其他漫画杂志上,广告和体育报道占据了将近四分之一的版面,而《周刊少年 JUMP》将这部分也用来刊登漫画,虽然价格略高,但是漫画内容的量却是超值的。因为这些与众不同的因素,《周刊少年 JUMP》能够稳步发展。

1968 年的创刊号销量为 105 000 册,1971 年,发行量突破 100 万册,同时为了选拔故事性漫画作品,创立了"手冢赏"漫画比赛,"手冢赏"是以日本漫画大师手冢治虫的名字命名,旨在选拔优秀的故事性漫画创作人才。1973 年 8 月,《周刊少年 JUMP》的发行量超过《周刊少年 MAGAZINE》成为销量最大的漫画杂志。次年,创立了"赤冢赏"比赛,"赤冢赏"以著名漫画家赤冢不二夫的名字命名,意在选拔优秀的搞笑漫画作品。因为"手冢赏"和"赤冢赏"比赛的创立,一批优秀的漫画家从比赛中诞生,例如北条司、小畑健、井上雄彦等。这些知名漫画家都是从"手冢赏"漫画比赛里脱颖而出

---

① 西村繁男. さらば、わが青春の『少年ジャンプ』[M]. 東京都:幻冬舎文庫,1997:109.

的,而"赤冢赏"里面则是选拔出了德弘正也、臼田京介、麻生周一等出色的搞笑漫画家①。这些漫画家之后很多都成为《周刊少年 JUMP》的主力,创作出了《城市猎人》《灌篮高手》《筋肉人》等经典漫画作品,使得杂志的销量节节攀升。

在品牌建构期,《周刊少年 JUMP》凭借"友情、努力、胜利"三大要素,低价格以及超值的内容,使当时处于劣势创刊的杂志,在周刊漫画杂志市场崭露头角。

(二) 发展期(1976—1989):品牌的培育

这一时期是《周刊少年 JUMP》的发展期,也是杂志品牌的培育期。品牌建构期奠定了杂志的基调后,就需要良好的培育发展,并不断扩大。这一时期的《周刊少年 JUMP》上出现了很多热门的经典作品,例如《乌龙派出所》《阿拉蕾》《北斗神拳》等知名漫画。1976 年《乌龙派出所》开始连载,这是目前在《周刊少年 JUMP》上连载时间最长的漫画,连载了 40 年,于 2016 年 9 月 17 日完结,单行本一共 200 卷,总销量超过一亿五千万册,是陪伴了一代人成长的国民级漫画,以后很难再出现第二部连载时间如此长的漫画。

当然,《周刊少年 JUMP》的发展也不都是顺风顺水,作为竞争对手的《周刊少年 SUNDAY》挖掘出了一位新人,开始用强有力的新作品吸引读者。1978 年,高桥留美子的《福星小子》在《周刊少年 SUNDAY》上连载,天马行空的想象,令人捧腹的剧情使其迅速在日本走红,并吸引了一批女性读者,这是《周刊少年 JUMP》所欠缺的。《福星小子》的成功让大家发现,在少年漫画杂志上也可以连载恋爱漫画;而女性读者通过《福星小子》开始认识了少年漫画杂志。作为对手的《周刊少年 SUNDAY》吸引了一批女性读者,《周刊少年 JUMP》当然也不能落后。编辑部发现车田正美的画风细腻,人物美型,于是将《拳坛赌注》的人物塑造得符合女性读者的口味。虽然无法

---

① 根据历代获奖名单整理。

撼动《福星小子》当时在漫画界中的地位，但是这部作品为《周刊少年JUMP》吸引了一部分女性读者，填补了女性市场的空白。

1978年发行量突破200万册，1980年发行量突破300万册。《周刊少年JUMP》不仅在销量上有了很大的飞跃，这段时间优秀的作品也在不断地涌现。1980年，鸟山明凭借《阿拉蕾》横空出世，这个戴着大大眼镜的小女孩让鸟山明的名字家喻户晓。1984年，鸟山明开始连载他的第二部作品《龙珠》，并创造了多项纪录。这是一部讲述只要集齐散落在世界各地的七颗龙珠，就能够实现任何的愿望，于是主角悟空和他的伙伴们开始各种冒险的漫画。漫画单行本在30多个国家出版，其动画被翻译成多国语言在各国播放，播放后，获得了观众的一致好评。与《龙珠》并驾齐驱的还有《北斗神拳》和《足球小将》。《北斗神拳》可以称为格斗漫画的鼻祖，在之后的格斗漫画中都能看到《北斗神拳》的影子，可见其影响力之大。

同样还有《足球小将》，它是日本运动漫画的代表作品，很多人因此喜欢上了足球。改编的动画引进中国后，深受中国观众的喜欢。因为这些优秀作品的出现，《周刊少年JUMP》的销量不断增长，1984年12月的最后一期的发行量超过400万册。

《周刊少年JUMP》的发行量和知名度越来越高，这样的势头并没有减退，如图1-1所示，杂志销量也节节攀登。1985年，北条司开始连载他的第二部作品《城市猎人》，这部作品超越了上一部作品《猫眼三姐妹》，成为北条司代表性的作品。同样在1985年，车田正美的巅峰之作《圣斗士星矢》开始连载。该作品以古希腊神话为背景，讲述了一群勇敢的少年们和女神雅典娜并肩作战的故事。故事设定充分体现了"友情、努力、胜利"这三大元素，作品中出现的"小宇宙"、"圣衣"甚至招式名称等词汇，成为青少年之间的流行语，风靡亚洲甚至欧美。1987年《JOJO的奇妙冒险》开始连载，光怪陆离的冒险也随之开始。

下图是1977年至1989年《周刊少年JUMP》的销量变化图。

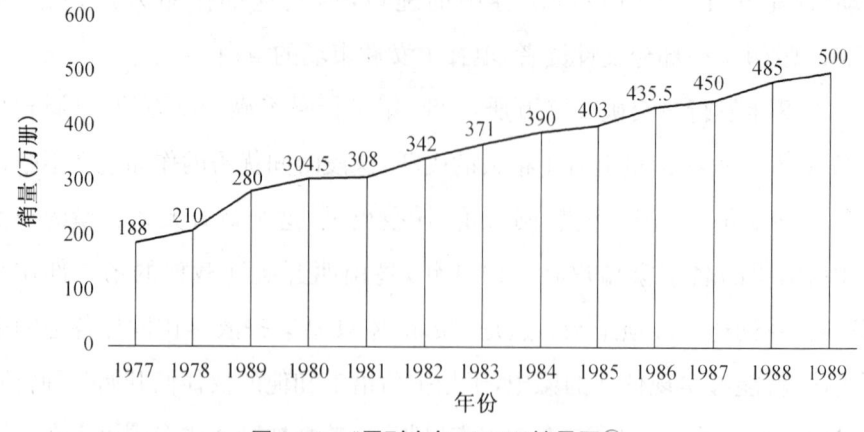

图 1-1 《周刊少年 JUMP》销量图①

品牌培育期的《周刊少年 JUMP》，严格按照品牌建构时期的方针，不断产出优秀的漫画作品，销量也随之攀升。如图 1-1 所示，从 1977 年开始，即《周刊少年 JUMP》创刊开始，销量就一直稳步上升，渐渐地占据着日本的漫画市场。1988 年是其创刊 20 周年，当年最后一期刊物发行量突破了 500 万大关。此时《周刊少年 JUMP》的前景一片光明。

(三) 巅峰期(1990—1995)：品牌的完善

1990 年—1995 年是《周刊少年 JUMP》品牌发展的巅峰期，经过品牌的建构、培育，《周刊少年 JUMP》在读者人气和作品影响力、知名度，以及杂志的销量上，都达到了一个前所未有的高度，《周刊少年 JUMP》的品牌也在不断完善。

进入 20 世纪 90 年代，《周刊少年 JUMP》的发展依旧锐不可当，这一时期的《周刊少年 JUMP》无疑是最强的，没有人能够撼动其在漫画界的霸主地位。这一时期的辉煌完全离不开这个时期的三大主力作品。

---

① 维基百科.周刊少年 JUMP[EB/OL]. https://ja.wikipedia.org/wiki/%E9%80%B1%E5%88%8A%E5%B0%91%E5%B9%B4%E3%82%B8%E3%83%A3%E3%83%B3%E3%83%97,2016-12-20/2017-01-02.

第一部是前文提到的《龙珠》,于1984年开始连载,经过几年的人气积累,进入20世纪90年代,人气爆棚,当大家正随着悟空一起寻找七龙珠的时候,另外两部十分优秀的作品也闯入了大家的生活,那就是《灌篮高手》和《幽游白书》。

《灌篮高手》于1990年开始在《周刊少年JUMP》连载,是日本三大运动漫画之一。讲述了一个红头发的不良少年,因为暗恋一个女生,加入篮球部而爱上篮球的故事。《灌篮高手》将"友情、努力、胜利"三大元素完美地诠释了出来。当时的日本,篮球爱好者很少,但是因为《灌篮高手》的爆红,日本国内打篮球的人数激增。从1990年开始,日本篮球协会的注册人数一直都呈现增长态势,1995年,人数突破了100万。1996年《灌篮高手》完结之后,注册人数日益下降,现在虽有所回升,但是仍然无法突破100万大关。可见《灌篮高手》当时在日本已经是现象级的漫画了。

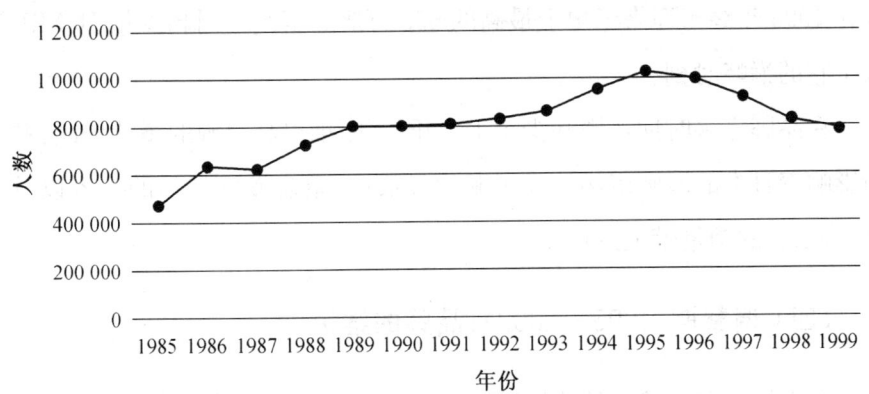

图1-2　日本篮球协会注册人数变化图[①]

之后《灌篮高手》被引进到中国,成为很多"80后"、"90后"的青春回忆。用漫画诠释运动是一件很困难的事情,因为漫画是静止的,而运动必然需要画面动起来,这也是为什么优秀的运动漫画并不多的原因,这需要高超的绘画技巧和镜头感才能实现。井上雄彦通过大量的分镜,将各种细小的动作

---

① 日本篮球协会官网. 历年注册人数[EB/OL]. http://www.japanbasketball.jp/jba/data/enrollment/,2017-03-13.

顺畅地连接起来。正是因为井上对漫画的匠心精神，成就了《灌篮高手》这部经典作品。

同样在 1990 年，《幽游白书》开始连载，又一个天才在美好的时代站了出来。该漫画讲述了一名叫做浦饭幽助的不良少年，为了救一名小孩而意外地在车祸中离世，灵界并没有预计到他的死亡，所以灵界没有他的容身之所，于是他得到了一个重生的机会。幽助经过灵界的种种考验，终于重新回到自己的身体里面，并且成为一名灵界侦探。主角依旧是个不良少年，看似和《灌篮高手》设定重复，其实完全不同。《幽游白书》人物、情节的设定，影响了后世很多的漫画，也让读者认识到了富坚义博这一位被人称为"鬼才"的作者。

加上同年连载的《花之庆次》和慢热的《JOJO 的奇妙冒险》，《周刊少年JUMP》1991 年的发行量突破了 600 万册，超过了当时日本报纸的发行量；并在 1995 年终于迎来了史上最高的 653 万册。至此，《周刊少年 JUMP》迎来了它的巅峰时刻。

在品牌完善时期，《周刊少年 JUMP》不断推出高口碑的爆款作品，并不断影响着日本的漫画市场。在不断地发展中，杂志漫画作品的内容以及题材，将杂志的销量带上巅峰。

（四）调整期（1996—2002）：品牌的维护

有山峰就有山谷。随着《龙珠》和《灌篮高手》这样人气作品的完结，杂志销量受到严重影响，1997 年，《周刊少年 JUMP》发行量被《周刊少年 MAGAZINE》超过。为了缓解发行量下降的颓势，《周刊少年 JUMP》编辑部采取了一系列的应对措施来维持品牌的发展。

首先，在作者和作品层面，积极挖掘新人新作，积极培养能够比肩《龙珠》和《灌篮高手》的作品，保证杂志的长久发展。于是 1997 年，《海贼王》（又名《航海王》）开始连载。

《海贼王》是继《灌篮高手》后，又一部将"努力、友情、胜利"三大元素完美结合的漫画作品,连载至今已有 20 年,并不断地书写着属于它的辉煌。《海贼王》讲述了一位名叫路飞的少年,以海贼王为目标,和同伴们在大海上冒险的故事。独特的世界观,跌宕起伏的剧情,平衡把握泪点与笑点,漫画排版张弛有度,使《海贼王》成为一部看后就会喜欢,而一直丢不掉的作品。作者尾田荣一郎曾担任过甲斐谷忍(代表作:《欺诈游戏》《调酒师》等)、德弘正也(代表作:《不文泰山》)、和月伸宏(代表作:《浪客剑心》)等漫画家的助手,汲取了各位老师的优长。甲斐谷忍的剧情和伏笔,德弘正也的搞笑,和月伸宏的人物刻画,这些老师的特点,都能在《海贼王》这一部作品中看见。《海贼王》创下了多项纪录,是世界上发行量最高的漫画。2015 年 6 月 15 日,以全世界发行量 320 866 000 部获得了吉尼斯世界纪录,成为发行量最高的同一作者创作的系列漫画[①]。同时该漫画在《周刊少年 JUMP》上,常年保持着作品人气第一名的位置。《海贼王》的连载渐入佳境,成为支撑《周刊少年 JUMP》的台柱漫画。

1999 年,作为这个时期的另外一部台柱漫画《火影忍者》开始连载。《火影忍者》以日本一种特殊的职业"忍者"为题材,讲述了主人公漩涡鸣人以火影为目标,和同伴们一起奋斗、成长的故事。这是一部非常典型的和风幻想作品,漫画中的建筑、衣服以及饮食都充满了日式元素,让喜欢日本文化的读者十分满足,也让对日本文化不了解的读者多了一个了解的机会。这个梦想成为火影的少年和梦想成为海贼王的少年一起,为《周刊少年 JUMP》的复苏贡献着自己的力量。

其次,是关注已出道的漫画作者。尾田荣一郎和岸本齐史是不可多得的天才,但是想让《周刊少年 JUMP》恢复到之前的辉煌,光靠一两个天才作者是无法实现的,所以编辑部在不断地挖掘新人同时也在关注有潜力的作者,于是小畑健被发掘了。小畑健于 1986 年就参加"手冢赏"漫画比赛,作

---

① 日本公信榜.海贼王获得吉尼斯世界纪录[EB/OL]. http://www.oricon.co.jp/news/2054292/full/,2015 - 06 - 15/2017 - 03 - 13.

为漫画家出道了，却一直没有成名。但他并没有放弃，而是一直地画画。机会总是垂青有准备的人，1999年《棋魂》开始连载，让大家知道了小畑健这样有着出色绘画技术的天才画家，他是和月伸宏（《浪客剑心》的作者）的师傅。《棋魂》的连载在日本国内掀起了围棋热潮，向日本青少年们普及了围棋这一冷门益智类游戏。从此，竞技类的漫画不再局限于激烈的运动比赛项目，围棋这样依靠头脑比赛的作品，依旧可以很"燃"很"热血"。从此，《周刊少年JUMP》又多了一部新类型的漫画，通过小畑健画风唯美精致，很快吸引了一大批女性读者。

编辑部还十分注重之前开过连载的热门漫画家，因为有一定的人气基础，再开连载会比新人漫画家有优势。于是巅峰期的漫画家富坚义博开始了他的第二个长篇连载《全职猎人》。喜欢游戏的富坚义博所创造出的漫画世界十分有趣，充满想象力的舞台设定，精彩的剧情以及同伴之间令人动容的感情，都使得这部作品在短时间内获得了超高的人气。

另外，漫画在内容题材方面有了运动漫画的加入。《足球小将》和《灌篮高手》的成功，让《周刊少年JUMP》编辑部一直想再推出一部运动漫画来支撑杂志的发展，却苦于没有可以力推的作品，直到《网球王子》的出现。1999年《网球王子》开始连载，《周刊少年JUMP》又多了一个夺回自己王位的撒手锏。《网球王子》的人物美型帅气、性格分明，是一部男女老少皆宜的漫画作品。

20世纪末，《周刊少年JUMP》依旧在奋战中，虽然没有超过《周刊少年MAGAZINE》的销量，但是一直维持在第二名，伺机待发。

进入21世纪，出版业持续不景气，漫画杂志的销量也在不断地减少。《周刊少年JUMP》依旧不断调整，不断发掘新作品，并开设电子漫画部门，尝试在网页上连载漫画。2001年作为新时期三大台柱漫画的最后一部作品《死神》开始连载。《死神》画风精致，人物帅气美型，对于画面的设计和留白非常具有艺术性。作者久保带人的文字功底较为深厚，旁白等台词的设计很有深意，也是其他漫画无法比拟的。

《周刊少年JUMP》经过5年时间左右的调整,终于在2002年8月再次超越《周刊少年MAGAZINE》,成为漫画杂志的王者,并一直保持至今。品牌要不断发展,就需要不断调整,发现问题并解决问题,才能够让品牌更持久地发展。《周刊少年JUMP》在销量下降时,采取积极措施,挖掘新人,刊登新作,以维护品牌的发展。

(五) 转型期(2003年—至今):品牌发展新方式

随着信息技术的迅速发展,网络社交平台也随之丰富,人们的娱乐休闲方式发生了变化。特别是智能手机的出现,人们乘坐地铁、公交上下班、等人途中,开始用浏览各种社交平台App来代替过去的读书看报,在地铁或公交车上看漫画杂志的人也越来越少。面对这样的转变,《周刊少年JUMP》不得不开始寻找转型之路,此时品牌的发展也随着时代的变化而变化。

首先是内容呈现方式的转变。长篇漫画减少,2003年后连载的漫画没有像《乌龙派出所》《龙珠》《海贼王》《火影忍者》这样长期连载。快节奏的时代,人们喜欢碎片化的阅读,长时间拉锯战地追漫画已经不适合当下的阅读习惯,如果长篇漫画剧情控制不好,可能会加剧读者的流失,而且占据着一个连载位,让新人作品无法在杂志上连载。2014年《火影忍者》完结,2016年《死神》《乌龙派出所》完结,可以看出《周刊少年JUMP》想要减少长篇连载漫画,将机会留给新漫画的决心。新时期连载的漫画,连载时间一般都是3~5年,例如2012年连载的《暗杀教室》于2016年完结,连载时间3年半。漫画剧情紧凑,不会为了迎合读者像《龙珠》一样刻意的拖沓剧情。这样的连载方式,应该是以后《周刊少年JUMP》上漫画连载的主要模式。

其次是营销模式的转变。漫画不再是一个单一形式的IP,它可以有着不同的衍生模式和盈利手段。《周刊少年JUMP》在新时期,让漫画的产业链变得更加丰富。

最后就是漫画电子化。现在的年轻人喜欢用智能手机和平板电脑娱乐消遣,漫画电子化不可避免,《周刊少年 JUMP》编辑部在电子漫画上进行了各种尝试。2013 年的第 33 期杂志,作为创刊 45 周年的纪念刊,进行了史上首次电子杂志和纸质杂志的同时销售。首部电子化杂志的销量十分可观。2013 年 8 月,编辑部创刊了《JUMP LIVE》,这是一个电子杂志 App,由于初期缺乏经验,App 存在很多问题。之后,编辑部总结了《JUMP LIVE》的经验,在 2014 年 9 月 22 日,创刊了《少年 JUMP＋》电子杂志,在《少年 JUMP＋》上可以同步购买《周刊少年 JUMP》杂志的电子版,电子漫画产业就这样正式开始了。

新时期有很多不确定因素,长篇人气漫画的完结,对于杂志来说是一个挑战,但也给了有才华的年轻作家很多机会,新连载开始在《周刊少年 JUMP》上绽放自己的光芒。

《周刊少年 JUMP》通过内容呈现方式和营销模式的转变以及漫画电子化,在新时代走着属于自己的道路。品牌发展面对新时代的浪潮,应该鼓足勇气面对新时期的新方式,并对自己做出调整,以适应不同时代的不同要求。

二、《周刊少年 JUMP》的品牌建构

《周刊少年 JUMP》不仅销量庞大,产生很多经典动漫作品,影响着整体漫画市场。不仅在日本享有盛誉,在国际上也非常著名。之所以能够一直保持着良好的销量及口碑,正是因为它在品牌建构方面有一定的特殊之处。

品牌建构即组成品牌的各种要素。《周刊少年 JUMP》的品牌建构主要从作者、读者、内容题材以及独有的调查至上主义等层面入手。

(一) 依靠作者:品牌建构的原动力

对于漫画杂志来说,作者是原动力。作者产出漫画作品,才能够支撑漫画杂志的发展。

《周刊少年 JUMP》的作者阵容十分强大,都是在日本漫画界非常有影响力的作者。比如《龙珠》作者鸟山明,《海贼王》作者尾田荣一郎,《火影忍者》作者岸本齐史等。鸟山明是日本漫画黄金时代的代表人物,除了《龙珠》,《阿拉蕾》也是其代表作品。《龙珠》的发行量超过一亿[①],除日本国内,在海外也有着极高的人气。尾田荣一郎则是现在《周刊少年 JUMP》的代表漫画家,他的《海贼王》发行量已突破三亿,并且常年占据读者人气排名的第一位,是支撑《周刊少年 JUMP》杂志发展的重要漫画家之一。这些都是可以载入日本漫画史册非常有影响力的作者,他们对日本漫画事业做出了巨大的贡献。凭借这些作者的名号,漫画杂志和单行本的销量就会有保障,并已经成为一个品牌效应。

但是,在这些作者成为名家之前,都是默默无闻的小漫画家。之后能够发光发热,多亏了《周刊少年 JUMP》的新人录用政策,源源不断的作者资源,是漫画杂志保持自己品牌质量的重要保证。

1. 新人录用

新人录用是自《周刊少年 JUMP》创刊时就有的政策。当时《周刊少年 MAGAZINE》和《周刊少年 SUNDAY》已经创刊近 10 年,漫画市场早已被这两大巨头瓜分地差不多。新创刊的《周刊少年 JUMP》在财力和人力上都无法与它们相比,于是编辑部决定大胆地挖掘和起用新人。这样的制度一直延续至今,《周刊少年 JUMP》没有一刻放松过对新人的培养。

为了发掘新人,《周刊少年 JUMP》举行了多个漫画比赛。比如每月举行的"JUMP Treasure 新人漫画赏",每年举行两次的"手冢赏"和"赤冢赏",还有一年举行一次的"金未来杯"大奖赛。每个比赛选拔人才的侧重点不同,只要绘画技巧或者故事能力有一方面比较出色,就可以入选"JUMP Treasure 新人漫画赏"。而"手冢赏"和"赤冢赏"就比较考察漫画家的综合

---

① 漫画全卷网. 漫画销量排行榜［EB/OL］. https://www.mangazenkan.com/ranking/books-circulation.html,2017-03-13.

能力。

举办各种漫画比赛需要耗费大量人力物力财力,而《周刊少年JUMP》坚持不断地举办比赛,这足够说明编辑部对于新人的重视。积极地挖掘新人才能够保证漫画杂志的活力,才能够使品牌长久地发展下去。目前在杂志上连载的知名漫画家,例如尾田荣一郎是在1992年参加"手冢赏"漫画比赛而作为漫画家出道的。除了尾田荣一郎,像井上雄彦、和月伸宏也都是从"手冢赏"漫画比赛中脱颖而出的新人,最终在杂志连载而成了知名漫画家。

2. 专属合约制度

为了防止自己挖掘培养的漫画家外流,《周刊少年JUMP》的初代主编长野规提出了专属合约制度。原因在于《无耻学园》的作者永井豪在《周刊少年JUMP》连载时,同时在其他杂志连载,竞争对手的威胁让他产生了极大的危机感,因此提出了该制度。该制度规定在《周刊少年JUMP》上连载的漫画家,必须与编辑部签订专属合约制度,在签约期间除了《周刊少年JUMP》以外,不得在其他杂志上连载自己的作品。《周刊少年JUMP》前主编西村繁男在其著作《再见了,我的青春〈少年JUMP〉》中叙述道:"专属合约制度虽然严重地限制了漫画家的自由,但是却保证了漫画家专心创作一部漫画,如果因此诞生名作的话,对漫画家来说也不是坏事。"[1]这样的制度保证了漫画家团队的稳定,漫画家可以全心全意的创作自己的作品,不用为别的事情分心。编辑部也可以打出"只有在《周刊少年JUMP》上才能看到某某老师的作品"的宣传语。当然这样的制度也被指对编辑部过于有利,对漫画家有点苛刻,但不得不说,因为这个政策,《周刊少年JUMP》杜绝了大批著名漫画家的流失。

(二) 以读者为中心:品牌建构的指归

读者是漫画杂志最终的服务对象,对于漫画杂志来说,是品牌建构中不

---

[1] 西村繁男. さらば、わが青春の『少年ジャンプ』[M]. 东京都:幻冬舍文库,1997:194.

可缺少的一部分。如果读者流失了,那么杂志的销量自然就会下降,杂志将不能生存,因此一开始做好精准的读者定位非常重要。

日本的漫画杂志有着精准的读者定位,在不同年龄层都可以看到对应的漫画杂志。按照读者对象来分,可以分为少年漫画、少女漫画、成人漫画。《周刊少年JUMP》一开始创刊的目标受众也是"少年",根据日本杂志协会的调查数据表示,《周刊少年JUMP》的读者层以中学生和小学高年级的学生为主,比《周刊少年MAGAZINE》《周刊少年SUNDAY》的读者层年龄要低。

据调查,2012年9月份的男女读者比例为8∶2,9岁以下的读者占整体的5.1%,10~15岁的读者占63.0%,16岁以上的读者占31.9%[①]。从调查中可以看出,《周刊少年JUMP》的定位是很明确的,主要的读者是初中和小学高年级学生,高中以上的读者占据了三分之一。年纪偏大的读者,很多都是延续了中小学时期读《周刊少年JUMP》的习惯,即使步入社会,也继续坚持着对漫画的喜爱,继续读着《周刊少年JUMP》。

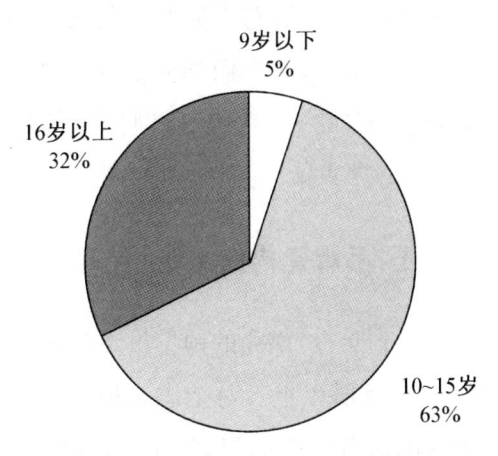

图2-1 《周刊少年JUMP》读者年龄层

随着市场的发展和漫画题材的深入,越来越多的女性读者开始成为《周刊少年JUMP》的粉丝。从车田正美的《拳坛赌注》开始,JUMP的女性读者

---

① 杂志广告.关于《周刊少年JUMP》的相关调查[EB/OL]. http://www.zasshi-ad.com/media/comic/boy/weeklyjump.html,2017-01-02.

进一步扩大。之后《足球小将》的动画,创造了 21.2% 的超高收视率,现在依旧没有动画能打破这一纪录。漫画中,少年们为了实现梦想努力拼搏奋斗的身影,紧紧牵动着少女们的心。

根据日本《日经商业》杂志 2012 年的调查,从购买单行本的男女比例来看,可以明显地看出男女读者不同的偏好。女性读者偏爱已经动画化,有着战斗场景的漫画。相比而言,男性读者则喜欢有恋爱和萌元素的漫画,以及充满男子汉气概的漫画[①]。

相比其他少年漫画杂志,《周刊少年 JUMP》的女性读者明显偏多,究其原因,是因为《周刊少年 JUMP》上的漫画比较符合女性读者的口味。少女们都有一颗少女心,喜欢美好帅气的事物。近年来,《周刊少年 JUMP》上连载的漫画作品画风越来越美型,男性角色的设定也越来越帅气,自然而然地吸引了很多女性读者。特别是《黑子的篮球》,在 2012 年 4 月份动画播出后,得到了很多女性读者的支持。该漫画中男性角色众多,每一个都特色鲜明,符合女性读者的口味。而且,对于男性角色之间的人际关系描写也非常的细腻,加上帅气的必杀技,女生们都会喜欢。这一部分女性读者也在背后支持着《周刊少年 JUMP》的发展,这同样是品牌建构中不可缺少的一部分。

(三) 坚持内容为王:品牌建构的灵魂

《周刊少年 JUMP》创刊至今,如今的销量虽不及巅峰时期的三分之一,但是每个月仍固定在 200 万册以上。对杂志来说,这是一个很高的销量。高销量的背后是高质量的漫画内容的保证。品质是品牌的灵魂,漫画内容的好坏体现着杂志的办刊质量。想要让杂志长期发展下去,就需要不断地产出过硬的漫画内容。因此,内容题材是漫画杂志品牌建构中不可缺少的

---

① 日经商业杂志. 支撑《周刊少年 JUMP》的女性读者[EB/OL]. http://style.nikkei.com/article/DGXNASFK31007_R31C12A0000000? channel=DF280120166614&style=1, 2012-11-05/2017-01-02.

一环。

《周刊少年JUMP》的读者定位虽然是少年，但是真正的受众群体却很广泛，女性以及成年人都是其读者。广泛的受众分布规律，与杂志中丰富的漫画题材是分不开的。

虽然刊载作品多以动作冒险类为主，但是也有恋爱、运动以及历史等题材的作品。以2016年52号还在连载的作品为例，像《海贼王》《全职猎人》《我的英雄学院》《黑色五叶草》等都是属于经典的王道漫画。充分融合了"友情、努力、胜利"三大要素，将一个个励志的故事讲述出来。王道漫画的受众是杂志的主流读者，也是《周刊少年JUMP》上最受欢迎的作品题材，王道漫画的主角很多时候只是平凡的普通人，但是他们非常善于把握机会，同时能够付出所有的努力将自己锻炼得更强，并通过不断地战斗获得胜利，最终达到自己的梦想。王道漫画都是非常积极向上的，因为里面有梦想，有友情，有胜利。对于十几岁的少年来说，是不是小时候也会有一个英雄梦呢。《周刊少年JUMP》上的这些王道漫画，给有梦想的少年们一个在漫画中实现自己梦想的机会，这样的漫画，陪伴了一代又一代的人成长。特别是从1997年连载至今的漫画《海贼王》，作为王道漫画的代表，不仅有着积极向上的主题，还有着对人性，对战争的思考。很多父母都会选择让孩子观看，希望孩子能成为一个有担当有抱负有梦想的人。

《周刊少年JUMP》上连载的漫画有20部左右，但并不是每部作品都是王道的热血作品，也会有其他类型的作品存在，因此《周刊少年JUMP》的读者群非常广泛。

《排球少年!!》《绝佳射门》和《火之丸相扑》就是典型的运动系漫画。运动漫画的受众很广，老少皆宜。但是由于运动漫画很考验作者的绘画功力和分镜水平，所以很难出彩。被称为日本三大运动漫画的分别是《足球小将》《棒球英豪》和《灌篮高手》，除了故事本身非常精彩之外，能排上榜还有一些其他原因。《足球小将》是因为它的历史地位，促进了现代日本足球运动的繁荣，《周刊少年JUMP》前主编西村繁男在《再见了，我的青春〈少年

JUMP》》中说道,当时在日本刮起了"翼旋风"(《足球小将》男主叫大空翼),体育器材店中的足球都是售空的状态,甚至日本足球队中也有因其去踢足球的人①;《棒球英豪》是因为在运动漫画的基础上,还有细腻的感情描写;《灌篮高手》则是因为其精湛的画风和出色的分镜技巧。《绝佳射门》是新连载暂且不谈,《排球少年!!》可以算得上是新时期代表日本运动漫画水平的一部作品。因为他的作者古馆春一同样有着高超的分镜技巧,读者在看漫画的同时,犹如亲临现场看比赛一般。

"分镜"在漫画中我们又称之为"分格"。关于分镜在漫画中起的作用,夏目房之介在《日本漫画为什么有趣——表现和"文法"》中说道,漫画分格赋予绘画的作用,即分节绘画所起的作用,现在来讲有以下三点:(1)赋予阅读顺序的分节时间的功能;(2)引导读者心理的压缩和开放的功能;(3)限定绘画的边框,从背后支持绘画意义的空间表象的功能②。当然这些总结只是概括,随着绘画技术的发展,日本漫画的分镜多样且复杂。格子用来分节时间的功能在之后的漫画中渐渐被削弱,相应的留白也被赋予意义。不管什么样的分镜技巧,只要善于运用,就会让人看到十分精彩的漫画场景。

高质量的分镜和绘画技巧,是内容质量的保证。有着高超的画技作为铺垫,才能够驾驭各种题材的漫画,才能使品牌得到长期的发展。下面就《排球少年!!》漫画中的几个场景来鉴赏一下作者的分镜技巧。

---

① 西村繁男.さらば、わが青春の『少年ジャンプ』[M].东京都:幻冬舍文库,1997:300-301.

② 夏目房之介著.潘郁红译.日本漫画为什么有趣——表现和"文法"[M].北京:新星出版社,2012:146.

图 2-2 《排球少年!!》第 8 话"最高处的风景"①

日本的漫画杂志和单行本都是左翻的,阅读的顺序也是从右至左,从上到下,如图中数字的顺序。顺着分格顺序阅读,读者很容易就进入了漫画角色的情感。这两页漫画中有一个共同的特点,就是所描绘的对象是悬浮在格子上面的,这样的重叠式分格是为了表现人物复杂的心理状态和情绪。前文也提到过,运动漫画是很难画出彩的,因为需要用静止的画面来表达运动的状态。在左页的漫画中,就可以感受到作者强大的分镜功力。

第一格,对于眼睛进行特写,眼睛里面映着传球对象的身影;第二格将镜头拉远,可以看到人物的表情;第三格对于手上传球动作进行特写;第四格继续将镜头拉远,进行了全身的特写;第五格视角转换,特写了传球对象的脚部动作;第六格是传球对象的起跳动作;最后一格继续是对眼睛的特写,而这一特写的重点是眼神。这一气呵成的分镜,让人看到了一个流畅的

---

① 腾讯动漫. 排球少年[EB/OL]. http://ac.qq.com/ComicView/index/id/530876/cid/9,2017-01-05.

传球动作,栩栩如生。传球的结果延续到下一页漫画,见图 2-3,这是一幅跨页,占据了两页纸的篇幅。将丝毫不差的传球先进行整体的描绘,在第四格分镜中,给予扣球的手部特写,第五分格中球下落,其他分镜还有对于别的人物表情的特写,来烘托气氛。图中用圆圈标出的部分,作者将日语的拟声、拟态词变成了分格的边框。这里的"ドバッ"是用来让人感受扣球威力的,作者不仅用来表现了扣球的威力,同时用作分格的边框也增加了画面的冲击感,毕竟粗线条要比细线条给人的感觉更加震撼。而拟声、拟态词的使用,使画面更加富有动感,栩栩如生。

图 2-3 《排球少年!!》第 8 话"最高处的风景"①

《排球少年!!》由于其精彩的分镜,以及真实而热血的比赛场景,作为运动漫画,在《周刊少年 JUMP》上占据着一席之地,已经成为《周刊少年 JUMP》目前的台柱作品。

---

① 腾讯动漫. 排球少年[EB/OL]. http://ac.qq.com/ComicView/index/id/530876/cid/9,2017-01-05.

而《火之丸相扑》这部作品题材比较特殊，它是《周刊少年 JUMP》史上，首个以相扑为题材的漫画，开创了漫画史上的先河。

相扑是日本具有代表性的传统文化，同时作为日本的"国技"，有着 1500 年以上的悠久历史，扎根于日本人民的日常生活之中，是日本人民非常喜爱的一项体育运动①。在日本，从事相扑运动是十分高雅的事业，出色的相扑运动员会受到日本国民的爱戴，社会地位非常高。日本人喜欢看相扑，是因为相扑精神反映了日本民族坚忍的性格，充分地展示了日本的传统文化和民族精神，因此，《火之丸相扑》在日本也有着较高的人气。而男主角恰恰是一个身高矮小的人，在以高大厚实为优势的竞技中，男主角该如何克服他的劣势一步步地走下去呢。《火之丸相扑》的主旨正好和相扑的魅力不谋而合，只要善于拼搏，就能以小制大，以弱胜强。除了身材之外，赢得相扑比赛还需要坚定的信念，因此，这是一部不可多得的作品。

另外，《银魂》《齐木楠雄的灾难》《左门君是召唤术士》《矶部矶兵卫物语》属于搞笑漫画。搞笑漫画的受众范围也很广，只要是闲暇之余，让自己的身心得到放松，无论什么年龄都可以观看，因此搞笑漫画在《周刊少年 JUMP》中一直占据着一席之位。虽然读者调查的排名不是很高，但是《周刊少年 JUMP》需要搞笑漫画来调节整部杂志的氛围。在一本书中，需要这么几部不需要思考，只是看完一笑而过的漫画。这些漫画可以缓解紧张的情绪，在紧张的生活中，让心灵得到一丝放松。

其中《矶部矶兵卫物语》在《周刊少年 JUMP》的连载阵中，是属于"异类"的漫画。在整部杂志作品几乎是人物都很美型的情况下，这部作品无疑是一股清流。故事舞台设定在江户时代的江户，以浮世绘的风格构成画面，在《周刊少年 JUMP》的所有连载中，让人眼前一亮，而且不同于以前的搞笑漫画，以吐槽和装傻来让观众发笑。作者仲间亮在"仲间亮 X 小山裕次郎

---

① 日本相扑协会. 相扑的历史[EB/OL]. http://www.sumo.or.jp/IrohaKnowledge/sumo_history, 2017-03-13.

的同年对谈"中说道,想凭借人物的设定和画面的本身来让读者发笑①。本身浮世绘的画风就是一大亮点,和普通画风的人物相比,搞笑的效果会更好。同时矶兵卫没有干劲的设定,吸引了很多40~50代左右的女性粉丝,可能因此想起了自己的儿子。《周刊少年JUMP》上能够连载这样一部异色的漫画,用作者的话说就是"果然还是JUMP厉害呀,最卖座的杂志也是最自由的。不仅仅是因为销量好,还有什么都敢尝试的气魄。"敢于将不同类型的漫画放在杂志上连载,体现了《周刊少年JUMP》编辑部敢于尝试的勇气。

图2-4 《矶部矶兵卫物语》第一卷单行本封面◎仲间亮/集英社

另外,《周刊少年JUMP》的连载阵容中还有美食、恋爱等漫画,恋爱漫画可以吸引一批女性读者,美食漫画画面精致,可以为美食爱好者们服务。《周刊少年JUMP》中连载的漫画内容题材可谓是丰富多样,满足了各个年龄层次读者的需求。对于漫画爱好者来说,在一本杂志里面,找到自己喜欢的作品,是再幸福不过的事情了。《周刊少年JUMP》凭借着自身过硬的漫画质量,打造了高口碑的杂志品牌。

---

① 《周刊少年JUMP》官网. 仲间亮X小山裕次郎的同年对谈[EB/OL]. http://www.shonenjump.com/j/sp_taidan,2017-01-06.

(四）调查至上主义：品牌建构的保障

与其他周刊不同，《周刊少年JUMP》严格地执行读者调查制度，充分地尊重读者的意愿。人气调查中长期排名靠后的作品，不管是什么样的作品，都会被腰斩，终止其在杂志上的连载。现在为了缓解突然结束而导致漫画烂尾的问题，会将部分被腰斩的漫画移至副刊或者增刊进行连载。一切根据调查结果开展，这就是调查至上主义，是《周刊少年JUMP》品牌建构中的一个特点。调查至上主义让《周刊少年JUMP》中连载的作品能够一直符合读者的期望，保证了杂志品牌在读者心目中的地位和人气。

《周刊少年JUMP》每期的调查表会有固定的形式。正面除了编辑部的地址邮编以及寄件人的姓名地址，最重要的部分就是对当期杂志上连载漫画的排名。读者将最有趣的三部漫画按照有趣程度写在对应的方框里面，编辑部会根据读者的投票结果，加上编辑部对于作品的调控，做出最终的顺位排名。读者调查表的反面一般是关于作品的一些调查问卷，调查读者的喜好或者满意度。

读者翻开杂志看到的漫画顺序就是顺位，顺位第一的作品，读者会第一个看见。顺位不能完全代表人气的高低，因为编辑部会根据一些特殊情况进行调整。但是顺位基本能够反映一部作品的人气以及剧情的发展情况。

封面彩页一般是顺位第一的作品，封面彩页的作用多在于宣传，有特殊节点的漫画会上封面，比如新连载、周年庆或者动画真人影视化等。所以顺位第二的一般才是真正意义上顺位第一的作品。漫画一般新连载10周之内，属于保护期，顺位的参考性不大，但是10周之后顺位依然靠后的话，编辑部会毫不犹豫地放弃此部作品。

在《周刊少年JUMP》上，一部作品的生存时间，可能就只有短短的10周。所以作者需要在短短的十几周之内抓住读者的心，或者用独树一帜的作品牢牢地抓住编辑的心。在《周刊少年JUMP》上连载超过5年的漫画，编辑部也会选择将其完结掉，从而给新人作者一些机会。2016年比较轰动的完结事件就是《周刊少年JUMP》的国民级漫画《乌龙派出所》的完结,这部连载超过40年的漫画,选择在第40年的时候完结,也算是画上了完美的句号。不管作品之前的人气有多高,只要在读者调查表上长期排名靠后,编辑部还是会毫不犹豫地将漫画完结掉。想在《周刊少年JUMP》上永远拥有一席之地,需要像《海贼王》一样,永远保证作品的质量,让读者对剧情充满期待。

对于《周刊少年JUMP》来说,调查至上主义在于发掘了一部部优秀的作品,但是也有很多优秀却比较慢热的漫画被否定掉。总体来说,这个制度还是利大于弊。

作者是品牌建构的原动力,读者是品牌建构的指归,而内容则是品牌建构的灵魂。作者生产漫画内容服务读者,读者通过调查问卷来制约作者,保证了内容的质量。品牌建构的这四大要素,相辅相成又相互制约。

三、《周刊少年JUMP》的品牌营销

品牌营销是指企业根据消费者的产品需求,利用品牌的质量、文化和宣传来获得消费者的认可。品牌营销从高层次上讲,就是把企业的形象、知名度、信誉等展现给消费者,从而在消费者的心中形成对产品或品牌的印象。[1]

品牌发展需要营销,营销也能够推动品牌的发展,这是品牌和营销相互作用下的最高层次的表现。《周刊少年JUMP》自1968年创刊至今,从一个小众杂志,变成如今周刊漫画杂志的王者,少不了营销方面的努力。《周刊少年JUMP》通过各种方式让大家知道该杂志的存在,然后利用口碑发酵的形式,推动杂志及周边产品的销售。

如今,日本的动漫产业已日趋成熟,《周刊少年JUMP》也有着自己的一

---

[1] 吴文辉.赢在品牌[M].北京:人民邮电出版社,2014:182.

套泛娱乐式的营销方式,以满足不同受众的需求,并不断地挖掘各个领域的潜在用户。通过刊登杂志,出版单行本以及多种形式的改编,用不同的营销方式包装漫画产品,同时不断地扩大杂志和作品的知名度。

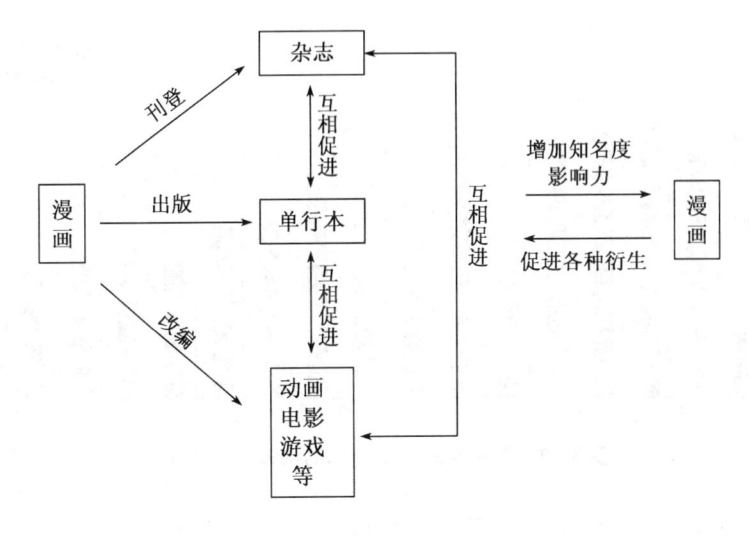

图 3‑1 漫画营销模式

(一) 品牌营销的多点布阵：漫画单行本

漫画单行本是指将在杂志上连载的 8～12 话的漫画内容结集成册,作为漫画书单独发行。这是除了漫画杂志以外,盈利最直接也是最原始的方式,是品牌营销的基础。能够发行单行本漫画是漫画人气的证明,即使在网上连载漫画的时代,漫画只有成为单行本被出版,才算真正被大众认可。

日本战后漫画的历史可以分为三个阶段,第一阶段是 1959 年《周刊少年 MAGAZINE》和《周刊少年 SUNDAY》创刊,自此,日本的周刊漫画杂志市场开始形成。第二阶段是从 1968 年创刊的《BIG COMIC》开始,青年漫画杂志的市场开始扩大,到 20 世纪 80 年代,面向成人的漫画市场更是超过了面向儿童的漫画市场。第三阶段是已经成熟的漫画市场,在 20 世纪 90 年代中期开始发生转变,漫画杂志的市场渐渐缩小,单行本的销售额开始逐渐超过杂志的销售额。① 从图 3-2 中可以看出,2005 年的时候,漫画单行本的销售额开始超过漫画杂志的销售额。之后,漫画杂志的收益一直下降,而漫画单行本的销售额保持在相对稳定的状态。

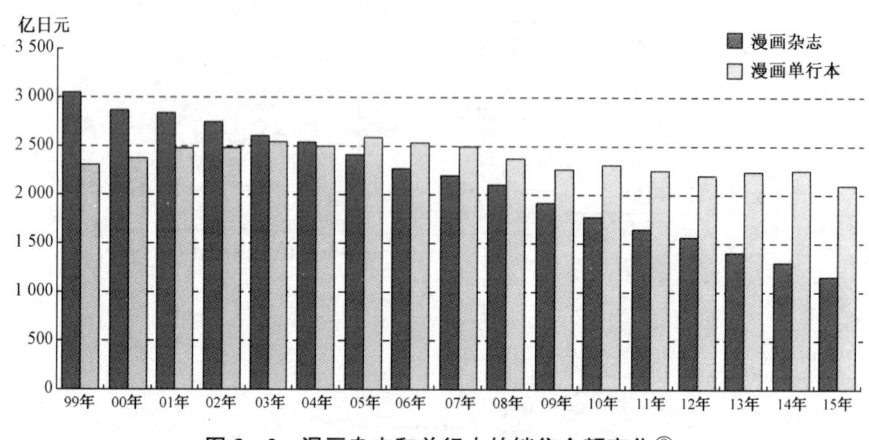

图 3-2　漫画杂志和单行本的销售金额变化②

这种现象的产生是因为日本民众的阅读习惯开始发生变化。以前,读者喜欢看杂志追连载,现在很多读者首先接触到的不是杂志上的连载内容,而是动画、电视剧、电影等以漫画作为原著改编的作品。因此,很多读者会买单行本漫画一口气读完,读杂志追连载的过程就被省略了。

杂志产生内容,而单行本获得收益。因此在单行本这部分的收益上,《周刊少年 JUMP》非常重视。虽然杂志的销量在不断下降,但是单行本的销售额还是非常可观的。能在杂志上成功连载并活下来的作品,一般连载到一定的数量就能够出版单行本。《周刊少年 JUMP》凭借着庞大的销量以及高水平的漫画,在漫画单行本的销售额上也有着出色的成绩。因为一部漫画而去买杂志追连载的例子也是存在的因此,单行本和漫画杂志的销量有着相互促进的作用。

下表是 ORICON 官网放出的 2016 年漫画单行本总销量的数据。笔者

---

① 篠田博之.マンガ市場の変貌[J].創,2016,46(5):25-26.
② 篠田博之.マンガ市場の変貌[J].創,2016,46(5):25.

选取排名前十名的作品进行分析。

表 3-1　2016 年漫画单行本总销量排行榜前 10 部作品

名次	作品名	作者名	销量/册	刊登杂志
1	海贼王	尾田荣一郎	12 314 326	《周刊少年 JUMP》
2	暗杀教室	松井优征	6 887 192	《周刊少年 JUMP》
3	王者天下	原泰久	6 595 968	《周刊 YOUNG JUMP》
4	进击的巨人	谏山创	6 544 081	《别册少年 MAGAZINE》
5	排球少年	古馆春一	6 474 394	《周刊少年 JUMP》
6	七大罪	铃木央	5 115 573	《周刊少年 MAGAZINE》
7	我的英雄学院	堀越耕平	5 114 916	《周刊少年 JUMP》
8	东京食尸鬼:Re	石田翠	4 278 599	《周刊 YOUNG JUMP》
9	一拳超人	(原作)ONE/(画)村田雄介	3 979 760	《邻座的 YOUNG JUMP》
10	食戟之灵	(原作)附田祐斗/(画)佐伯俊/(協力)森崎友纪	3 477 128	《周刊少年 JUMP》

(统计时间:2015 年 11 月 23 日—2016 年 11 月 20 日①)

从表中可以看出,排名前十部的作品中有五部是在《周刊少年 JUMP》上连载的作品。排在第一名的《海贼王》的销量比第二名的销量多出近 1 倍,并且连续 9 年获得销量冠军的宝座。在整个日本漫画界,这是无法撼动的地位,目前没有漫画的销量可以与之匹敌。除去在《周刊少年 JUMP》上连载的五部漫画,还有三部在 JUMP 的青年志上连载。由此可见《周刊少年 JUMP》的品牌深入人心,所出的漫画有着高质量高人气和高销量。

(二) 品牌营销的线性延伸:漫画多媒体化

随着漫画市场的成熟发展,除了单行本外,漫画的多媒体形式也越来越

---

① 日本公信榜.2016 年漫画作品销量年度排名[EB/OL]. http://www.oricon.co.jp/special/49579/7/,2016-12-01/2017-01-08.

丰富,漫画—TV动画—电影甚至改编成游戏这样的联动模式越来越普遍。在这样的市场背景下,大型的出版社开始将这一条产业链的营销模式贯彻到底。《周刊少年JUMP》连载的作品也在这样的模式下,让自己的商业价值发挥到最大化。

1. TV 动画

在杂志上连载的人气漫画首先会出单行本,接着会进行TV动画的改编,这似乎形成了固定的模式。动画的受众包括一些平常不看漫画的年轻女性读者,她们大部分是通过TV动画知道漫画作品,继而买单行本阅读整部漫画或者买杂志追连载。因此,TV动画对单行本以及杂志的销量有着促进作用。

截至2017年1月1日,《周刊少年JUMP》上连载或完结的漫画《海贼王》《龙珠超》《火影忍者-疾风传》和《游戏王》这四部作品还在电视上播放。《我的英雄学院》《黑色五叶草》等新连载的动画也即将播出。2011年10月的时候,《周刊少年JUMP》有11部作品在电视上播放改编的动画版。可见,《周刊少年JUMP》的作品非常受动画出品方和电视台的青睐。

TV动画的目的是宣传漫画的同时吸引一批新的读者用户,然后利用TV动画的效应售卖一些周边产品。根据2015年的ORICON调查显示,《暗杀教室》的全年总销量排在第四位,而《我的英雄学院》没有排进前10。《暗杀教室》于2016年1月开始播出动画的第二季,《我的英雄学院》的动画在2016年的4月开始播出。于是,在今年的销量排行榜上,《暗杀教室》成功地杀入了第二位,而《我的英雄学院》则排在第七位。可见动画化的效应还是很强大的。因为将漫画动画化,不仅会提高新单行本的销售,还会带动之前就已经发售的旧单行本的销售。成功的动画,能使单行本的销量翻番。

影响TV动画知名度的因素有很多,有制作商、电视台的宣传因素,影响最大的是播放时段。目前最受欢迎的播放时段是TBS的"日五"时段,"日五"就是周日下午的五点,这个时段播放的动画都成为大热的作品。"日五"时段没有明显的受众定位,做出的作品男女老少都可以观看。这时段的漫画的制作质量,还有内容都很受重视,制作费也是所有动画档中等级最高的。所以,"日五"是每家公司的必争时段。

作为漫画杂志老大的《周刊少年JUMP》当然要努力争取这个播放时段,为自己的作品锦上添花。《排球少年!!》的第一季动画和《我的英雄学院》就是在"日五"时段播放,从而获得了很好的反响。《排球少年!!》在"日五"时段播出后,单行本的销量飞速上涨,连同之前发售的旧卷本的销量也因为动画效应而刷上了ORICON排行榜。表3-2是2014年5月26日—2014年6月1日的ORICON榜单,从图中可以看出,《排球少年!!》有10卷上榜,几乎都是前面的几卷单行本,很多上一周没有进入排名的卷数,因为动画化的原因进入了榜单,每卷几乎多卖了2.5万册,可见"日五"时段动画效应的强大。

表3-2 2014年5月26日—2014年6月1日的ORICON漫画单行本销售榜单①

排名	上周排名	销量	累计总销量	登场次数	名称
23	38	25 487	477 466	9	《排球少年!!》10
24	44	25 418	558 204	45	《排球少年!!》4
25	39	25 191	571 892	55	《排球少年!!》3
26	—	25 001	25 001	1	《海神的巫女》15
27	42	24 527	603 107	77	《排球少年!!》1
28	—	24 374	24 374	1	《恋爱三叶草》4
29	48	24 298	532 152	36	《排球少年!!》5
30	43	24 020	584 007	66	《排球少年!!》2
31	24	23 597	660 762	5	《黑子的篮球》27
32	50	23 357	519 791	35	《排球少年!!》6
33	—	23 123	498 606	26	《排球少年!!》7
34	—	22 963	487 686	31	《排球少年!!》8
35	—	22 287	454 499	22	《排球少年!!》9

① 日本公信榜. 漫画单行本周榜[EB/OL]. http://www.oricon.co.jp/,2014-06-05/2017-01-09.

2. 剧场版动画

剧场版动画就是在影院播出的动画,也称动画电影。在制作质量和成本上,都高于普通的 TV 动画,所以门槛也比 TV 动画要高。考虑到成本和收益问题,能出剧场版的漫画只有少部分具有大量粉丝或受众基础广泛的漫画。

《周刊少年 JUMP》因为其庞大的销售量和广泛的读者基础,以刊载漫画为原作的剧场版动画,都有着不错的票房。其中在杂志上具有超人气的几部作品都有剧场版,例如《龙珠》《火影忍者》《海贼王》等。2016 年《海贼王》的剧场版《GOLD》在日本国内获得了 52 亿日元的高票房,该部作品也成功引进到中国,成为继《火影忍者·博人传》之后,又一部成功引进到中国的漫画剧场版。《GOLD》的零点场票房打破了引进的日本漫画电影的记录,这既证明了《海贼王》的人气,也展示出了《周刊少年 JUMP》品牌效应的强大。

(三) 品牌营销的立体升级:真人版与跨界

1. 真人版电影

漫画作为 IP 的一种原始形式,会被改编成各种形式的作品,电影也不例外。但是将漫画这种二次元的东西搬上银幕,改编成三次元的电影是很困难的。首先,在漫画中可以实现各种事情,作者可以天马行空的想象,但是真人版电影需要考虑各种现实因素,不得不做出一些改变。其次,关于人物的选择。对于原著粉丝们来说,漫画中的形象已经深入人心,如何选择一位能够获得认可的演员是非常困难的。接着就是最重要的故事脚本。漫画几乎是长篇连载,特别是《周刊少年 JUMP》的漫画,如何在一部电影的时间内,讲好一个故事,或者选择漫画的一部分内容来讲,都非常考验脚本和导演的功力。因此漫画改真人版的被吐槽居多,但是改编成功的电影,会带来巨大的经济效益和社会影响。

随着漫画多媒体化的深入，最近将TV动画和真人版电影联动宣传的模式越来越普遍。《周刊少年JUMP》上有一部非常成功的案例，就是《暗杀教室》。

《暗杀教室》是《周刊少年JUMP》于2016年完结的作品，讲述了一个超生物的老师和一群吊车尾的学生共同成长、充满校园及青春气息的作品。目前有2部TV动画和2部真人电影。第一部的TV动画在2015年1月播出，电影在3月份上映。因为动画和电影的双重宣传效果，《暗杀教室》的单行本销量在飞速地上涨。很多人因为电影而知道了漫画原著，看完电影后，买了单行本从第1卷开始阅读。根据集英社销售部长隅野的描述，作为已经发行超过10卷单行本的《暗杀教室》，由于电影的原因，每卷单行本增印了3万～5万册，有的卷数达到了8万册[①]。

第二部的TV动画和电影的宣传模式和第一都几乎相同，TV动画在2016年的1月份播出，电影在同年三月份上映。而这次区别于第一次的是2016年3月，《暗杀教室》在《周刊少年JUMP》上结束连载，电影在三月份上映。漫画、动画、电影同步完结，这样的噱头在粉丝之间引起了不小的轰动。

同时《暗杀教室》的主演是日本著名偶像事务所杰尼斯的当红小生山田凉介，和以往完全不同的是，电影吸引了一批小学低年级的女生，是一个全新的受众群体。电影中CG制作的杀老师的配音演员同样是杰尼斯事务所的二宫和也，这个信息直至电影上映才公开。预告篇播出的时候，在社交平台上引起了广泛的讨论，有很多人猜到了配音演员，但是为了追求真相，还是会去电影院确认一下。在电影上映首日的见面会上，二宫和也的露面引起了不小的轰动。这样的做法，是利用明星的粉丝效应，来追求一部分的粉丝经济。即使不是原著的粉丝，但他们为了支持自己喜欢的偶像，还是会去支持票房。这些潜在的受众，有些可能会因为电影而成为漫画原著的粉丝。

---

① 篠田博之. マンガ市場の変貌[J]. 創, 2015, 45(5): 33.

在这些真人化的潮流中,有一个特别新奇也是跨时代的合作就是《海贼王》的歌舞伎化。在日本,歌舞伎的地位就像是京剧在中国的地位一样,歌舞伎是日本传统的艺术表现形式,至今已有 400 年的历史。在这样的跨界合作之前,谁都没有想到漫画还能改编成歌舞伎。但是,这样令人惊讶的跨界合作成功了。主角路飞由著名歌舞伎表演者市川猿之助出演。用歌舞伎的形式将《海贼王》的世界重新诠释出来,是传统与现代的完美融合,歌舞伎粉和海贼王的粉丝都能够在表演中获得满足。也许以后我们能够看到更多《周刊少年 JUMP》上连载的漫画作品和各个领域的融合。

2. 漫画品牌的跨界营销

漫画多媒体化,是被人最为熟知的跨界营销形式,但也有很多其他形式的多媒体化,例如游戏化。像《死亡笔记》《暗杀教室》和《海贼王》就出过真人密室逃脱游戏。这种线下活动的最终目的也是为了电影或者是漫画本身的宣传。

漫画 VOMIC 化(VOMIC 即 VOICE 和 COMIC 的合成单词),即有声漫画。将漫画的场景剪辑成视频,加上音效和声优配音。VOMIC 中配音的演员和动画版的配音演员会有所不同,VOMIC 最终以动画的声优为基准,重新录制播放。

部分漫画会有番外版。例如《食戟之灵》,因为在《周刊少年 JUMP》上的连载获得了好评,为了高人气角色又重新出了一部番外漫画《食戟之灵 L'Etoile》,该番外漫画在《少年 JUMP+》电子杂志上连载,目前也已经出了单行本。这样一来,本刊漫画和番外漫画之间形成了一种相互推动的作用,将营销价值最大化。

日本漫画产业的发达,也体现在丰富的产业链上。随着杂志销量的减少,在杂志上连载漫画已经成为一个内容产生的行为。《周刊少年 JUMP》为各种漫画提供了一个连载的平台,并产生了一批批优秀而具有影响力的漫画。而之后的营销方式却不能局限于杂志本身,而是要根据漫画本身来制定适合的营销方式。漫画的多媒体化,最终的目的是为了盈利,而盈利的目的是为了更好的产生内容,这一切的营销手段,最终的目的还是为《周刊少年 JUMP》服务,让《周刊少年 JUMP》这个品牌在漫画界的名声更加响亮。通过一系列的营销,杂志扩大了知名度和影响力,吸引了一批有能力的新人投稿,源源不断产生漫画内容,形成了一个良性循环。

四、《周刊少年 JUMP》的品牌拓展

品牌拓展即品牌延伸,是指利用原品牌的力量推出新产品或开拓市场。也就是指一个品牌从原有的产品或服务延伸到新的产品或服务上,同一品牌提供多项产品或服务,目的是借用现有品牌的良好形象和广大消费者对该品牌的认可,去带动同一品牌下的其他类产品的销售①。

《周刊少年 JUMP》在 1995 年创造了销量的最高纪录 653 万册,随着热门漫画的完结,加之出版产业市场的逐渐不景气,销量一路下滑。2003 年后稳中有降。在这样的趋势,《周刊少年 JUMP》需要采取不同的措施来进行品牌的拓展,使得杂志的盈利模式多样化。

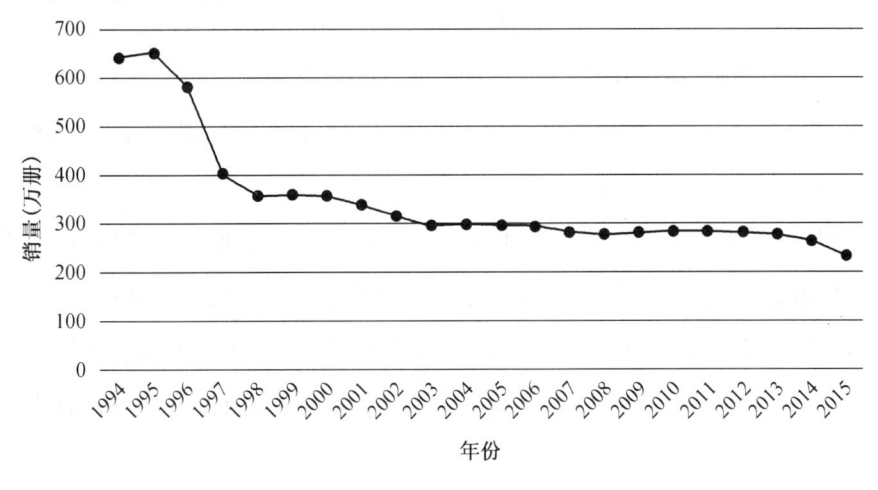

图 4-1 《周刊少年 JUMP》销量图

---

① 万后芬,周建设.品牌管理[M].北京:清华大学出版社,2006:170.

(一) 虚实之间:品牌拓展从线下到线上线下并举

2010年后,智能手机和平板逐渐普及,日本的电子书市场开始进一步的发展,从表4-1中可以看出,电子漫画占据着电子出版市场将近80%的巨大份额,电子漫画的发展影响着整个电子出版市场的发展。

表4-1 电子漫画市场占有率①

年份	2014年	2015年	2016年	占有率(均)
电子漫画	887亿日元	1169亿日元	1491亿日元	77.9%
电子出版市场	1144亿日元	1502亿日元	1909亿日元	100%

从纸质杂志和单行本的数据来看,漫画的市场在缩小。根据2017年日本全国出版协会出版的《出版月报》[2]2月号公布的数据来看,2016年漫画市场全体(纸质+电子)的销售金额是4454亿日元,同比增加0.4%,比上一年略微增长。其中纸质单行本销售额1947亿日元,同比减少7.4%;纸质杂志销售额1016亿日元,同比减少12.9%;电子单行本销售额1460亿日元,同比增长27.1%;电子杂志销售额31亿日元,同比增长55%。整个纸质漫画(纸质单行本+纸质杂志)总销售额2963亿日元,同比减少9.3%;电子漫画(电子杂志+电子单行本)总销售额1491亿日元,同比增长27.5%。电子漫画的增长几乎补全了纸质漫画的下降,将漫画市场的总销售保持在4000亿日元以上。

图4-2显示了近三年来日本漫画市场销售金额的推移,可见在纸质漫画销量低迷的状态下,电子漫画的发展却呈现出良好的发展态势。《周刊少年JUMP》编辑部在2014年的9月22日,创刊了《少年JUMP+》电子杂志。

《少年JUMP+》建立了一个电子漫画的App,同时设有网页版,在电脑

---

① 日本全国出版协会. 2016年电子出版市场概况[EB/OL]. http://www.ajpea.or.jp/information/20170125/index.html,2017-01-25/2017-03-25.

② 日本全国出版协会. 2016年漫画市场概况[EB/OL]. http://www.ajpea.or.jp/information/20170224/index.html,2017-02-24/2017-03-25.

和手机上都能够阅读。在《少年JUMP＋》上，可同步购买《周刊少年JUMP》杂志的电子版和漫画单行本的电子版。最吸引用户的一点是，连载的漫画几乎都是免费的，可以免费看到人气漫画的番外篇（番外即外传，是正篇故事的衍生和补充），甚至是历代人气作品的合集。《少年JUMP＋》的目标是成为超越《周刊少年JUMP》的杂志。

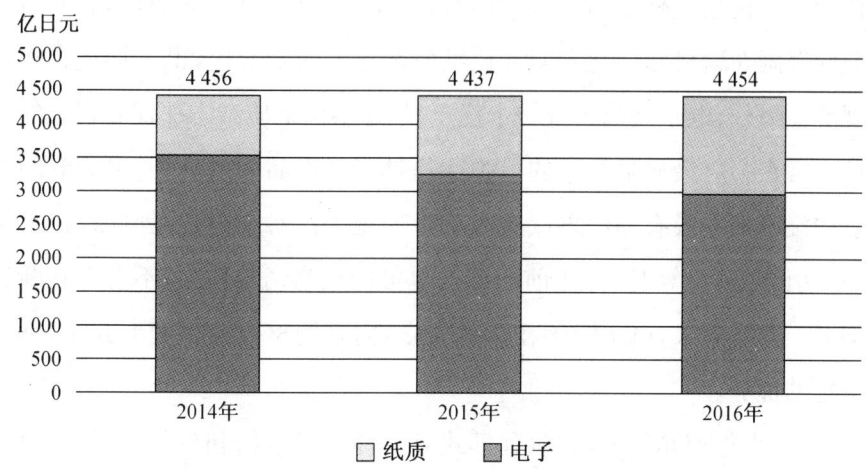

图 4-2　日本漫画市场（电子 & 纸质）销售金额推移①

《少年JUMP＋》的前身是《JUMP LIVE》，创立《JUMP LIVE》时，由于编辑部缺乏经验，免费漫画和收费漫画的分类很不清晰，读者很难分清，同时漫画的量太大，编辑部自己都无法读完。后来编辑部总结失败的经验，创刊了《少年JUMP＋》。上刊的漫画经过精心挑选，除了购买《周刊少年JUMP》本刊需要花费以外，其他漫画都可以免费阅读。这样，划清了收费漫画和免费漫画的界限。因为简单易懂，又有高质量的漫画作品支撑，《少年JUMP＋》在上线仅4个月后，下载量就突破了260万次，副编辑长细野修平说道，一年的目标在最开始的那一个月就已经达到了②。2015年5月，

---

① 日本全国出版协会. 2016年漫画市场概况[EB/OL]. http://www.ajpea.or.jp/information/20170224/index.html，2017-02-24/2017-03-25.

② NewsPicks. 目标超过《海贼王》，《少年JUMP＋》发展态势良好[EB/OL]. https://newspicks.com/news/825179/body/，2015-02-12/2017-01-09.

《少年JUMP＋》的下载量约330万次，到2016年3月份超过475万次，并以一个非常快的速度增长着，从这一点也可以看出《周刊少年JUMP》品牌的快速发展。

《少年JUMP＋》的读者除了《周刊少年JUMP》本刊的读者外，还有20岁～30岁的成年人，30岁以上的人会怀念以前自己看过的漫画下载App，这样就会有机会接触新的漫画。而且《少年JUMP＋》是电子杂志，网络上连载的漫画在题材和尺度方面都比纸质杂志上的要宽松，也更加适合成年人观看。另外，电子漫画还有一个优点，就是不像纸质杂志那样有很强的时效性。摆在书店最显眼位置的漫画往往是人气作品的最新刊，出版时间长一点的漫画根本没有办法再次进入读者的视线。对于电子漫画来说，只要有一个引爆点，就算是10年前的漫画也可能成为畅销作品，不会存在断货的问题。这样看来，电子漫画在读者受众，内容题材以及售卖方式上，都具有一定的优势。

目前《少年JUMP＋》的盈利模式有3种，一是《周刊少年JUMP》电子版的销售；二是原创作品的单行本收益；三是海外版权贸易。从第二种收益说起。

《少年JUMP＋》在创刊时，就有一大批强力的作品支持着，这样能够吸引作者或是作品的粉丝来下载App。比如其中的代表作品《宇宙警探elDLIVE》，之前在《JUMP LIVE》上连载，《JUMP LIVE》停刊之后，转移到《少年JUMP＋》上继续连载。该作品的作者是天野明，曾经在《周刊少年JUMP》上连载过《家庭教师REBORN!》，在读者群中有较高的人气。《宇宙警探elDLIVE》在《少年JUMP＋》上连载后，截至2017年1月1日，已经出版了7本单行本，动画也于2017年1月播出。除此之外，《少年JUMP＋》还有《寻找身体》《炸猪排的DJ扬太郎》等热门作品。这些作品都已经出了单行本，而且销量可观，成为《少年JUMP＋》的主要盈利模式。第三便是海外版权的授权。本刊《周刊少年JUMP》的海外授权一直进行得如火如荼。《少年JUMP＋》也像本刊一样，积极拓宽海外贸易市场。

《少年JUMP＋》的官方中文版，于2015年3月25日在腾讯动漫平台上线。首批上线漫画达20部左右，经过前期的翻译制作，最终的目的是和日版的《少年JUMP＋》同步连载。没有时间差，也不用担心语言问题，中国读者完全可以和日本的读者同一时间看同一部漫画作品。将漫画的版权卖给国外的版权商，可以获得一大笔的版权费，同时在知名平台的连载，提升了作品知名度的同时也打击了网络上的盗版产品，这也许是之后《少年JUMP＋》主要的盈利模式。

为了保证漫画连载的稳定性，《少年JUMP＋》举办了"少年JUMP ROOKIE"比赛，和一般新人赛不同，这是为了发掘有电子漫画才能的漫画家，通过层层选拔，优秀的作品可以在《少年JUMP＋》上连载，并获得出版单行本的机会。ROOKIE不仅选拔了优秀的漫画家人才，也为《周刊少年JUMP》储存了后备军，保证了《少年JUMP＋》漫画连载的稳定性，降低没有漫画连载的可能性。

《周刊少年JUMP》向《少年JUMP＋》的品牌延伸可以说是非常的成功，在传统漫画市场不景气时，积极投身于电子漫画市场，不断尝试，不怕失败，总结经验，最终在电子漫画市场占据一席之地。品牌拓展从单纯的线下转变成线下线上并举，这是新时代作为一个传统杂志成功的尝试，也是面对电子化冲击时该拿出的态度。

（二）从本土到境内境外并举：品牌的空间拓展

日本的周刊漫画杂志市场从1959年的《周刊少年MAGAZINE》和《周刊少年SUNDAY》的创刊就开始发展了。日本出版漫画的市场基本达到了饱和状态，需要积极地开拓海外市场。

盗版技术的猖獗使网络上存在很多盗版漫画。盗版漫画使杂志的利益受到伤害。进军国外市场，首先要做的事情就是打击盗版，所以要把正版的版权授予当地的出版社或是版权公司，甚至是在当地成立子公司。《周刊少年JUMP》进军海外就因地制宜，根据每个国家的国情进行了相应的调整。

1. 杂志品牌全球化

2002年11月,集英社和小学馆共同出资创办了面向英语国家的动漫子公司VIZ Media。消费群体是北美、英国、爱尔兰以及南非和部分亚洲国家。公司本部在美国的旧金山,除了发行《周刊少年JUMP》杂志英语版以外,还发行漫画单行本、小说、DVD等相关产品[①]。2002年的创刊号首印25万册随即售罄,到2003年5月份时,首印量达到了35万册[②]。《周刊少年JUMP》在美国发行时,因为美国对出版物的内容有相应的法律条文限制,尤其对色情和暴力内容有严格的要求,所以VIZ Media引入了出版分级制度,将漫画分为4个等级:(A)一般读者(All Ages),(T)13岁以上(Teen),(T+)16岁以上(Older Teen)和(M)18岁以上(Mature)[③]。通过以上本土化的策略,《周刊少年JUMP》逐渐打开了美国等英语国家的市场。现在欧美地区也会经常举行漫展等活动,来展示自己对日本漫画的喜爱。

除了英语语言国家,《周刊少年JUMP》当然不会忘记中国这一巨大的市场。中国的漫画产业还在起步阶段有着巨大的发展潜力。中国的人口基数庞大,漫画爱好者不在少数。加上移动互联网以及各种社交平台的发展,"二次元"这个词的存在感越来越强。看《周刊少年JUMP》长大的"80后"和"90后",现在已经成为消费的主力,有能力去购买自己曾经喜欢的漫画来重新阅读或者收藏。

1992年中国台湾的《宝岛少年》杂志创刊,大部分作品是《周刊少年JUMP》上连载的漫画,是《周刊少年JUMP》的首次中文化。2014年中国大陆《漫画行》杂志创刊,是《周刊少年JUMP》在中国大陆的唯一中文版。该杂志除了刊登《周刊少年JUMP》上连载的漫画,也刊登中国的原创漫画。为了读者的阅读体验,在中国彩色漫画流行的当下,杂志坚持刊登黑白漫

---

① VIZ Media[EB/OL]. https://www.viz.com/,2017-01-10.
② Kaoru Mikasa. The first Japanese manga magazine in the United States[J]. Publishing Researching Quarterly,2004,19(4):26.
③ 诸葛蔚东.《周刊少年JUMP》经营策略分析[J].科技与出版,2014(03):92.

画,是目前中国仅存的黑白漫画杂志。

《周刊少年JUMP》不再满足于在日本国内发行,在全球化时代,杂志品牌也要进行国际化发展,让杂志的品牌得到拓展,同时也得到更好地发展。

2. 境内境外同步:挤压盗版空间,拓展正版疆土

随着全球化的发展,人们之间的交流沟通不再困难,网络上充斥着各种盗版侵权的行为。因为《周刊少年JUMP》的读者众多,很多人苦于没有渠道看最新连载的漫画,于是催生了很多民间的汉化组。汉化组内部分工明确,有专门在一线提供图源的人,有专门负责翻译制图的人,他们在第一时间内,将漫画制作好发布在网上,供读者免费阅读下载,一般国内看到漫画的速度,比日本还要早上几天。这样看似造福大众,促进民间文化交流的行为,其实是不折不扣的侵权行为。

与其让盗版横行,不如培养读者成看正版漫画的习惯。2013年初,日本集英社通过杭州的翻翻动漫将在《周刊少年JUMP》上连载的部分漫画的电子版权授权给国内最大的动漫平台——腾讯动漫。授权的作品包括《海贼王》《火影忍者》《龙珠》等11部知名漫画。这是当时国内动漫行业一次大规模的版权交易,也是集英社首次将漫画的电子版权授予中国的动漫平台。这一举动,促进了漫画版权市场的发展,也大大促进了漫画的正版化。从此漫画有正版可看,不再只有盗版漫画。电子漫画的好处在于,和日本民众可以同一时间看最新连载的漫画,而且观看门槛低。

腾讯动漫想占据中国的动漫市场,除了吸引低年龄层的国漫读者,还需要吸引喜欢看日漫的用户,腾讯动漫就需要不停地购买漫画版权,集英社的《周刊少年JUMP》是最佳的选择。因为腾讯出手大方,集英社也愿意合作。2015年,腾讯动漫再次独家引进《少年JUMP+》,并首批引进了《宇宙警探elDLIVE》《炸猪排的DJ扬太郎》《寻找身体》等20多部漫画,之后还会不停更新。大部分漫画还处于连载状态,漫画引进后,还可以与日本保持同步更新状态。集英社与腾讯动漫一同制作《少年JUMP+》上的人气作品《宇宙警探elDLIVE》的动画版,腾讯视频获得了中国的动画播放权,这是集英社

与腾讯动漫的又一次深度合作，也是集英社和《周刊少年JUMP》品牌向国际拓展的重要一步。

随着对外版权贸易的发展，《周刊少年JUMP》开始更加严厉地打击盗版。2015年11月，日本警方抓捕了的几个当事人，他们在《海贼王》上刊前就将漫画图源卖给盗版漫画网站，这是首次关于漫画版权问题的案件。这件事情预示着漫画版权将越来越重要，以后将是正版漫画的时代。

3. 培养国际人才，以人才国际化支撑品牌的全球化

漫画人才是杂志的原动力，没有人才就没有的优秀作品，那么漫画杂志的寿命也就到此为止了。《周刊少年JUMP》自从创刊起就坚持录用新人，并十分注重人才的培养。不管是在日本国内定期举办的漫画大赛，还是注重选拔电子漫画人才的"JUMP ROOKIE"比赛，最终的目的都是为杂志储备人才，并在需要的时候，能够成为独当一面的漫画家。

漫画市场开始全球化。日本的漫画市场已经发展到非常成熟的阶段，日本的国内漫画人才经过多年的漫画文化熏陶和洗礼，在一定程度上，要比其他国家的漫画家更懂得如何去画漫画。但是这样难免会陷入一个僵化的模式，导致漫画作品内容的单一化和同质化，此时，《周刊少年JUMP》就不得不将眼光放远，范围扩大，于是在海外也举行了漫画比赛。

新星杯故事型原创漫画大赛，是集英社海外唯一支持的漫画大赛。该比赛依托集英社强大的编辑资源，吸引了国内一批想要成为漫画家的新人作者。优秀的作品，不仅能使作者获得高额的奖金，还有机会将作品刊登在集英社出版的杂志上，比如《周刊少年JUMP》，使作者有机会在日本出道。日本是漫画王国，而《周刊少年JUMP》在漫画家心中的地位很神圣，能有机会在日本的杂志上或者是《周刊少年JUMP》上发表作品，是对漫画家漫画水平的一种肯定，也为他们之后的漫画之路打下了良好的基础。

根据该漫画比赛的官方网站介绍①，编辑评审团中，有很多 JUMP 系杂志的编辑，其中还有现任的《周刊少年 JUMP》副编辑长大西恒平担任评委。这样一个豪华的评委阵容，吸引了很多新人漫画家参加。

该漫画比赛中获奖的作品，很多在日本 JUMP 系杂志上刊登。例如第九届的获奖作品《机巧保姆》被刊登在《JUMP NEXT!》上。该漫画比赛中出道的漫画家们，很多也成为独当一面的漫画家，活跃在中国漫画界中。其中有人更是实现了在《周刊少年 JUMP》上刊登自己原创漫画的梦想。日本是一个文化壁垒非常高的国家，但并不意味着会排斥优秀的作品，当一部作品足够优秀，就能够跨越阻碍，实现自己的目标。

2015 年 12 月 14 日中国的漫画家在《周刊少年 JUMP》上面刊登了自己的作品。作者第年秒成为首位在《周刊少年 JUMP》上连载原创作品的非日籍漫画家。第年秒参加过新星杯故事型原创漫画大赛，获得了银奖，之后在漫画界不断产出好作品，例如《长安督武司》《拾又之国》等。《拾又之国》现在更是在《少年 JUMP＋》上连载，并成功在日本推出了单行本。而他登上《周刊少年 JUMP》杂志的作品是一部短篇，叫做《多米诺杀手》。虽然不是连载，但这已经为国漫添上了浓墨重彩的一笔。这说明，中国现在的漫画已经可以登在国际高水平的漫画杂志上了，中国漫画的水平已经可以和世界最高水平接轨，这是非常值得骄傲的事情。

这是国漫输出海外的一个成功案例，对于《周刊少年 JUMP》来说也是一个特殊的尝试。这意味着，外国作家可以在自己的杂志上连载作品，在发掘和培养国际人才方面，不再仅限于日本国内。挖掘培养国际人才，以人才国际化支撑品牌的全球化，能够为《周刊少年 JUMP》塑造人才品牌，能够不断地保持杂志品牌的活力。

---

① 新星杯故事型原创漫画大赛[EB/OL]. http://xxb.fanfannet.com/Rater/index.html, 2017-01-11.

五、《周刊少年 JUMP》品牌策略的启示

（一）以内容铸就品牌

漫画杂志是将各种漫画作品整合在一起的载体，是和其他同类型的杂志决胜负的关键，除了出色的营销手段外，漫画作品的内容更为重要。没有好的内容，营销也无从下手。因此，漫画杂志依旧是一个依靠内容的产业，好的漫画作品才是一个杂志生存的关键。

《周刊少年 JUMP》对漫画作品的内容要求很严格。连载前要开连载会议，连载会议上要投票，多数编辑同意后，这部作品才能连载。连载之后如果人气调查排名连续偏低，作品就会毫不犹豫地被腰斩掉，让其他作品连载。在这样严苛的制度下，杂志内容质量得到了提升。

漫画作品内容的好坏，与创作者的努力密不可分。在国内，很多人都想做爆款漫画，殊不知，爆款漫画的背后，是无数次的讨论和修改。希望国内的漫画从业者，不管是编辑还是漫画家，都应该保持着一颗"匠心"去对待漫画作品，对作品负责，也对读者负责。金子总会发光，好的作品会被人发现，通过口碑发酵成为热点的作品也不在少数。例如《西游记之大圣归来》，这是一部中国国产的动画电影，凭借优良的制作，以口碑发酵的形式，获得了网友观众的追捧和媒体的广泛报道，电影上映以后，影片最终收获票房9.56亿人民币，成为中国动画界现象级别的作品。但是这部作品不是一朝一夕完成的，整部影片经历了8年的酝酿，3年的制作，其间多次遇到资金短缺的问题，都被导演一一克服，本着对作品对观众的负责，这部优秀的电影最终制作成功。若是多一些静心创作的从业人员，不要一味地迎合市场，相信好的漫画作品会不断地出现。

还有一个限制漫画创作的是分级制度。在中国，很多人认为，漫画就是给孩子看的，成年人谁还会去看漫画这种幼稚的东西。在日本，漫画是老少

皆宜的，而且每个年龄段都能够找到适合的漫画。例如《周刊少年JUMP》的定位在少年，而《周刊YOUNG JUMP》就是青年杂志，读者定位的年龄层就要比《周刊少年JUMP》高一些，上面连载的漫画的尺度和题材方面较《周刊少年JUMP》也略大和宽泛一些。因为这些明确的分级，日本漫画才呈现出每个年龄层都可以阅读的现象。中国也有很多很好的故事，但是因为题材和内容的关系，在审核方面可能通过不了，所以读者看不到。如果有明确的分级制度，创作的自由度变高，漫画家们的创作积极性也会相应地提高，好的漫画也会相继出现。

中国的漫画市场还在起步中，很多方面还在不断地完善，我相信，我们的漫画质量和内容都会变得越来越出色。然后依靠优秀的漫画来打造自己的杂志或者是公司的品牌，让更多人熟知。

（二）用人才支撑品牌

漫画重要的是内容，而漫画家是一切的源泉。《周刊少年JUMP》编辑部，自创刊开始，就坚持着录用新人的原则，挖掘和培养了一批批的漫画人才，成为漫画杂志的顶梁柱。随着时代和杂志的发展，漫画家也要随着时代更新。所以，《周刊少年JUMP》依旧在不断地举行漫画比赛，来挖掘人才，甚至是将目光转移到了国外，可见人才对于一个品牌的重要性。

中国的漫画在发展中，难免会存在一些问题。很多时候，漫画作者和经纪公司之间存在着严重的信息不对称，作者往往处于弱势地位。特别是新人作者在成名之前，急于将自己的漫画呈现给读者，而自己没有任何渠道，于是去签约漫画经纪公司。很多公司会因为作者是新人，提一些苛刻的条件加在合同里面。这样的做法会影响作者创作的积极性，而且可能会导致一部优秀的作品夭折。因为版权在经纪公司，作者离开公司后没办法带走自己的作品，那么这个作品可能就此完结，或者换一个人接着创作一个不同的作品。这样的恶性循环，是无法让漫画家安心创作的。

为了避免这种情况的发生，让漫画家安心创作，也为了维护公司的利益,应该促进漫画版权相关法律的完善,作者在签合同时也应该十分谨慎,为自己之后的发展做好充分的考虑。

人才是一个品牌最具竞争力的核心价值,只有加大人才培养力度,完善人才培养体系,中国的漫画才能健康的发展,才能产生具有代表性的作品。除了漫画家,还需要一批高素质的漫画从业人员,能够在背后支持漫画家的创作,支持漫画作品的运营,让中国的漫画市场健康蓬勃地发展。

(三) 以 IP 运营发展品牌

《周刊少年 JUMP》上连载的漫画,除了出版最原始的单行本以外,基本上是根据作品的特色和人气进行全产业链的 IP 运营。一个原创作品的版权能够被售卖多次,被改编成各种不同形态的衍生作品。动画、电视剧、电影、小说甚至游戏在漫画作为产业链中最重要的部分,积极地发挥着它的作用。在日本,随处可见到漫画作为最原始的形态,改编成各种形态作品的例子,这和近年来中国喜欢将网络小说改编成电视剧电影一样。

中国的漫画产业还在起步阶段,远远没有网络小说发展迅猛,市场和受众也没有非常广泛,所以很多人想不到漫画也能够衍生成各种形式,进行泛娱乐式的改编。但近几年,中国网络漫画的发展态势良好,很多人已经注意到漫画这个 IP 形式。

随着网络上知名漫画家 old 先的《19 天》、幽·灵的《头条都是他》以及使徒子的《一条狗》等漫画的影视版权的售出,让很多漫画迷期待最终的漫画改编成果。在网络小说风靡的今天,是不是也可以期待一下漫画风靡的明天呢?让我们拭目以待。

只有漫画全产业链的发展,才能够发挥漫画所有的经济效益,为自己的品牌在各种意义上加持。而一个作品在全产业链的发展成功后,也会为其他作品的发展提供经验借鉴。在良性的循环中,品牌也得以发展。

———————版权研究

大陆出版日本推理小说研究（2000—2015）

盛士琦

第一次世界大战结束、社会动荡逐渐平息后，欧美侦探小说迎来了其黄金时期。而此时，明治初期的日本推理小说还处在萌芽时期。在这样的背景下，神田孝平将荷兰的刑事案件小说翻译为《杨牙儿奇谈》，并刊载在了《花月新志》上，这是日本第一次对国外侦探小说的翻译。

以此为开端，黑岩泪香、成岛柳北、西河通彻、押川春浪、高桥健三、森田思轩、田岛象二等人为积极响应明治维新开放国门的号召，翻译了国外多部经典侦探小说，让广大读者能够接触到国外侦探小说作品，从这之后的很长一段时间里，日本文坛勃勃生机。这些翻译活动成为日本之后推理小说产生和发展的基础，更为之后的推理小说作家，如江户川乱步、久生十兰、横沟正史、小酒井不木、吉川英治等人提供了优秀的创作摹本，并带来了深远的影响。明治时期末，推理小说界不再有之前生机勃勃百花齐放的热闹场面，很少有新的作家和经典作品的问世，即使出现了推理小说作品，大多是明治时期作品的再版或者改版。还有很多作家的作品因为受到了西方推理小说的影响，文字间带有了浓重的翻译腔调，几乎都是以短篇小说或者是报纸杂志上连载的形式，长篇小说单行本也鲜少出现。到大正初期，这样萧条停滞的局面仍然没有得到改善。直到大正末期，日本推理小说才走上复兴之路。

随着中国对外开放的步伐，越来越多的日本推理小说被大陆的出版机构引进，翻译成中文版本进行出版，培养了一大批大陆的推理小说迷。目前中国大陆主要以民营出版企业与出版社合作的形式出版日本推理小说。其中的典型代表有新经典文化有限公司和南海出版社。目前新经典与南海出版社合作出版的日本推理小说中,仅东野圭吾一人的作品就多达70本,并且这个数字还在不断地扩大。在传统出版转型期的大环境下,大陆出版日本推理小说也走上了多媒体之路。除了汉译纸质版本的出版发行之外还有电子版本的引进,以及电影、电视剧改编权的引进等等。

在这样的背景下,本文通过研究大陆出版日本推理小说的历史发展,分析大陆出版日本推理小说的相关数据,研究大陆出版日本推理小说目前存在的问题,为引进出版提供一些借鉴。

一、日本推理小说的历史发展沿革

学界关于日本推理小说的研究主要集中在日本推理小说的发展和流派研究、日本推理小说作家研究、日本推理小说在中国兴盛的原因分析、图书翻译问题、中日推理小说的对比研究等方面。

关于日本推理小说的发展和流派。早期在日本,这一类小说被称为"侦探小说",而在日本实行文字改革之后,取消了"侦"这个汉字,后来在木木高太郎[1]的倡议下,改"侦探小说"为"推理小说"。明治维新在日本掀起了全盘西化之风,西方的侦探小说也在日本广为流传,在这一大环境下,黑岩泪香[2]编译了30多部西方的侦探小说,使得日本人接触到了西方侦探小说文化,在这个阶段,西方的侦探小说也对日本侦探小说产生了深远影响,成为日本侦探小说的蓝本。

栗桢在他的《日本推理小说的两条路》[3]一文中将日本推理小说分为了四个阶段:第一阶段,1689年,井原西鹤以我国的公案小说为摹本,写出了《本朝樱阴比事》。明治维新形成的全盘西化之风,使得欧美侦探小说登陆

---

[1] 木木高太郎(1897—1969),日本作家,侦探小说家。
[2] 黑岩泪香(1862—1920),明治时代著名翻译家、小说家、评论家。
[3] 栗桢.日本推理小说的两条路[J].漯河职业技术学院学报,2011(4):60.

日本。此阶段不仅有黑岩泪香编译的多部西方侦探小说,更有谷崎润一郎、芥川龙之介等著名文学家发表的一些带有侦探小说性质的作品。

第二阶段的标志是一份名叫《新青年》的侦探小说杂志,由森下雨村、横沟正史创办。江户川乱步于1923年发表的侦探小说《两分钱铜币》,作为日本推理小说史上第一部正统作品,成为这一类型小说本土化的基础。江户川乱步也因此被称为"日本推理小说之父",之后的江户川乱步奖也是日本推理文学界最有分量的奖项。二战期间,日本当局以扰乱社会治安为由禁止了侦探小说的传播。

第三阶段,以松本清张为代表的"社会派"推理作家的崛起为开端,这一阶段的日本侦探推理小说变得与现实紧密结合,渐渐被称为"推理小说"。

第四阶段,推理小说回归解谜传统,"新本格推理"大范围兴起,以绫辻行人发表作品《十角馆杀人事件》为标志。帅松生在《日本推理小说的发展与特点》[①]中提到了日本推理小说的多流派,例如本格派、变格派、社会派、城市派、历史派、风俗派、冷硬派等等。引领这诸多派别的两个最主要流派,就是如今以东野圭吾为代表的社会派和以岛田庄司为代表的本格派。社会派重情,虽然没有脱离解谜的主题,但是更加注重"动机",强调现实,试图揭示社会阴暗面,挖掘人们心中的矛盾。本格派则重理,作者更倾向于描写环环相扣的推理过程、猎奇的凶杀案件,这极大地满足了读者对"思维游戏"的要求。除了多流派化,帅松生还提到了日本推理小说的另外两个特点。就是女作家日益增多,以及与纯文学作品的界限模糊。日本文学界一向都有盛产女作家的特点,推理小说也不例外。夏树静子、小林仁美、山村美纱等女作家的作品多数都被翻译成多种外国文字在国外出版,或者被改编成电影、电视剧搬上荧幕,人气毫不弱于男性推理小说作家。而关于推理小说作品和纯文学作品的界限问题,日本有很多既是纯文学作家,又涉猎推理小说的作家。如谷崎润一郎、幸田露伴、石原慎太郎、森鸥外等人。他们不仅创

---

① 帅松生.日本推理小说的发展与特点[J].当代外国文学,2000(4):130-131.

作了众多纯文学类的传世佳作,在推理小说方面也颇有建树。有些作品可以一目了然地分清纯文学与推理的界限,而有些作品则融合了推理的要素和纯文学的格调,二者巧妙的结合让人难以界定。

日本推理小说作家研究。日本推理小说的盛行为更多的作家提供了活跃的舞台。从井原西鹤到横沟正史,从江户川乱步到松本清张,从绫辻行人到东野圭吾,还有诸多同样知名的女性推理小说作家,如夏树静子、山村美纱、凑佳苗。他们的作品被多次翻拍成电影、电视剧,产生了巨大的经济效益,更是提高了他们的知名度。在研究日本推理小说作家的文章中,都提到了这样一点,日本的推理小说作家除了有较高的文学素养,还掌握着文学之外的其他专业知识,就如东野圭吾在进入文学界之前是一个工程师,学的是电气工学,他的作品《神探伽利略》中的主人公汤川学就是一位物理副教授,这部作品也涉及了大量的物理知识。[1]

关于日本推理小说在中国兴盛的原因分析。李昕在《推理小说为何能燃烧中国书市?——东野圭吾系列畅销探因》[2]一文中以东野圭吾为例,探究了日本推理小说在中国广受欢迎的原因。首先,随着中国的城市化进程不断地推进,人们对大众文学的需求越来越大,而推理小说在中国图书市场是一个长期缺失的题材,在这种供需严重不平衡的状态下,中国大众阅读正在等待着推理小说的到来。飞快的生活节奏和巨大的生活压力,使得心理、推理类图书变成人们理想的阅读选择,尽管推理小说充满了智力的交锋,但是也具有固定的规律和模式,阅读起来并不会耗费太多脑力,这完全满足读者需要的轻松感受。其次,《福尔摩斯探案集》、"阿加莎·克里斯蒂全集"、新星出版社的"午夜文库"等系列,为市场提供了大量的欧美推理小说,但是这些作品的时代背景大多较早,缺少了一些现代气息。尽管如此,欧美推理

---

[1] 李昕.推理小说为何能燃烧中国书市?——东野圭吾系列畅销探因[J].出版广角,2010(6):46.

[2] 李昕.推理小说为何能燃烧中国书市?——东野圭吾系列畅销探因[J].出版广角,2010(6):44-45.

小说丰富了国内市场，为东野圭吾等现代日本推理小说作家作品的出版创造了条件。最后，诸多的日本著名人气推理小说都被改编成了电影、电视剧，主角也多是广末凉子、柏原崇、福山雅治、柴崎幸等当红演员，这些改编使得推理小说的原著受到中国读者更加广泛的关注。此时，通过电影、电视剧的形式等深入人心的推理小说原著，以汉译的形式在中国大陆出版，能够得到广大读者的追捧也是理所应当的事了。

关于日本推理小说的翻译。作为引进图书出版的重要环节之一，翻译在大陆引进日本推理小说的过程中起着无可替代的作用。田雁在《日文图书在中国翻译出版的现状》①一文中总结道，2000年，国内实际出版日文汉译图书541种，其中文学类82种；2011年，这个数字则增加到了1176种，其中文学类292种。由此可见，中国引进的日本文学图书呈增长的趋势。李景端的另一篇文章《引进版图书现状分析》②，提到了图书翻译存在的一些问题，其中与日本推理小说密切相关的有两点。其一，翻译质量不高，有重复出版现象。集中表现在粗制滥造，只为抢得市场；大量低水平图书重复出版；出版社削弱翻译质量把关。其二，抄袭、盗版现象仍然存在。同样的日文原文，不同的译者可以翻译出不同的风格，语言表达也不甚相同，这就给抄袭盗版带来了极大便利——只抄其意而不抄其字。读者没有条件辨别，因为缺乏证据，真正的译者和出版社也难以追究责任，导致了这一现象屡禁不止。同样还是李景端的文章《日本推理小说在中国的盛衰》③中提到，在利益驱动下，出版社、书商把推理小说当成了"摇钱树"，使得推理小说"热"变成"滥"，他们不对内容进行筛选，只一味追求利益，导致市场上充斥着内容低俗的推理小说，甚至还出现了雇佣"枪手"仿写日本推理小说的现象。

---

① 田雁.日文图书在中国翻译出版的现状（2000—2011年）[J].科技与出版，2014(2)：107.
② 李景端.引进版图书现状浅析[N].中华读书报，2008-01-28.
③ 李景端.日本推理小说在中国的盛衰[N].中华读书报，2005-04-27.

日本学界关于推理小说的研究主要聚焦以下几点：

第一，同根同源的中日两国推理小说的发展截然不同。池田智惠《1920年代侦探小说创作的黎明》[①]一文，给出了这样的解读，在日本的推理小说逐渐成长为大众娱乐小说的主流的同时，尽管中国推理小说在20世纪20年代以及30年代初都有过短暂的热潮，但是40年代开始创作渐渐减少，武侠小说成为大众娱乐小说的主流。推理小说当时之所以没有在中国发展起来，除了当时社会发展的曲折这一因素之外，还有人们缺乏想象力，以及当时中国社会欠缺法制观念、强调国家利益高于个人利益等因素，整个国家的发展环境对推理小说的出版有着重大的影响。

第二，日本推理小说的汉译问题。三宅良隆《关于日本推理小说的汉语翻译》[②]中是这样说的：虽然中日两国有相近的文化，但是在详尽到每一个字的翻译问题上，还是存在很多很大的区别。就如想用日文翻译中国的唐诗宋词一样，中文也很难翻译出日文中那种隐晦、暧昧的语感。日本推理小说尤其是本格派的作品中，有大量的诡计设计和专业用词，这就十分考验译者的语言功底。因此应该充分重视翻译的严谨和考究。

二、大陆出版日本推理小说的发展历程及主要模式

（一）2008年之前大陆出版日本推理小说概况

2008年之前，大陆经历过从排斥到大量引进日本推理小说再到由盛入衰的过程。

改革开放之前，大陆对日本的推理小说极为排斥。1949年到1978年

---

① 池田智惠.1920年代における探偵小説創作の黎明—近代中国と日本の「雑誌空間」を通じて—[J].東アジア文化交渉研究，2011(4)：255-256.

② 三宅良隆.日本の推理小説の中国語訳について[C].第一経大論集.福岡：第一経済大学経済研究会，1978；7(3・4)：129-130.

之间,只有1965年出版过一种日本推理小说,就是松本清张的作品《日本的黑雾》。

这之后的8年之间,大陆先后翻译和出版了日本的11位推理小说作家的作品,共计55种。在这其中,当时在日本盛极一时的森村诚一和松本清张分别占了15种和11种,单本发行量至少在三万至四万。例如森村诚一的"三个证明"系列,所有出版社的不同版本累计总印数甚至高达300万册。改编自森村诚一的作品《人性的证明》的电影《人证》,使得原著人尽皆知。在电影和图书互相影响和造势的情况下,日本推理小说在大陆拥有了越来越大的影响力。1979年到1989年之间,大陆先后有40多家出版社出版日本推理小说,出版的书目多达上百种。[①] 同时,很多杂志开始连载日本的中篇、短篇推理小说,形成了一股日本推理小说热潮。大陆读者通过阅读日本推理小说,了解了资本主义社会的文化,对此,他们感受到了极大的兴趣。因此,20世纪80年代,大陆形成了日本推理小说的鼎盛时期。

在中国加入伯尔尼公约前,翻译出版的日本推理小说没有作者的授权。出版社由于经济利益的驱动,开始大量翻译出版日本的推理小说,直到日本推理小说在市场泛滥。甚至出现了这样的现象:为了吸引读者的眼球,翻译大量内容刺激的推理小说,导致小说的整体质量严重下降,严重影响了读者的阅读兴趣。相关的出版主管部门为了净化市场,不得不限制推理小说的出版。1989年之后,日本推理小说在大陆逐渐式微。1992年中国加入伯尔尼公约之后,出版日本推理小说需要经过版权的购买,这一式微过程也变得更加明显。

此后,日本推理小说成为大陆引进图书市场中的一个占比非常小的图书品种,引进数量也趋于平缓。甚至在2003年至2007年之间,引进数量一度低于10种。图2-1是2000年至2011年期间,大陆汉译日文图书种类数量的走势,包括文学大类以及推理小说的小分类两种数据。从图中可以

---

① 李景端.日本推理小说在中国的盛衰[N].中华读书报,2005-04-27.

看出，一直到 2007 年，大陆引进日本推理小说的数量趋于平缓，甚至是非常少的。中日关系对于大陆引进日本推理小说有着很大的影响。"靖国神社"事件、"钓鱼岛"事件等影响中日关系正常发展的事件，让两国之间关系呈现波浪式发展。大陆出版日本推理小说也受到影响。两国关系平稳时，日本推理小说引进频率会有所提高。

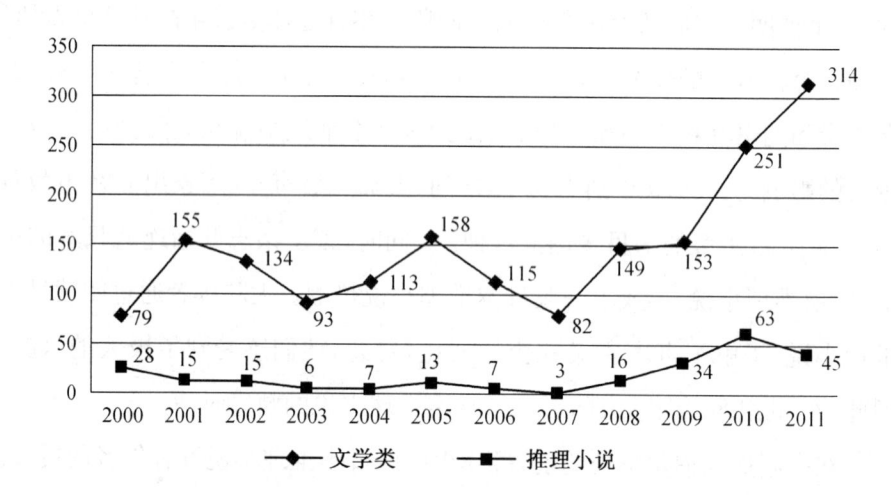

年份	文学类	推理小说
2000	79	28
2001	155	15
2002	134	15
2003	93	6
2004	113	7
2005	158	13
2006	115	7
2007	82	3
2008	149	16
2009	153	34
2010	251	63
2011	314	45

图 2-1　2000—2011 年大陆汉译日文图书种类（单位：种）

注：本数据整理自《汉译日文图书总书目 1719—2011》。

（二）2008—2011 年大陆出版日本推理小说概况

从 2008 年开始，随着中日两国民间交流的深入，以及出版机构的努力，推理小说逐渐进入了更多大陆读者的视野，为大陆读者所熟知。因此笔者认为，2008 年至 2011 年为 21 世纪以来日本推理小说在大陆出版的初步发展阶段。

2008 年开始的大陆推理小说热，源于中国出版企业改制，出版企业开始寻求有个性、有市场的出版选题。日本推理小说契合了这一需求。

第一，日本推理小说越来越成熟的写作技巧和运作方式。日本推理小说在全世界有着相对成熟的运作体系，无论是各种奖项对推理小说新人的选拔,还是出版机构对推理小说名家的热捧,都让日本推理小说有着享誉世界的名声。大陆原创推理小说还停留在日本本格派推理小说的层面,只关注如何设计精巧细密的诡计,而忽略社会派作品中那种反映社会现实和人性问题的深层次内容,使得作品缺少一种深刻的含义。中国推理小说缺乏一种严谨的逻辑性,作者常常会通过一些虚无缥缈的神鬼论来解开所设下的谜题,而缺乏严谨的逻辑思维推理判断。这使得大陆的读者更加需要日本推理小说来满足阅读需求。

第二,大陆越来越快的生活节奏和工作压力、学习压力让人们需要一个放松自我、宣泄压力的途径。阅读尤其是阅读小说这一种较为轻松的虚构作品是人们放松身心的重要方式。现如今,大陆的生活节奏越来越快,让生活在现代社会的人们面临着巨大的压力。推理小说所描绘的世界是与人们平时的生活完全不同的世界,读者可以忘记自己在现实生活中的烦恼和压力,全身心地投入到推理小说所描绘的世界中去,特别是日本推理小说对细节以及极富想象力的情节的描写,使得阅读推理小说成为一种低成本的解压方式。

第三,出版机构的努力。近几年各种类型的出版机构都对日本推理小说进行了引进和推广,日本推理小说在出版数量上有了更大的优势。例如在 2008 年新经典文化有限公司与南海出版社合作,引进并出版了东野圭吾最经典的作品《白夜行》,2013 年卖了 40 万册,过去大陆的翻译文学作品,销量最高只在 8 000 册左右。新星出版社的"午夜文库"系列在 2013 年的核心读者群已经上万,一本书有着 1.2 万册左右的固定销量。① 2006 年一整年时间,新星出版社的前任副主编褚盟一直在各大高校演讲,为高校学生讲推理小说,让更多的学生能够对推理小说产生兴趣,也使得推理小说的阅读群体不断壮大,影响力也有所扩大。

---

① 80 后推理迷褚盟:99% 推理小说不值得看第二遍[EB/OL]. (2013-04-23)[2016-03-22]. http://culture.people.com.cn/n/2013/0423/c172318-21243760.html.

(三) 2012—2015 年大陆出版日本推理小说概况

根据国家版权局的全国版权统计,2012 年大陆从日本引进图书 2 006 种,2013 年 1 852 种,2014 年 1 736 种。[①] 虽然具体的文学大类以及推理小说分类的数据笔者并没有能够搜索到,但是纵观目前大陆的图书市场以及各大网络图书销售网站的排行榜单,经常可以看到日本推理小说的出现。例如在当当网键入关键词"东野圭吾"后,按照出版时间排序可以发现,2015 年大陆引进出版了东野圭吾的作品共 25 种,2014 年共 16 种,2013 年共 8 种,2012 年共 7 种。而新星出版社"午夜文库"系列当中,2012 年引进日本推理小说 50 种,2013 年引进 42 种。[②] 对比 2000 年至 2011 年的推理小说引进数量来看,2012 年至 2015 年大陆引进的日本推理小说数量是呈现增长趋势的,相较于 2010 年开始的增长趋势更为迅猛,可见自 2008 年以来,日本推理小说在大陆推理小说市场当中占有越来越重要的地位,也更为广大读者所熟知和接受。根据图 2-2 也可以看出,2012 年至 2015 年大陆出版日本推理小说的数量是在逐年增加的。因此笔者认为,2012 年至今(2015 年),是日本推理小说在大陆出版的快速发展时期。

[①] 国家版权局 2012 年版权引进地汇总表[EB/OL]. (2014-02-18)[2016-03-21]. http://www.ncac.gov.cn/chinacopyright/contents/4386/194406.html.
国家版权局 2013 年版权引进地汇总表[EB/OL]. (2014-12-02)[2016-03-21]. http://www.ncac.gov.cn/chinacopyright/contents/6125/233251.html.
国家版权局 2014 年版权引进地汇总表[EB/OL]. (2015-10-03)[2016-03-21]. http://www.ncac.gov.cn/chinacopyright/contents/6468/267524.html.
[②] 田雁. 图书出版产业之中日比较[M]. 北京:社会科学文献出版社,2014:205-210.

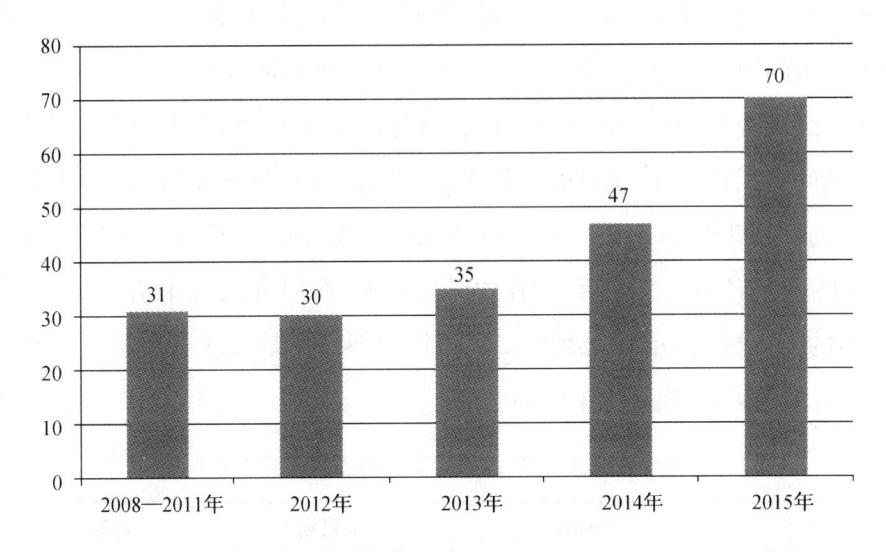

图 2-2　2016 年 4 月大陆引进日本推理小说畅销榜中的年份分布(单位:种)

注:本图数据整理自开卷数据(2016 年 5 月)。

(四) 大陆出版日本推理小说的主要模式

目前大陆的出版机构在引进日本推理小说方面,做得比较成功的是新经典文化有限公司以及新星出版社。而这两家出版机构分别采用了不同的方式和理念对推理小说引进和出版,分别是以作家为中心和以作品为中心。这两种不同的模式在市场中都取得了不俗的成绩,并获得了成功。

1. 以作家为中心

新经典文化有限公司(以下简称"新经典")于 2002 年成立,是中国最大的民营图书策划发行机构之一。新经典在外国文学领域的市场占有率和影响力居于全国前列。新经典的创办人之一猿渡静子对中日两国的文学都有着很深刻的了解,这也为新经典日后发现日本值得阅读和引进出版的好书提供了极大的便利。新经典目前共出版了松本清张作品 3 册,凑佳苗作品 5 册,京极夏彦作品 5 册,伊坂幸太郎作品 9 册,宫部美雪作品 24 册,横沟正史作品25册,以及东野圭吾作品70册。① 作为最早将东野圭吾的作品引入中国的图书公司,新经典在经过了5年的观察时间之后,于2007年签下了东野圭吾20多本书的版权,每本书的预付款15万到30万日元不等。毫无疑问,目前的东野圭吾在中国是最知名的日本推理作家,而在日本市场,他的作品动辄能卖到100万本。② 在中国亚马逊"2015年度畅销图书作家前十排行榜"中他位列第一,在中国亚马逊"2015年度图书销售排行榜"上,他的《解忧杂货店》则位列第二。可以说新经典是发现东野圭吾并将他介绍到中国读者面前的"伯乐"。

表2-1 新经典文化有限公司出版的部分东野圭吾推理小说作品

作者	书名	出版日期	译者
东野圭吾	白夜行	2008.09.01	刘姿君
东野圭吾	变身	2009.07.01	赵峻
东野圭吾	流星之绊	2010.03.01	徐建雄
东野圭吾	分身	2010.08.01	王维幸
东野圭吾	名侦探的诅咒	2010.10.01	岳远坤
东野圭吾	新参者	2011.09.01	岳远坤
东野圭吾	红手指	2011.11.01	于壮
东野圭吾	同级生	2012.04.01	王丽丽
东野圭吾	毕业	2012.07.01	黄真
东野圭吾	沉睡的森林	2012.10.01	郑琳
东野圭吾	谁杀了她	2012.12.01	袁斌
东野圭吾	恶意	2013.01.01	娄美莲
东野圭吾	我杀了他	2013.04.01	郑琳
东野圭吾	空中杀人现场	2013.06.01	杨婉蘅
东野圭吾	放学后	2013.09.01	赵峻

① 新经典文化豆瓣小站[EB/OL].[2016-02-09].https://site.douban.com/readinglife/.
② 张硕."新经典"的出版经营活动研究[D].河北大学,2015.

(续表)

作者	书名	出版日期	译者
东野圭吾	幻夜	2013.10.01	李炜
东野圭吾	嫌疑人X的献身	2014.06.01	刘子倩
东野圭吾	宿命	2014.07.01	张智渊
东野圭吾	悖论13	2014.09.01	林青华
东野圭吾	布鲁特斯的心脏	2014.12.01	赵仲明
东野圭吾	魔球	2015.01.01	黄真
东野圭吾	天空之蜂	2015.02.01	王维幸
东野圭吾	彷徨之刃	2015.04.01	刘珮瑄
东野圭吾	时生	2015.07.01	徐建雄
东野圭吾	杀人之门	2015.08.01	张智渊
东野圭吾	毒笑小说	2015.10.01	李盈春
东野圭吾	假面前夜	2016.04.01	宋扬

注：书目信息整理自中国亚马逊、当当网。

从上文提及的新经典所出版的书目数据以及表2-1可以明显看出，新经典注重作家的选择，主要集中于引进某几位作家的作品，这其中以东野圭吾为典型代表。自2008年起，新经典就开始陆续引进和出版东野圭吾的大量作品，从最初的一年一种或者几种，到现在一年数十种的引进，使得东野圭吾的知名度在中国读者圈内家喻户晓，从而形成了一个以作家为中心的图书系列。就读者而言，一提到东野圭吾，就必然会想到新经典以及与新经典合作的南海出版社，忠实的读者甚至只认可新经典所出版的东野圭吾作品，这就为新经典带来了极大的经济效益以及品牌知名度和认可度。新经典引进的出版的日本推理小说作品中，东野圭吾的作品几乎占据了半数。这是因为东野圭吾在日本是炙手可热的推理小说作家，同样在中国也是最广为人知的日本推理小说作家；而新经典这样大规模地引进，又掀起了东野圭吾热潮，让更多读者了解到这位作家的作品，形成了良性循环。一个作家的一部作品很难持续畅销，因此需要多部作品共同出版。当选取的一部作品被读者接受之后,作家就会在读者心中留下"能够写出好作品的作家"这样的印象,也就会带动其他作品的热销。

这种以作家为中心的模式之所以能取得成功,笔者认为有以下几点原因。第一,一位作者的作品风格前后是统一的,因此当出版机构以该作者为中心,引进和出版这位作者的系列作品时,会形成出版机构自己的风格,从而在读者心中形成一种围绕该作者的品牌形象,利于读者形成深刻的品牌印象。第二,无论是哪一位作者,都会存在一批忠实读者,每当出版机构引进该作者新的作品之后,忠实的读者自然会购买,读者也更加倾向于购买同一家出版机构所出版的同一位作者的作品。第三,出版机构致力于引进同一位作者,有利于将大部分的时间和金钱成本都投入到这位作者的身上,集中的投入更有利于在市场上做出有效的宣传,并能够做出更具特色的系列作品。

2. 以作品为中心

新星出版社由国家外文出版发行事业局主管主办,是中国国际出版集团的成员。因此,新星出版社有专业翻译团队,以及广泛从事国际文化交流与合作的机会。[①] 新星出版社打造的"午夜文库"是中国内地第一个专业的推理小说出版平台。打造这个平台的起因是社长谢刚本人对推理小说的热爱,这个由一群推理迷编辑一起策划的系列,从 2005 年出书至今,已经引进、翻译和出版了上百本推理小说,包括柯南道尔、阿加莎·克里斯蒂等欧美系列,以及岛田庄司、有栖川有栖、东川笃哉等日系的多种类型。与其他出版社不同的是,新星出版社的"午夜文库"系列不仅仅是在做一种投向市场的商品,而是在做一种文化。他们所选择的每一本书都符合整体风格的需要,从整体来看这个系列,能够清楚地梳理出侦探推理小说的发展脉络。支撑"午夜文库"的有三条线,其一是大师系列,这个系列向读者推出了众多

---

① 新星出版社官方网站[EB/OL].[2016 - 03 - 22]. http://www.newstarpress.com/p - 56 - 0. html.

在侦探推理小说历史发展中具有里程碑式意义的知名作家的代表作品;其二是经典系列,这个系列是把侦探推理小说历史发展中最经典也最具有代表性的作品介绍给中国的读者;其三则是原创系列,这个系列旨在培养中国大陆自己的推理小说作家,以推动国内推理小说的发展和进步。

表2-2 新星出版社"午夜文库"系列出版的部分日本推理小说

作者	书名	出版日期	译者
岛田庄司	占星术杀人魔法	2008.09、2012.05	王鹏帆
梦野久作	脑髓地狱	2009.01	林敏生
大阪圭吉	银座幽灵	2009.02	林敏生
道尾秀介	向日葵不开的夏天	2009.04	于彤彤
有栖川有栖	乱鸦之岛	2009.10	王萌
伊坂幸太郎	沙漠	2010.03	马杰
逢坂刚	卡迪斯红星	2010.04	袁斌
二阶堂黎人	恶魔迷宫	2010.08	刘宁
竹本健治	匣中失乐	2011.01	陈涤
今野敏	曙光之街	2011.07	龚群
山口雅也	朋克刑警的冒犯	2011.11	宋卉
折原一	倒错的轮舞	2012.01	李盈春
中井英夫	献给虚无的供物	2012.03	薛军
鲇川哲也	紫丁香庄园	2012.04	林敏生
筱田节子	假想者的仪式	2013.04	二水牛一
东川笃哉	杀意	2013.06	龚群
绫辻行人	迷宫馆事件	2013.08	谭力
渡边容子	左手里的秘密	2014.02.01	中森
西泽保彦	妄想代理	2014.12.01	徐鑫
高木彬光	人偶为何被杀	2015.08.01	袁斌
辻村深月	时间停止的校园	2015.11.01	吕灵芝

注:书目信息整理自《图书出版产业之中日比较》;译者信息整理自中国亚马逊、当当网。

新星出版社的"午夜文库"系列目前已经出版了来自中国、英国、美国、日本等多个国家的推理小说共 519 册,其中来自日本的推理小说 214 册,有岛田庄司、伊坂幸太郎、宫部美雪、东野圭吾、绫辻行人等 57 位作家。[①] 从数量上来看,日本推理小说接近"午夜文库"所出版的推理小说半数,而这些作品来自多达 57 位作家。根据表 2-2 可以看出,2008 年至今,"午夜文库"系列并不是集中引进和出版某一位或者某几位日本的知名推理小说作家的作品,而是通过内容筛选,将引进的选择范围扩大到了更大的空间,使得更多的非畅销、非知名作家的优秀作品可以以汉译版本的方式与大陆的推理小说读者见面,从而拓宽大陆推理小说的市场覆盖面,除了知名畅销作家,也将更多的其他优秀作品带入大陆市场,横向覆盖,从而形成"午夜文库"自己的特点,品牌形象得以深深印刻在读者的心中,使得读者提到推理小说便会想到新星出版社的"午夜文库"系列。新星出版社"午夜文库"比新经典更注重内容的选择,以推理小说作品的内容为中心向外延伸,逐步形成自己的品牌,使得出版社的价值得到延续,为出版社带来巨大的社会效益和经济效益。从图 2-3 显示,2016 年 4 月"午夜文库"销售排行榜前 323 名中,有

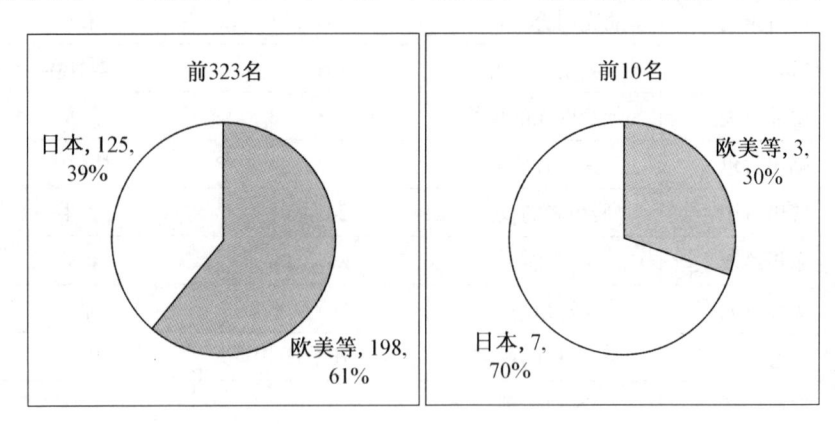

图 2-3 "午夜文库"外国推理/悬疑小说 2016 年 4 月销量排行榜(单位:种)

注:本图数据来自开卷数据(2016 年 5 月)。

---

① 午夜文库豆瓣小站[EB/OL]. [2016-02-09]. https://site.douban.com/m1230/widget/notes/13902788/note/282934084/.

125种来自日本,约占总榜的39%;排行榜的前十名当中,有7种来自日本。可见日本推理小说在"午夜文库"的销售数据中占有非常重要的地位,甚至超过了欧美国家的推理小说,成为不可或缺的一部分。且这些作品来自43位不同的日本推理小说作家,平均每位作家的作品只有3种,可见"午夜文库"系列是以内容为中心而不是以作者为中心选择推理小说作品。

笔者认为,以内容为中心的出版模式能够成功的原因有以下几点。第一,大部分推理小说爱好者的阅读范围较广,他们可能有自己比较欣赏的推理小说作家,但是在阅读的时候并不会只拘泥于某一位或者某几位作家的作品,而是会广泛涉猎多种推理小说作品。同时,推理小说爱好者基本有自己喜欢的推理小说风格或者体系。因此当出版机构以内容为中心进行延伸时,这样的一种风格就会被读者青睐。第二,读者阅读最注重的是图书的内容。作者的所有作品不一定都十分优秀,因此出版机构通过内容来选择和确定选题,可以保证推理小说内容的质量,为读者提供更高质量的图书才能让更多读者持续关注该系列的后续内容。第三,形成品牌效应。"午夜文库"这样一个品牌已经成为大陆推理小说爱好者心中推理小说的代名词,正是因为以内容为中心的系列作品组成了品牌,以品牌为销售形象,才能够在读者群中占有一席之地。

三、从读者视角看大陆出版日本推理小说

(一) 大陆的日本推理小说读者群特征分析

推理小说这种类型的读物,根据相关的搜索数据,很大一部分的读者是20岁到40岁的人群;同时,推理小说这种偏向理性化的图书种类的男性读者比女性读者更多。

每一位读者都会根据自己的自身经历、性格、思想和立场等多方面的因素,选择不同的阅读种类。日本推理小说的主要受众大部分是20世纪70

年代末期以及之后出生,并接受过较高教育的。这其中,偏感性的社会派的主要读者为女性,而偏理性的本格派的主要读者为男性。男女的性别差异,导致男女无论是在思维方式还是关注点方面都有所不同。而日本推理小说在大陆的主要读者群体依然是年轻人。

年轻人的生活环境以及学习环境日渐多元化,图书、电视、电影、网络等这些丰富的资源也为年轻人阅读日本推理小说提供了更多的可能性。相对于其他的小说种类来说,推理小说对读者的要求更高一些,读者只有拥有了一定的理论知识储备和相对较好的逻辑思维能力,才能够顺利地阅读和理解,因此现代年轻人所接受的良好的教育也为他们阅读推理小说打下了一定的基础。同时,这些年轻读者能够在阅读的时候运用逻辑思维,结合故事情节解谜破案,从而产生成就感和自信心,更加提高了他们对推理小说的兴趣。

日本推理小说在大陆知名度的提高,也吸引了越来越多年龄更小的读者。张丽在其《新世纪以来日本推理小说在中国的接受研究》一文中提到,某网络上东野圭吾作品的读者构成调查,785位参与调查的网友当中,有127人的学历是高中及以下。[1] 这样的一批读者,在将来会逐渐成为日本推理小说受众的主要组成部分。

(二) 大陆读者阅读心理与日本推理小说出版

日本推理小说目前有两个主要的流派——本格派和社会派。在日本推理小说的发展历程中,这两个流派此消彼长,都占据过推理小说市场的大部分份额。如今,无论是在日本还是在中国大陆,更加畅销、更加受到读者欢迎的都是社会派作家的作品。

1. 大陆读者与本格派

本格派也被称为"重理派",这一流派的作品在20世纪八九十年代风靡于整个日本。代表人物有岛田庄司、有栖川有栖、京极夏彦、绫辻行人等等。

---

[1] 张丽. 新世纪以来日本推理小说在中国的接受研究[D]. 安徽大学,2014.

他们的作品在于突出理性思维的伟大力量,把侦探与犯人的交锋提高到了近乎纯粹的技术层面,展示出让人惊叹不已的创造性推理能力。

其代表人物岛田庄司被称为"新本格导师"。受社会派人物松本清张的影响,20世纪50年代开始的30年被称为"清张魔咒",本格派受到较大影响,社会派占据主流地位。20世纪80年代开始,日本推理文坛则开始了一段"本格回归"的风潮。因为时代的变迁,社会环境的改变,主要读者群更新换代,社会派推理小说在经过了几十年的畅销之后走向了没落。读者群的审美疲劳让本格推理实现了重生。

一方面,出版社纷纷开始出版本格派推理大师的作品集,几年之内就出版了包括江户川乱步全集、横沟正史全集、木木高太郎全集等近300种本格推理作品集;另外,还有当时专门连载推理小说的杂志定期举办推理征文大赛,为民间的推理创作爱好者提供了一个展现自己才华的平台,使得新时期的本格推理作家开始受到关注。这个时候,岛田庄司以一部《占星术杀人魔法》登上了推理界的舞台。这部作品对于当时的日本推理界来说风格实属异类,没有人能够评价其优劣。因此,这部作品在角逐江户川乱步奖时铩羽而归。评委们向来重视传统,看中推理小说的社会性和文学性,这样一部充斥着理性推理论证的长篇小说却显得分外超前和特立独行,自然也就难获殊荣了。在岛田庄司最初的创作时期,因为他的作品风格迥异、手法新颖,曾受到日本推理界很多作家和评论家的批判。他们认为岛田庄司的作品脱离实际,案件和情节的设计幼稚可笑,是对众多社会派推理小说作家的不尊重。而与此形成鲜明对比的,是读者们对岛田庄司作品的支持。《占星术杀人魔法》被讲谈社出版之后,在社会上引起了强烈反响,因为其与社会派的风格完全相异,给读者带来了新鲜的阅读感受,受到了广大读者尤其是年轻人的追捧。同时,岛田庄司的作品和写作风格也为一些热爱创作推理小说的后辈点亮了一盏明灯,因此出现了一大批如绫辻行人、歌野晶午等本格派推理小说作家,他们都是在岛田庄司的影响下成长起来的。在大量的本格派作家和作品涌现之后,岛田庄司虽然多次改变写作方式,但是也都没有脱离理性的中心,并不断地从外在形式上为推理小说的创作开辟新的道路,并打下了坚实的理论基础。对于本格派在20世纪末的辉煌,栗桢在《日本推理小说的两条路》①中归纳出了以下原因。第一,第二次世界大战后,日本以美国为学习对象,以西方理性文明为思想基础,因此日本国民拥有理性的思维习惯。第二,效率和理性程度成正比,而低效率的文化产品会被高效率的社会所排斥。第三,本格推理小说中的背景人物甚至故事设定超越社会,符合了日本国民开放的思想和阅读口味。第四,日本战后形成了机械化的社会,与理性化的本质形成了某种程度的契合,大多以杀人事件为主题的本格推理小说在内容上体现着对社会的消极精神反抗,成为人们在机械化社会中对压力的宣泄途径。正因为这些理性的推理作品满足了当时日本民众的精神需求,所以才能流行甚广。

同在日本的情况一样,本格派一度在大陆非常流行,并且直到现在也仍然有着一群忠实的读者,这一点如表3-1所示,从目前本格派代表人物岛田庄司、江户川乱步、横沟正史等作家的作品仍然有读者购买、累计销量也可以上万就可以看出。由于本格派作品注重整个推理的细节和过程,从极度理性的角度抽丝剥茧,最终解谜,而由于男女思维方式的差异和关注点的不同,本格派这个派别的大陆读者以男性居多;并且在整个推理小说受众当中,本格派的读者年龄相对来说较小,大多是对推理世界十分好奇,想要对更多的推理元素有所了解的年轻学生。

表3-1 本格派代表作家部分作品2016年4月销售数据

出版时间	书名	作者	出版机构	月销量	年销量	累计销量
201205	占星术杀人魔法（新版）	岛田庄司	新星出版社	902	3 294	24 947
201206	斜屋犯罪	岛田庄司	新星出版社	505	1 434	8 547
201208	异邦骑士	岛田庄司	新星出版社	302	921	5 082

---

① 栗桢.日本推理小说的两条路[J].漯河职业技术学院学报,2011,(4):61-62.

(续表)

出版时间	书名	作者	出版机构	月销量	年销量	累计销量
201601	二钱铜币	江户川乱步	时代文艺出版社	392	917	917
201601	死亡十字路	江户川乱步	时代文艺出版社	291	703	703
201601	恐怖三角馆	江户川乱步	时代文艺出版社	258	608	608
201412	蝴蝶杀人事件	横沟正史	南海出版公司	127	536	3 563
201510	骷髅方丈	横沟正史	南海出版公司	116	565	1 352
201405	恶灵岛	横沟正史	南海出版公司	112	386	3 755

注：本表格数据整理自开卷数据(2016年5月)。

本格派爱好者之所以喜欢这种类型的推理小说，有以下几点原因。第一，本格派推理小说重视理性思维的力量，重视案件的推理过程，每一个环节都紧密相连，营造了一种紧张而神秘的气氛。这样一种充满推理小说浓郁色彩的类型非常能够吸引对推理过程感兴趣的读者。第二，经典本格派作品在大陆几乎不存在，大陆现有的推理小说作品大多有着脱离现实、为了推理而推理的情况，因此大陆读者想要阅读只能选择国外作品，而本格派作品是日本推理小说的一大特色，成为大陆本格派爱好者的选择。第三，大陆的年轻读者作为推理小说的阅读主力军，正值好奇心旺盛的年龄，喜欢刺激和冒险，所以注重描写推理过程的本格派推理小说可以更好地满足他们的阅读需求。

2. 大陆读者与社会派

社会派也被称为"重情派"，在经历了一段低潮时期后，从21世纪开始渐渐再次占据日本图书市场。这一流派的代表人物有东野圭吾、松本清张、伊坂幸太郎等人。他们的作品淡化了冰冷硬朗的理性元素，主要描写人与人的情感，所有的推理小说元素都旨在为情服务。这一流派的推理小说强化了文学的感性要素，看似要脱离推理小说的范畴，融入文学的大潮之中，但是因为这一流派的推理小说仍然保持了解谜的谋篇方式，因此不能彻底脱离推理小说的范畴。因为本格派作品无法从根本上解决社会制度与个人精神的矛盾，猎奇的凶杀剧情虽然让人们得到了负面宣泄的途径，但这之后只剩空虚，这样就给社会派留下了巨大的发展空间。黑岩泪香曾经说过，日本民族天生就容易被情绪所左右，而西方的侦探小说作品通常逻辑性极强，因此脱离了日本的现实生活场景。那些更容易被日本读者接受的推理小说作品，往往是将推理要素与身边比比皆是的现实生活相结合的、具有写实性的推理小说作品。在翻译的外国侦探小说热潮逐渐平息之后，写实性推理作品不出意料地开始走红了。

社会派的代表人物东野圭吾可以说是中国推理小说迷最熟悉也最喜欢的日本推理小说作家。他甚至被出版界称为"畅销书的代名词，出版界的印钞机"。20世纪90年代的日本经济发展缓慢，社会陷入低潮，个人的精神世界也越来越显得空虚，这个时期在日本被称为"失去的十年"，同时还发生了奥姆真理教事件[①]和阪神大地震，在社会和自然的双重打击之下，人们表现出了强烈的不安和绝望。在这个时期，东野圭吾以日本社会中的泡沫经济为小说的创作背景，把社会和人性弊端作为犯罪动机写入小说之中。他的作品《放学后》一举夺得了第三十一届江户川乱步奖，这部作品也是他的第一部销量超过10万册的作品。因为这部作品出色地使用了"密室杀人"等本格色彩浓重的元素，东野圭吾一度被认为是本格派成员的一名"健将"。然而《放学后》中的杀人动机却成了整部作品中最为亮眼的部分，源于无意中对人类原初尊严的破坏，这也是明显的深入研究了人类细腻情感的社会派作家的风格。东野圭吾之后的一部作品《宿命》，被公认为是他的转型之作，摆脱了局限单一的创作题材，淡化了早期作品中的本格推理色彩，聚焦于描写人物的性格和行为，使作品具有了充分的社会写实性，叙述缜密、情节设定大胆，用错落有致的体系化特征来刻画人物的性格、描写人物之间的各种关系，并渐渐形成了自己成熟的写作风格。东野圭吾已经产生了这样

---

① 日本的一个具有代表性的邪教团体。

的认识:犯罪的根源是动机,读者的兴趣更多在于社会和人性的层面上。这之后,他不断推出多部畅销作品,并多次入围日本大众文学最高荣誉"直木奖",2006年,他的经典作品《嫌疑人X的献身》不仅获得了第134届直木奖,还赢得了第6届本格推理小说大奖以及年度三大推理小说排行榜第一的佳绩。东野圭吾的作品题材千变万化,涉及面极其广泛。生物克隆技术、脑医学、罪犯家属的社会生存、性别认同障碍、教育体制等等题材,都被写成了引人入胜的故事。丰富的社会化题材聚焦于人物、社会问题上,充分体现了社会派的创作风格。

东野圭吾是目前在大陆最广为人知的日本推理小说作家,2015年中国亚马逊的年度畅销图书作家排行榜上他位列第一,年度畅销图书排行榜上位列第二的是他的作品《解忧杂货店》,通过这些榜单以及表3-2可见,目前推理小说中社会派占据主流这样的现象,不仅在日本,在中国大陆也是同样出现的。仅东野圭吾一个人累计销量超过10万册的作品就有4部,其中甚至有接近60万册销量的畅销作品。社会派更多的是注重在推理的同时揭露一些社会问题和社会现象,是从感性的角度去阐释人性的种种,因此社会派的读者当中女性更多;同时,社会派的读者的年龄层次更加高一些,大多是思想逐渐成熟,想要去了解社会现象、了解人性的一些社会人士。10年前大陆的推理小说热潮让很多青少年对推理小说着迷,现如今他们已成长为社会人,他们会更多地去关注社会、关注人本身,这也成就了目前社会派作品在市场上的畅销。

表3-2 社会派代表作家东野圭吾作品2016年4月销售数据

出版时间	书名	作者	出版机构	月销量	年销量	累计销量
201301	白夜行	东野圭吾	南海出版公司	43 311	151 444	574 267
201406	嫌疑人X的献身	东野圭吾	南海出版公司	23 133	81 034	245 126
201301	恶意	东野圭吾	南海出版公司	8 611	33 568	109 752
201310	放学后	东野圭吾	南海出版公司	6 294	24 575	119 711

(续表)

出版时间	书名	作者	出版机构	月销量	年销量	累计销量
201506	虚无的十字架	东野圭吾	湖南文艺出版社	5 089	21 687	87 449
201506	时生(2015版)	东野圭吾	南海出版公司	4 617	18 964	34 187
201309	幻夜	东野圭吾	南海出版公司	4 449	16 462	70 516
201411	祈祷落幕时	东野圭吾	南海出版公司	4 134	16 960	93 943
201601	新参者	东野圭吾	南海出版公司	4 033	8 410	8 410
201401	秘密	东野圭吾	化学工业出版社	2 912	11 079	54 328
201512	湖畔	东野圭吾	化学工业出版社	2 791	8 695	8 776
201004	流星之绊	东野圭吾	南海出版公司	2 551	9 420	78 135
201602	假面前夜	东野圭吾	南海出版公司	2 175	2 289	2 289
201512	红手指	东野圭吾	南海出版公司	2 037	4 787	4 788
201501	彷徨之刃	东野圭吾	南海出版公司	1 501	7 244	18 135
201212	假面饭店	东野圭吾	南海出版公司	1 475	3 340	18 764
201506	麒麟之翼(2015版)	东野圭吾	南海出版公司	1 470	5 280	12 191
201010	单恋	东野圭吾	南海出版公司	1 401	5 348	58 904
201004	名侦探的守则	东野圭吾	南海出版公司	1 102	3 993	59 807
201209	谁杀了她	东野圭吾	南海出版公司	1 076	3 690	24 005
201211	神探伽利略	东野圭吾	化学工业出版社	1 064	4 323	39 753
201207	毕业(1)	东野圭吾	南海出版公司	1 029	4 097	33 820

注:本表格数据整理自开卷数据(2016年5月)。

社会派推理小说作品之所以能够在大陆占领更多的市场,有以下几点原因。第一,社会派推理小说注重描写社会现实问题和人性特征,当下的社会,人们通过媒体、网络和阅读等多种方式去观察和思考社会现实、人性问题,这与社会派推理小说作品所要表达的内容不谋而合。第二,社会派推理小说虽然更加注重社会问题,但是也不缺乏推理的本质内容,只是推理的色彩相对于本格派而言更淡一些,因此是二者结合的产物。所以社会派爱好者归根结底对于其中的推理部分还是普遍接受的,只因为增加了感性的内容,而使得读者更能够投入感情。第三,生活节奏的加快以及工作、学习压力的增大,使得人们的感情需要一个宣泄的途径。社会派推理小说当中,推理的部分可以让读者获得阅读推理的满足感,而感性的部分则可以让读者的情感得到宣泄,这也是如今社会派推理小说作品在大陆能够更畅销、更受读者欢迎的原因。

(三)大陆读者阅读需求与日本推理小说出版

目前大陆的推理小说市场中,欧美推理作品和日系推理作品几乎各占半壁江山,而大陆本土的原创推理小说则很少,优秀的推理小说作家和作品也不多。因此,大陆读者不仅对日本推理小说有需求,也需要在市场上能够看到更加贴合大陆实际本土的原创推理小说作品。同为亚洲国家,中日两国在思想文化传统上有很多相近之处,大陆读者更容易接受来自日本的推理小说作品所带来的价值观和文化。同为侦探推理类型的知名日本漫画《名侦探柯南》在中日两国同样有着巨大的读者群,并形成了从漫画、动画、纪念画册、真人版电影、电视剧到T恤衫、文件夹、圆珠笔等多种周边产品的完整产业链。自从中国大陆电视台引进了其动画版之后,也成为一代中国年轻人心中的经典作品。年轻人被其中惊险刺激的推理情节和轻松搞笑的生活节奏所吸引,一个个丰满的人物形象都可以让观众在自己身边找到真实的原型,再加上青春靓丽的主人公形象和优良的制作水准,这部作品使得当时缺乏同类作品的中国大陆市场拥有了一大批忠实的观众。同样,日本的推理小说中也会出现与中国读者生活十分接近的场景和画面,描写真实的同时还具有适度的夸张感,极易引起读者的共鸣。随着中国对外开放的进程加快,大陆读者尤其是年轻读者对于外来文化的接受程度越来越高,他们甚至主动寻求国外的推理小说阅读。大陆本身的推理小说发展并不完善,很少有优秀的推理小说作品问世。从早期的程小青、孙了红到现在的蔡骏、周浩晖等等,中国知名的推理小说作家屈指可数;在中国亚马逊网站检索"中国推理"词条，仅有521条项目，这与只检索"东野圭吾"词条，就有1 221条项目相比微不足道。因此大陆的读者对于推理小说的需求是存在的。引进日本成熟的推理小说作品，可以满足大陆读者对推理小说的阅读需求。

虽然已经有为数不少的日本推理小说作品出现在大陆市场上，但是并不是所有的作品都能够满足大陆读者的阅读需求。笔者认为，大陆出版机构应该做到以下两点，才能够让大陆读者对日本推理小说产生更好的阅读体验。

第一，多而不滥。深究大陆出版日本推理小说阶段性衰落的原因，除了国家之间的政治因素，最大的原因莫过于出版机构的盲目追捧，使得热潮变成了泛滥，让读者对推理小说失望。在日本这样一个推理小说大国之中，无论是推理小说作家还是作品都数不胜数，更有众多相关的奖项。因此，大陆应该学习日本出版推理小说的"多而不滥"原则。日本有很多的奖项是用来培养推理小说的新人作家的，以此来维持推理小说市场的长期繁荣，并能不断推陈出新。例如江户川乱步个人提供的资金，以设立奖金额为1 000万日元的"江户川乱步奖"，还有横沟正史奖、日本推理作家协会奖、日本侦探作家俱乐部奖、大众读物推理小说新人奖、小说现代推理新人奖、小说推理新人奖、小说现代新人奖、日本推理文学大奖新人奖、日本推理惊险文学大奖、三得利推理大奖、鲇川哲也奖、松本清张奖、新潮推理俱乐部奖、创元推理短篇奖等等。同时日本也非常注重推理小说的内容质量和社会效益，不会为了经济利益而粗制滥造。因此大陆出版机构也应该提高对选题的关注度，通过严格的把关来筛选出对大陆文化有益的日本推理小说，来丰富大陆图书市场。

第二，多媒体出版。单纯引进日本推理小说的图书版权已不足以吸引大陆读者的注意力，如果能够学习日本的多媒体出版方式，那么通过图书与其他衍生出版作品的相互影响，会吸引更多的读者关注推理小说，从而形成一个良性循环，推动大陆出版日本推理小说的进一步发展。例如东野圭吾的作品《白金数据》，最早连载于幻冬舍的《Papyrus》杂志（2006年12月号至2010年4月号），并由幻冬舍在2010年6月30日发行了单行本。这部作品的时代背景设定为近未来，当时已经有了一种能够实现零冤案的DNA调查技术，其中一部分特殊的DNA信息被称为"白金数据"，这部分信息被卷入了犯罪之中。整部作品讲述的是，嫌疑人的警视厅特殊搜查机构的天才科学家和对其穷追不舍的刑警的交手过程。此作品被漫画家浅井莲次改编为漫画作品，并在2013年由幻冬舍出版发行。电影版的导演是大友启史，主演二宫和也，2013年3月16日在日本上映，之后在中国香港、中国台湾、新加坡、美国等地区和国家上映。电影在日本全国310间电影院上映，上映两天就获得了4亿49万6000日元的票房，入场观看人数达30万人次左右，在电影观众排行榜中的初上榜升至第二名（写实电影第一名）。最终收获了26亿4000万日元的总票房成绩，是2013年上半期（即2012年冬至2013年6月）本土电影作品第五名（写实电影第一名）。[①] 由此可见推理小说改编的魅力。大陆出版机构也应该在多媒体出版方面有所努力，通过引进日本推理小说改编权的方式，将推理小说以不同的形式呈现在大陆读者面前。

四、日本推理小说出版中存在的问题

尽管大陆在出版日本推理小说方面已经有着相对不短的历史和较为丰富的实践经验，也有可以参考的成功案例，但是从整个推理小说出版市场来看，大陆在出版日本推理小说方面仍存在着一些较为严重的问题，这些问题影响着引进版日本推理小说的质量，会使得读者产生不良的情绪和不好的印象，从而导致其日后的发展。

---

① 日本CINEMA TODAY. 映画週末興行成績［EB/OL］.（2013-03-19）[2016-03-25]. http://www.cinematoday.jp/page/N0051289.

(一)盲目引进,重复出版

如表4-1,南海出版社先后推出了凑佳苗作品《为了N》的三个版本,其中2014年版本与2015年版本的封面相同,2012年是另一种封面,但译者是同一位,这就意味着使用的是同一个翻译版本。这在另外两部东野圭吾的作品《嫌疑人X的献身》和《伽利略的苦恼》上也有相似的情况。而《伽利略的苦恼》这部作品则是同一位译者的翻译版本,并在两家不同的出版社出版。

表4-1 大陆重复出版现象

出版日期	译者	出版社
《为了N》 作者:凑佳苗		
2012.04.01	王玥	南海出版社
2014.10.01	王玥	南海出版社
2015.04.01	王玥	南海出版社
《嫌疑人X的献身》 作者:东野圭吾		
2010.01.01	刘子倩	南海出版社
2014.06.01	刘子倩	南海出版社
《伽利略的苦恼》 作者:东野圭吾		
2010.07.01	袁斌	当代世界出版社
2011.09.01	袁斌	译林出版社

注:书目信息整理自中国亚马逊、当当网。

虽然表4-1只列举了3个个例,但是纵观目前我国的推理小说市场,出版机构引进盲目,跟风出版、重复出版现象严重。出版机构大多处于"什么火就引进什么""什么赚钱就引进什么"的状态,引进的时候考虑得更多的是经济效益而不是社会效益,看到得奖作品或者在日本畅销的作品就一窝蜂争相引进出版,完全不考虑其是否适合中国大陆市场。同一部作品,同一个出版社会做多种版本,或者是不同的出版社争相出版。如东野圭吾的作品，有南海出版社、新星出版社、人民文学出版社、译林出版社、现代出版社、化学工业出版社等十多家不同的出版社竞争出版。因为东野圭吾是炙手可热的畅销作家，他的每部作品几乎都会登上畅销榜单，由于他的作品被改编为影视作品的较多，能够吸引到更多人的注意，而这些改编而成的影视作品大多能够收获不俗的收视率和票房，成为所谓的"出版界的印钞机"。大陆的出版机构认为从东野圭吾的身上可以获得更多的经济效益，于是纷纷引进他的作品。而事实也并没有让出版机构失望，目前在大陆最为知名，同时也最受欢迎的日本推理小说作家确实就是东野圭吾，因此出版机构在尝到了甜头之后，便一发不可收拾地持续引进他的作品，从而形成了目前大陆推理小说市场上这样一个混乱的局面。读者在市场上可以看到不同的翻译、装帧版本，但市场需求有限，不应该把有限的资源浪费在重复地引进翻译出版那些所谓"人气作品"，而是应该将眼光放长放远，寻找和引进有学习价值的推理小说作品，以丰富大陆的图书市场，为读者提供更多更高质量引进的图书。

(二) 作品的选取存在疏漏

虽然说目前日本推理小说在中国大陆受到欢迎，但是对于中国大陆其他畅销书的受众群体来说，日本推理小说还算是一种小众读物。究其原因，主要有以下几点。第一，推理小说本身就是一种小众读物。对于大部分人来说，说到推理可能就只知道福尔摩斯。目前中国大陆的大部分畅销的图书，是一些读起来较为轻松愉快的图书，这体现了读者的阅读需求是希望从平时高压力、快节奏的工作生活中解脱出来，去阅读一些可以让人放松的内容；推理小说恰好不属于这种类型。推理小说就内容而言，是需要一定的逻辑思维能力才能够理解的，尤其是本格派推理小说更是有着复杂的推理过程，这就和人们的需要不同。与其他国家相比，中国人均阅读量偏低，成年国民阅读率不足60%，人均每年阅读图书的册数不足5册，日本则是40册。因为这样一个大环境的存在，日本推理小说的受众就更是一个极小的群体了。有一部分人对推理小说以及对阅读推理小说的读者有着一种偏见。他们认为喜欢阅读推理小说的人心理都是阴暗的。他们认为推理就等于案件,等于凶杀,也就意味着死亡,于是这种简单的联想让他们认为爱读推理小说的人可能对死亡有某种爱好。另外,由于历史原因,中国有部分人对于日本有着一种特殊的心理,他们排斥日本的任何东西,因此即使是喜欢阅读推理小说,也不会去主动接触日本推理小说。①

第二,就出版机构而言,在日本推理小说的引进上,其实错过了很多日本很优秀的作者和作品。这就使得已经小众的日本推理小说作品在读者心中的形象更加不完整,受众变得更加狭窄。例如池井户润的作品《永无止境》(《果つる底なき》)。池井户润在大学毕业后进入了日本三菱银行从事对中小企业的融资业务,后来退职写作,他不仅创作小说还进行经济类图书的创作。因此他的小说作品多是以银行为相关背景。这一部《永无止境》是池井户润的小说出道作品,同样是一部以银行为背景的推理小说,单行本于1998年9月由讲谈社发行,并且斩获了当年的第44回江户川乱步奖,以这部作品为基础改编而成的同名电视剧也于2000年在日本富士电视台播出,并取得了不错的收视率。这样一个特殊的背景使得这部作品在众多推理小说当中脱颖而出,显得尤其特别。小说通过非常详细具体的描写讲述了日本银行产业特有的生态环境。日本银行的话语权之大,很多大型财阀虽然不属于国有,却也被社会赋予了国家的背景来扶持银行,以及中小企业成为大型企业的护航舰,这样的两条线同时展开,极具日本特色。然而这样一部非常特别的优秀推理小说作品暂时还没有被大陆引进,让读者错失了一个了解日本银行运作方面情况的机会。类似的例子还有很多。

(三) 版权的不合理使用

版权方面的不合理使用,主要有如下的三个表现。

---

① 豆瓣小组推理悬疑小说交流区[EB/OL].(2011-11-20)[2016-05-10]. https://www.douban.com/group/topic/23631202/.

第一,恶性竞争导致版权费用水涨船高。虽然日本的推理小说作家和作品数量众多,但是能够成为顶级畅销书,并且名扬海外的还在少数。大多数出版机构引进日本推理小说的共同目的之一,是获得经济效益。因此,大多数大陆出版机构也都会看好那些在日本能够成为排行榜前几名的顶级畅销书,并希望能够将这些作品引进到大陆来。正是由于这样的原因,当同样的一部作品或者同一位作者的系列作品被多家出版机构看中的时候,版权费用也就因为这样的恶性竞争而导致了水涨船高的情况发生。新星出版社"午夜文库"系列的前任副主编褚盟介绍说,东野圭吾的作品版权费用在2006年的时候还是30万日元,2015年已经涨至十几倍之多。岛田庄司的作品版权费在2008年时为10万日元,到2014年也翻了5倍。[①] 从这些例子可以看出,越是畅销和知名的作家,他们的版权费用增长速度越快。这说明,当多家出版机构争相引进同一部作品或者是同一位作家的系列作品的时候,版权费用便会水涨船高。

第二,部分出版机构存在译本抄袭现象。请人翻译需要付出一定的成本,并且因为翻译的质量与需要付出的成本成正比关系,因此想要出版的汉译版本推理小说的质量越好,需要付出的成本越多。这就导致了部分出版机构不愿付出这部分的成本,试图通过一些投机取巧的方式缩减成本,以达到同样的效果。他们利用目前市场上已经存在的汉译版本,进行语言表达上的修改,变成了自己的汉译版本。因为读者语言不通,并且读者也很少会和日文原版的推理小说进行对比,因此读者对于部分出版机构这样的行为毫不知情。出版机构的这种行为严重侵犯了译者的权利和为请译者进行翻译而付出成本的出版机构的利益。

[①] 田雁.日文图书在中国翻译出版的现状(2000—2011年)[J].科技与出版,2014(2):110.

五、优化日本推理小说出版的对策分析

（一）科学引进，形成品牌文化

要让中国读者了解更多的日本推理小说，就不要模仿其他的出版社，看到什么火就出什么，什么赚钱就出什么，而是应该更多地在发现和挖掘日本新作者、新作品上投入和努力，从中找到适合中国大陆环境的，并能为中国大陆出版业带来发展动力的新作家和作品。这样不仅可以为中国大陆市场上的日本推理小说添加新的血液，而且可以让读者从更大的范围和广度上了解日本推理小说的文化，形成出版机构自己独特的图书系列和品牌文化，在市场上获取更多的消费者的支持。

新星出版社不追逐市场潮流，坚持做自己的推理文化。例如在中国已经有很多版本的"福尔摩斯"系列，新星出版社将国内外所有的版本全都收集起来，把这些版本中出现过的所有道具全都标注了注释，这个巨大的工程让编辑们忙碌了好几年。对于引进日本推理小说的出版机构来说，可以学习这种钻研精神，不要局限于推理作品本身，而是从广度和深度上挖掘日本推理小说的价值，来避免重复出版造成的资源浪费。在众多推理小说爱好者中，提到推理小说，无论是欧美系推理小说，还是日系推理小说，读者们都会在第一时间想到"午夜文库"系列，可见这个系列在读者心中的重要地位。这与新星出版社做这样一个系列的理念是不能分开的。"午夜文库"的"午夜"二字，给人一种神秘而又略带诡异恐怖的气氛，这正与推理小说的特色不谋而合，这样一个名称能够深入人心也不是没有道理的。新星出版社做这个系列的时候，他们选择一些与系列的理念相符合的选题，以此保证整个系列作品的价值和质量。而不是像其他出版机构一样，只看重经济效益，只引进人气高、能获得较高回报的作品。

目前出版机构的一些行为应该被加以规范，类似于盲目引进、重复出版

等不理智的行为，以此减缓目前市场上的混乱状况，推动大陆汉译日本推理小说的出版走入正轨。现在大陆数十家出版机构在出版东野圭吾的作品，这其中有的是交叉重复出版，而东野圭吾的一些优秀作品却没有被引进，有关部门应该给予一定的规范和引导，来避免这种资源浪费的现象发生。

（二）增加读者对日本推理小说的了解

推理小说在中国大陆的图书市场上，只是小众读物的一种，相对于科幻小说或者是言情小说这种有着大量读者关注的小说作品而言，推理小说的读者群还是非常小的；同时，大陆本土的推理小说发展还处于萌芽阶段，无论是作家还是作品都很少，并且严重缺乏高质量的推理小说作品及作家，大陆出版机构所引进的日本推理小说大多局限于知名作家的作品以及畅销作家的作品，读者基本是推理小说的忠实爱好者，普通读者的关注较少，普通读者对于这些推理小说作品也是知之甚少，仅仅知道一些最为著名的作家或者侦探形象的名字，或者是一些能够在畅销榜上占据一席地位的畅销作品的标题而已。为了开拓引进日本推理小说的市场，扩大日本推理小说的市场份额，寻找更多优秀的日本推理小说选题，让更多的普通读者能够充分地认识和了解到来自日本的推理小说名家名篇，了解日本推理小说的历史文化，进而对日本推理小说产生兴趣，成为其忠实读者，以此来提高汉译日本推理小说的销量，各个方面需要共同做出更多的努力。

出版机构在规划选题的时候应该慎重考虑，避免类似选题多次引进，寻找不同背景下写成的作品进行引进。例如银行、医院、学校、企业、农村等多种不同的地点，通过不同的背景，读者在阅读和享受推理小说带来的乐趣的同时，还能够从不同的角度了解日本的文化和生活，从更广的角度对日本产生全面的认知。

通过全IP引进由日本推理小说改编的电影、电视剧、动画、漫画等作品，来举办如日本电影文化周、日本推理小说相关的问答竞赛，提供前往日本相关的出版机构进行推理小说的选题策划方面的学习机会等文化交流活动,这些活动扩大了日本推理小说的知名度和影响力,让更多的普通民众对更多的日本推理小说有所了解,产生兴趣,从而购买大陆出版的日本推理小说。通过这种图书与改编作品互相影响的方式,不仅可以提高图书的销量,增加改编作品的知晓度以及相关的收视率、票房等,还可以让大陆普通读者对日本推理小说有所了解,增加他们对日本推理小说的兴趣。同时,出版机构或者是其他的一些相关的企业机构也应该积极交流获取推理小说原著的改编权,将日本推理小说以电影、电视剧等方式本土化,吸引更多的中国民众关注日本文化,从而对推理小说原著产生兴趣,促进汉译日本推理小说的销售,这也延长了日本推理小说在大陆的产业链,使得大陆能够从更多的方面来获取经济利益,促进大陆经济的发展;也可以引进日本方面由推理小说改编而成的电影、电视剧、动画和漫画等作品,在经过适合中国国情的重新剪辑处理之后,在大陆上映播出的同时,配合电影、电视剧的上映和播出,再将原著推向市场,互相促进宣传,能够起到更好的效果,增加双方的影响力和知名度,以推动大陆汉译日本推理小说出版的发展和繁荣。

(三) 版权的合理合法使用

中国加入伯尔尼公约后,出版机构应该遵守伯尔尼公约的基本原则,严格按照版权贸易方式进行日本推理小说的引进,不仅是图书的版权,相关漫画、动画、电影、电视剧的改编权也要进行合理、合法地引进。出版机构要充分熟悉和掌握版权法律知识,不仅要知晓我国的著作权法等相关法律法规及政策,更要了解日本的相关版权法,以保证不损害自身利益的同时也不侵犯到日本方面的版权。

另外,除了禁止不经过版权引进的擅自翻译出版之外,还应该杜绝随意修改其他出版机构已经出版的汉译推理小说作品,以新翻译版本的身份进行再次出版的行为。虽然这样的出版行为是通过版权贸易引进了日本方面的推理小说版权,但是擅自改动并出版其他版本的翻译作品,是对推理小说汉译作品的版权侵犯,也是对原译者的不尊重。因此,出版机构应该任用专业的高水平翻译人员,对新的版本进行翻译,争取能够为市场、为读者提供更高质量的译作,而不是擅自使用已出版的汉译版本来扰乱市场秩序。

同时,针对恶性竞争导致的版权费用水涨船高现象,出版机构也应该有所警惕。越来越高的版权费用只会以最终成品价格上扬的形式转嫁到读者身上,无论是对出版机构来说,还是对读者来说,都是没有好处的。出版机构应该在选择选题的时候,充分考虑到自身的经济承受能力,以及引进选题的成本问题,考虑到这样高额的版权费用与引进这些推理小说的社会效益是否存在合理的等量关系。如果较高的版权费用可以带来更高的社会效益,可以为读者提供更高质量的推理小说作品,那么这种付出也是值得的;如果出版机构付出了高额的版权费用,最后只是引进了一部普通的,或者是在市场上已经有类似作品存在的,甚至是劣质的作品,那自然是得不偿失的,应该加以避免。

中国大陆网络漫画 IP 开发研究

翟才仪

一、泛娱乐时代 IP 产业的兴起

据《第 40 次互联网络发展报告》统计,2017 年上半年,我国网民人均周上网时长为 26.5 小时,平均每人每天上网近 3.8 小时,除了社交(即时通信、论坛、微博)和在线消费(购物、外卖、网约车)外,剩余大部分时间都用在了在线文化娱乐上,比如游戏、音乐、视频、直播、文学等等。市场需求的扩大推动了泛娱乐产业的跨界融合,包括文学、漫画、动画、游戏、直播、电影、电视剧、网络剧等在内的文化形态正在加速跨界融通,形成了"泛娱乐"的生态体系。①

《中国动漫产业发展报告(2015)》中提到,IP 作为核心创意元素,通过 OSMU(One Source Multi Use,即一源多用)模式形成相互支撑、互动发展的内容版权体系。作为多元转换的源头,优质的 IP 可以创造远高于 IP 内容本身的商业价值。处于产业链不同环节的各类企业纷纷通过 IP 这一中心枢纽向上下游拓展,以期跟上泛娱乐时代跨界融合的脚步,优化自身的资源配置,推进跨产业的生态布局,能够在 IP 开发产业中分一杯羹,这是自 2014 年以来优质内容 IP 一度引发企业疯狂投资的根本诱因。在企业争相投资的 IP 作品中,网络文学 IP 风头最劲,将网络文学作品改编成电影、电

---

① 国家新闻出版广电总局规划发展司.中国网络漫画出版发展报告[R].北京:社会科学文献出版社,2017:209.

视剧、游戏等形式来实现商业价值的盈利模式使其不再局限于付费阅读和广告等变现模式,收益链得到了有效的延长和拓展,市场价值也得以充分挖掘。而以往处于"亚文化"领域的漫画因其生产周期短、试错成本低、成效快,并拥有可以转换为动画、真人影视、游戏等各种其他文化形式的先天改编优势以及极具潜在影响力和变现力的"二次元"受众,成为可与网络文学IP相媲美的另一大IP开发源头。各大互联网企业逐渐看到了网络漫画IP的市场价值,争相布局以网络漫画IP为核心的泛娱乐文化产业生态链,积极探索适合中国网络漫画的IP开发与运营模式。可以说,泛娱乐时代的到来为中国网络漫画以及网络漫画IP开发产业带来了无限机遇与活力。

(一) 中国漫画产业的转折点

2014年以前,国产漫画发展速度缓慢,中国的动漫市场一直处于被国外动漫尤其是日本动漫垄断的状态,泛娱乐时代的到来、IP价值的凸显使得漫画作为最有潜力的IP资源库的地位得以彰显,原创国产网络漫画通过互联网和移动互联网,尤其是微博等社交网络的传播,迎来了非比寻常的发展时机。

1. 网络作者涌现,长尾作者[①]增多

诸多UGC(用户生产内容)模式的网络漫画平台降低了漫画作者的入门门槛,未经专业训练、非科班出身的画手也可以发表自己的漫画。市场可以自由选择优秀的作品,许多小众题材的网络漫画在网络环境的滋养下也积累了一定的受众,使得众多长尾作者开始走进更多读者的视线。而许多新人也可以选择将作品放在百度贴吧、微博这样的社交网络平台上,开放的网络环境使读者能够自主地选择和促成作品的推广,漫画作者也可以通过新媒体的运营手段使作品传播得更广。社交网络使得漫画作者能够及时得

---

① 因为网络环境给予了作品更多发表和传播的机会,促进了市场的细分,使小众作品有了更多的生存空间,形成长尾效应,对应"长尾效应"中分布在尾部的个性化需求而存在。长尾作者是创作小众作品的作者。

到读者的反馈甚至提供与读者直接交流的机会,因此漫画作者不再隐于幕后,而是以网络红人的姿态活跃在社交网络和漫画平台,作者的画工、风格、作品内容及质量都能够及时得到监督和鞭策并且不断优化和改进,虽然门槛的降低使网络漫画作品质量良莠不齐,有潜力的漫画作者还是得到了发展自己的机会,这是传统纸质漫画时代所无法企及的。互联网及社交网络培养了一批优秀的种子漫画家。

2. 内容平台林立,传播渠道拓展

移动通信网络使漫画作为一种可视化的在线娱乐产品,得到了比以往更多的关注。漫画阅读手机客户端(App)如快看漫画、有妖气漫画、腾讯动漫、爱动漫、咪咕动漫等已经迅速发展起来,各互联网企业都注意到了这一有潜在市场价值的文化领域,纷纷进军动漫以期在这场竞争尘埃落定之前抢占市场份额;互联网企业如网易、腾讯、UC、新浪等纷纷加设漫画在线阅读版块;阅读平台如掌阅、阅文、纵横中文网等也相应拓展了动漫频道;主流视频网站如腾讯视频、爱奇艺、优酷土豆、搜狐视频等开始重视动漫频道的运营;三大运营商体系也成立了各自的手机动漫基地,即中国移动的咪咕动漫,中国电信的爱动漫以及中国联通的沃动漫;有妖气、漫客栈等在线漫画阅读平台也得以滋生和壮大;而大量移动互联网漫画 App 应用的发展壮大更是使得网络漫画得到了传统纸质漫画时代难以想象的生长空间,其中,有妖气、腾讯动漫和快看漫画在诸多网络漫画平台中发展势头最强劲,已经初步形成三足鼎立之势。

3. 受众定位延伸,次元壁破裂

当年看动漫长大的"90后""00后",早已成为泛娱乐文化的主体受众和主要消费者,而平台与渠道的拓展使漫画受众不再局限于"二次元"[①]群体,

---

① 二次元的本义是"二维世界",即平面世界,源自日本 ACGN 文化。由于早期出品的日本漫画、动画和游戏均是通过二维图像展现,因而作品展现的世界通常被称作"二次元世界"。广义的二次元包括小说、漫画、动画、游戏、同人、虚拟偶像、周边衍生品等。

更不再局限于低龄定位的大众认知,而是打破行业壁垒和次元壁垒。网络漫画从小众的亚文化走向泛娱乐文化的核心地位,成为大众化的休闲娱乐方式。消费者的年龄布局从低幼年龄段向全年龄段拓展,无论是粉丝的影响力还是消费力都远胜于传统漫画。

《中国网络漫画出版发展报告》数据显示,截至 2016 年年底,中国各大网站漫画作品总量约 15 万部,网络漫画作者超过 9 万人,漫画点击量达 2 000 亿次,网络漫画用户规模突破 7 000 万[①],到 2017 年 4 月,中国互联网漫画用户已增长至 9 725 万人[②]。网络漫画受众增势喜人,中国的漫画产业正一改几十年来的萎靡之态,开始走向繁荣与复兴。

在 2015 年百度搜索风云榜动漫榜单的排行榜上,前五名依次是《火影忍者》《海贼王》《东京食尸鬼》《航海王》《尸兄》,除了《尸兄》是国产动漫,前四名均为日本动漫,而排行榜的前二十名中也仅有七部国产动画[③]。对比现在,排行榜前五名分别为《狐妖小红娘》《一人之下》《航海王》《血色苍穹》《爱神巧克力》,仅有《航海王》(即《海贼王》)一部日本动漫保住了前五名的位置,其余四部均是国产网络漫画并有动画化改编,前二十名也有超过半数为国产动漫。在中国动漫市场的争夺战中,国产动漫在 2016 年首次以超过 40％的覆盖率赢过日本动漫[④],这表明国产动漫已经打破长期以来国外漫画垄断中国动漫市场的格局,呈现出了崭新的发展姿态。

---

① 任晓宁.《中国网络漫画出版发展报告》:网络漫画已变成大众娱乐产品[J/OL]. 中国新闻出版广电报.(2017-03-20)[2018-03-29]. http://data.chinaxwcb.com/epaper2017/epaper/d6468/d8b/201703/76079.html.

② 三文娱.中国互联网漫画用户 9 725 万,国漫比日漫更受 95 后 00 后欢迎…网易爱奇艺等发布了这些动漫产业大数据[OL].(2017-04-26)[2018-03-29]. http://mp.weixin.qq.com/s/O829EELQn0x5EBzsr58CAA.

③ 卢斌,牛兴侦,郑玉明主编.动漫蓝皮书:中国动漫产业发展报告(2016)[R].北京:社会科学文献出版社,2016:012-013.

④ 中国文化报.二次元市场与 IP 开发中国动漫能否弯道超车?[J].玩具世界,2016(11):45-46.

(二) 泛娱乐·漫画·IP 开发

泛娱乐是指由文学、动漫、影视、音乐、游戏、演出、衍生品等多元文化娱乐形态而组成的融合产业。在"互联网＋"背景下，不同文化形态之间以 IP 为核心，从相对独立发展的状态逐步走向跨界融合、相互连接，产品之间相互联动、融合开发，形成泛娱乐生态产业链。多元文化形态产品之间的联动开发，可以降低内容产业开发前期的风险，减少试错成本，扩大受众范围，延长收益链条，开发长尾价值，获得规模效应，最大限度挖掘产品的商业价值，因此，"泛娱乐"成为互联网发展的大势所趋。

腾讯公司 2011 年首次提出了"泛娱乐"的概念[①]，2014 年，文化部在《2013 中国网络游戏市场年度报告》中提到了"泛娱乐"的概念[②]，官方肯定了泛娱乐是"互联网＋"时代的发展趋势。到 2016 年，腾讯、阿里、小米、乐视、奥飞动漫、光线传媒、中文在线等企业纷纷发力布局泛娱乐产业链，形成集多元文化形态于一体的全产业链生态圈[③]，国内泛娱乐生态产业圈的构建已经初步成形[④]。2016 年，我国泛娱乐产值约为 4 155 亿元[⑤]，泛娱乐时代到来了。

漫画是指用简单而夸张的绘画手法来反映各种事物和信息以及人的思想、理念和情感等内容的文化艺术产品[⑥]。"漫画（Manga）"一词起源于日

---

① 于佳宁等.2017 年中国泛娱乐产业白皮书[R/OL].工业和信息化部信息中心，(2017 - 10 - 19)[2018 - 03 - 29]. http://www.199it.com/archives/644523.html.

② 中国经济网.文化部发布《2013 中国网络游戏市场年度报告》[OL].(2014 - 04 - 09)[2018 - 03 - 29]. http://www.ce.cn/culture/gd/201404/09/t20140409_2623334.shtml.

③ 顾文彬.中国泛娱乐产业快速增长[J].软件和集成电路，2017(4):77 - 79.

④ 冯珊珊.逐鹿泛娱乐：IP 才会赢[J].首席财务官，2016(14):6,30 - 41.

⑤ 于佳宁等.2017 年中国泛娱乐产业白皮书[R/OL].工业和信息化部信息中心，(2017 - 10 - 19)[2018 - 03 - 29]. http://www.199it.com/archives/644523.html.

⑥ 国家新闻出版广电总局规划发展司.中国网络漫画出版发展报告[R].北京:社会科学文献出版社,2017:002.艾瑞咨询.2016 年中国漫画行业报告[R/OL].(2016 - 11)[2018 - 03 - 29]. http://report.iresearch.cn/report_pdf.aspx?id=2679.

本,汉字写作"漫画",平假名为"まんが"。在中国,"漫画"过去多指讽刺幽默漫画(Caricature)以及故事连环画(Comics),讽刺幽默漫画短小而精炼,多有讽刺、诙谐的意味,连环画则是有简单剧情的幽默故事,镜头的变换不多,叙事多以全景为主,然而现代意义上的漫画更偏向于日本的漫画(Manga),多用电影拍摄的分镜手法,表现力更强,手法也更加多样,情感的渲染与表现都强于前两种传统漫画。现在人们也多用"comics"来泛指漫画,现代漫画在形式、内涵、题材以及表现手法上都更加丰富多样。

网络漫画(Webcomics)是指基于网络传播,面向电脑、手机、平板等终端设备,通过网站、软件应用(App)、彩信(MMS)等形式传播漫画的出版服务[1]。也有说法将网络漫画称为"线上漫画"(Online Comics)[2],是指通过网络平台传播的漫画。网络漫画可以是发布者原创的漫画,也可以是授权转载的非原创漫画;可以是传播于网络的纸质漫画,也可以是原生于互联网的数字漫画……相对于传统纸质漫画,传播渠道的多样化使得网络漫画的形式更加多样,题材也更加广泛,内容更加灵活多变。

IP(Intellectual Property),标准的翻译指知识产权,是一个法律概念,主要包括版权、专利和商标。IP 在这里更偏向著作权,但其在具体用法上其实早已突破了这个概念的限定,IP 可以是一个人(网红),一个形象,一个故事,一个具有创意的精神文化,一个可以连接数量可观的粉丝群体实现价值变现的精神载体(内容)。国外并没有这样使用 IP 一词的说法[3],所以对 IP 赋予这样的概念,是国内特有的现象。对于泛娱乐产业,IP 充当了一个串联者与引爆点的角色,它使不同的文化形式可以相互转化,迸发出前所未有的商业价值。

---

[1] 国家新闻出版广电总局规划发展司.中国网络漫画出版发展报告[R].北京:社会科学文献出版社,2017:009.

[2] 谢启凡.从《中国惊奇先生》看网络漫画的动漫改编[J].电影评介,2017(14):107 - 109.

[3] 尹鸿,王旭东,陈洪伟,等.IP 转换兴起的原因、现状及未来发展趋势[J].当代电影,2015(9):22 - 29.http://www.sohu.com/a/192380075_100003557.

IP开发是在已有IP影响力以及粉丝基础的前提下,以包括形象、剧情、设定等在内的创意内容为开发点,对IP内容实现跨文化形态(文学、漫画、动画、影视、游戏等)甚至跨行业的一种多元化产业链延伸,以此来得到IP价值的增值与变现。IP开发首先要判断IP的开发价值,即其受众规模和消费能力以及作品本身的开发空间,然后通过购买版权或者其他方法获得这个IP主体的开发授权,通过电影、电视剧等形式多样的改编方法使其发光发热,扩大影响力,提高热度,最后发展到下游变现回报率高的游戏或者衍生品,由粉丝或大众买单,不断发挥其商业价值,形成产业链。现在更多的企业选择培养自己优秀的IP,这样既能在IP孵化之初就规划好后期的开发方向,又能手握其全版权,在企业内部或者以联动的形式实现产业链闭环,获得规模效益。当然,有些IP并不会走完完整的产业链流程,开发程度上存在差异,总的来说,通过IP跨界衍生的方式实现粉丝变现,都属于IP开发。

IP运营是指企业等IP运营方在围绕某一个或多个IP内容进行开发时所做的板块布局、产业链部署、开发规划以及实际中的具体运作等工作。因为IP开发不仅仅是一个将IP改编与发布的过程,还会涉及对原IP内容的推广与其影响力的积累、粉丝的运营与维护、与IP产品开发者的沟通与合作以及不同产品项目开发的次序与流程等等。并不是所有的IP作品都能够自然走向变现,而是先需要运营方来培养和孵化,帮助其构建一个IP品牌影响力,并对其持续维护和加持,在这个基础上,IP内容才有了值得开发的价值与潜力;在IP开发过程中,运营方或者需要为IP产品寻找合适的制作方、发行方和投资方,或者需要自己拥有内容、技术、平台和资金等资源,自主开发或者与其他企业达成合作开发;在各种IP产品的开发项目方面,运营方需要考虑到产品的开发顺序、产品内容的质量以及与原IP的契合程度,并且要注意产品之间的联动,维护好IP品牌的影响力,使IP的价值不断提升;IP变现的核心在于粉丝的付费能力和付费意愿,而IP运营就是要吸引付费能力高的粉丝,以维护粉丝黏性,创造付费机会,达到IP开发的最终目的——价值变现。总而言之,IP开发离不开IP运营,IP运营是落实IP开发的必经之路。

二、网络漫画IP开发模式

网络漫画IP的开发模式根据划分的依据不同,会有不同的形态分类,划分依据可以是开发领域、开发时间、开发次序、版权归属和参与企业等等。本文首先按照开发层次将网络漫画IP开发模式分为直接衍生模式、核心开发模式以及外围衍生模式,然后根据开发领域的不同,将网络漫画IP核心开发模式按照网络动画、真人影视、动画大电影、网络游戏等开发方向做进一步细分,通过整理网络数据(例如播放量、点击量、百度指数、百度搜索风云榜、各动漫平台排行榜等)与网络资料(例如行业报告、行业资讯、新闻动态等)等方式,将不同模式的开发现状做成图表,使当下热门网络漫画IP的不同形态的改编成果,以数据图表的形式展现出来,并结合案例做适当的分析,总结网络漫画面对各开发领域的改编优势与开发特点,以及其中的难点和存在的问题。

图2-1是笔者整理的网络漫画IP衍生开发层次图。中心是开发主体的网络漫画IP,围绕其周围的第一层圆圈内是网络漫画的直接衍生形态,是可以由漫画作者或者创作团队自身完成的低成本衍生品,开发层次较浅,变现能力相对较弱,却能产生一定的用户粘性与影响力,是举手可得的网络漫画IP开发模式;第二层是面向动画、影视、游戏等核心文化形态衍生开发的产品,需要一定的改编工作,成本高,技术要求高,但有可观的回报率;第三层是跨越产业与行业界限的外围衍生产品,蔓延范围较广,建立在一定的粉丝基础与作品影响力之上,成本投入高,但变现能力强,是比较理想的衍生模式。下文重点分析的是核心衍生层面向动画、电影、电视剧、游戏等领域的开发模式。

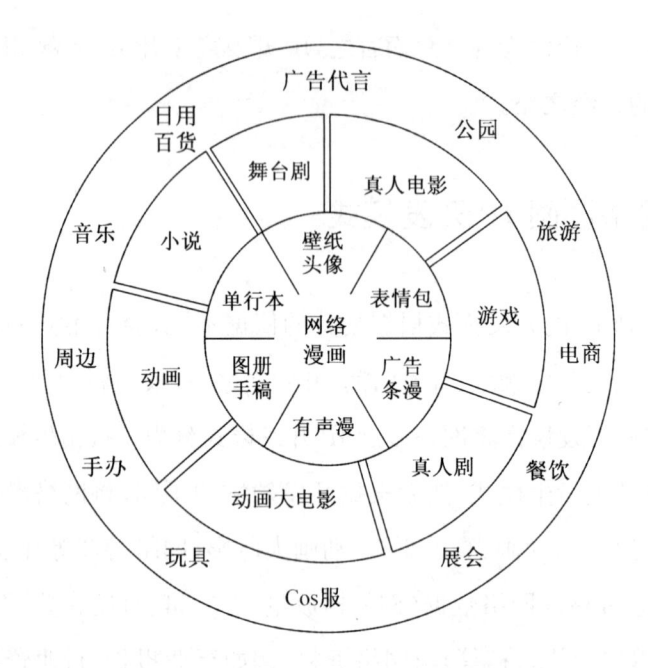

图 2-1　网络漫画 IP 衍生开发层次图

资料来源:作者自制。

参考资料:百度游戏,百度 IP 魔方.中国 IP 市场白皮书 2016[OL]. https://mp. weixin. qq. com/s/OzgJWDSuqGxYRMhasrJRUQ.

(一) 直接衍生模式:原生态网络漫画的再加工

网络漫画 IP 的直接衍生模式是一种基本不需要再创作的开发模式,由原画直接加工而成,适合成本预算较低的漫画家个人或者工作室,衍生速度较快,比如桌面壁纸、头像、电子书、单行本、图册、手稿、有声动态漫画、广告条漫还有表情包等,都是可以在原画基础上直接衍生,或者稍加改动和整理就能开发出来,而且成本较低,通过社交平台或网络漫画 App 专有的交流平台发布推广,具有一定的变现能力,但它的主要作用是积累粉丝,增加用户粘性,扩大其影响力。

1. 壁纸

壁纸的制作方法比较简单,可以直接拿漫画原画加工,但是变现能力比较低,经常被用来当作粉丝福利,多用来做成手机壁纸,因为电脑壁纸像素要求较高,有的还需要特别的绘制,而网络漫画粉丝多为手机端用户。另外,漫画家有时会即兴画一些作品中人物形象的特色头像来与粉丝互动,比如情侣头像。

2. 有声动态漫画

有声动态漫画相对于动画来说档次较低,很多时候也被当作粉丝福利,但也有粉丝喜欢自己配音剪辑去制作有声漫,但是如果某个热门网络漫画的 IP 官方,选择开发有声动态漫画而不是动画化,就会让粉丝觉得诚意不够,而且配音水平有时会拉低原漫画的印象分,所以有声漫只能是动画化前的开胃菜或者小福利。

3. 广告条漫

广告条漫有情节转折和幽默点,所以它本身还是漫画,不同的是在漫画情节中融入了广告方的商品。微博爆红的条漫《19 天》的作者 old 先与漫画家慕斯、坛九合作的"幕星周刊广告部"就是专门用来打广告的连载漫画,在微博同名话题下不定期更新,因为每条广告漫的尾部会有转发抽奖等福利,而且漫画本身也能够吸引读者,所以每条广告漫的转发、点赞以及评论量有数万之多。其广告对象丰富多样,比如阴阳师、终结者等手游,探探、闲鱼等手机 App,麦当劳、肯德基等餐饮店,天猫、苏宁易购等电商,甚至娱乐综艺节目明日之子的虚拟赛手荷兹、微博星座博主……"幕星周刊广告部"跨越各行各业,俨然成为广告宣传的万金油。除了这种专门的广告漫画,更多情况下是正常连载的网络漫画在日常更新之余利用漫画人物形象绘制相关的广告条漫,这就要求广告的产品类型要与网络漫画中的人物、故事情节扯上关系,还要有一定的趣味性却不能显得牵强,甚至比绘制单纯的广告漫画还要有难度。与其他直接衍生品不同的是,广告条漫难度比较大,需要投入的精力较多,一方面重新绘制需要一定的时间和精力,另一方面在广告插入的程度上还要考虑粉丝的接受度,若是插入太多广告或太过频繁就会引起粉丝的反感，从而产生负面影响。成功的广告条漫要做到像正常网络漫画一样有趣，大多数广告条漫在结尾处会添加转发抽奖送福利的环节，奖品种类比较多，比如新款手机、游戏机、现金红包（几百元到上千元不等）等，有时也有相关的衍生品，比如单行本、抱枕、主题礼包等。广告条漫本质上是产品借助网络漫画以及作者的影响力和粉丝受众，进行宣传推广的手段，它比较适合那些在社交网络上拥有大规模粉丝基础的网红漫画家，而许多作者也乐意借此机会增加IP的变现。

4. 实体书

网络漫画IP面向实体书的开发主要是出版单行本，其次是漫画家出版的作品集、画册、手稿集。单行本需要网络漫画版权拥有者和出版社合作，例如《一人之下》的单行本就是由创作该漫画的动漫堂、投资动漫堂的腾讯动漫、浙江人民美术出版社合作出版的。因为要从超长条漫调整为适合纸质出版的形态，除了已有的连载作品还要加入未发布的番外、短篇、新章节或者大结局，并且要附送相关海报、书签等以提高购买价值与阅读体验，所以单行本也需要一定的工作量。出版实体书的网络漫画有很多，比如《甜美的咬痕》《女巨人也要谈恋爱》《捡到只小狐狸》《蓝翅》《一人之下》《王牌御史》《妖怪名单》《河神大人求收养》《快把我哥带走》《头条都是他》《非人哉》《就喜欢你看不惯我又干不掉我的样子》《一条狗》《十万个冷笑话》[①]等，都是在各大网络漫画平台综合人气排行榜上排名靠前的热门漫画。

5. 漫画电子书

相对于实体书，电子书的制作要简单得多，因为网络漫画原本就是在网络上发表，属于数字出版的范畴，转变为电子书则要比纸质漫画更加方便，在亚马逊网站上搜索了一下，有电子书在售的网络漫画也不在少数，比如《一人之下》《通灵妃》《王牌御史》《妖怪名单》《中国惊奇先生》《尸兄》《银之

---

① 根据快看漫画、腾讯动漫、有妖气漫画、漫画岛等排行榜前十名在亚马逊的搜索结果所得。

守墓人》等,每本价格在1~3元。不过,目前网络漫画的读者更倾向于在专门的原创网络漫画平台阅读,一方面是平台提供了作者、读者之间交流的机会,因为平台的弹幕、评论营造的阅读氛围是电子书无法相比的;另一方面,大多数热门作品还在更新中,平台可以直接获取最新的更新状态,比电子书要灵活得多。

6. 表情包

表情包分为动态表情包和静态表情包,有些表情是通过漫画或者动画截图直接加工而成,但是在漫画形象基础上创作出来的表情,质量会高一点,这种表情包能够覆盖尽可能多的日常用语,从原画中加工而成的表情因受到漫画内容及场景氛围的限制,有时候并不能满足日常使用的需要。由虽虽酱创作的网络漫画《捡到一个小僵尸》,其同名微信表情包已出三弹,其中第一弹累计打赏超过 50 000 人次(重复打赏对人次增加无效),像小僵尸这样 Q 萌的形象本身就具有被改编的先天优势,在这个基础上根据用户的使用习惯以及场景预设来设计表情,变现效果会更好。其他改编成微信表情包的网络漫画还有《非人哉》《暴走漫画》《中国惊奇先生》等等,但是打赏量不高。在人人使用 QQ、微信等即时通信工具的今天,表情包的需求也水涨船高,网络漫画在形象与动作素材方面,相对于原创表情来说是很有优势的,可以被认为是一种不可轻易忽视的网络漫画 IP 开发方向。

网络漫画直接衍生模式是开发层次比较低的 IP 运营模式,除了变现,它的主要目的是和粉丝互动,建立粉丝社圈,进而增加粉丝黏性,以扩大 IP 的影响力。这是在网络漫画作品运营初期或者 IP 运营预算不高的情况下的最优选择。

(二) 核心开发模式:网络漫画的再创造

泛娱乐的本质就是文学、动漫、影视、游戏等文化娱乐形态的相互融合[①],

[①] 于佳宁等.2017 年中国泛娱乐产业白皮书[R/OL]. 工业和信息化部信息中心,(2017 - 10 - 19)[2018 - 03 - 29]. http://www.199it.com/archives/644523.html.

在泛娱乐产业链中,网络文学与网络漫画处于上游内容孵化层,以其成本低、更新周期短的优势为内容 IP 奠定受众基础,形成初步的影响力,再通过中游的影视、动画等产品形态扩大其影响力,积累粉丝,为游戏、电影等项目开发降低投资风险,实现 IP 变现的最大化。网络漫画 IP 的核心开发模式是在泛娱乐文化产业内部,将小说、动画、电影、影视剧、游戏等核心文化形态进行转变与融合的开发模式,因为小说的变现能力比较低,况且目前国产漫画改编小说的情况很少,所以本文主要涉及面向动画、动画大电影、真人影视以及游戏的网络漫画开发模式。

1. 网络漫画改编为网络动画

(1) 网络漫画改编为网络动画的现状

我国网络漫画动画化发展时间比较短,但从下表 2-1 可以看出,自 2014 年开始,国内出现了不少优秀的漫改动画作品。

从改编时长来看,大多数作品都有 10～20 分钟的播放时长,个别作品如爆笑吐槽类动画《十万个冷笑话》每集时长只有不到 10 分钟,这既能适应当下人们碎片化的娱乐时间,也能降低制作成本、缩短更新周期。

从改编形式上看,动画按照形态可分为二维动画和三维动画[①],目前我国三维动画以原创动画居多,大多数网络漫画被改编为二维动画,不过也有少量由网络漫画改编而成的三维动画,如中影年年制作的《血色苍穹》是根据漫画家北巷在腾讯动漫连载的同名漫画改编而成的。另外,动画又有电视动画和网络动画之分,我国网络漫画改编的动画大多以网络动画的形式在互联网视频平台(比如腾讯视频、爱奇艺、优酷、搜狐视频、哔哩哔哩等)上线,而部分与日本合作改编的动画则以电视动画的形式在日本电视台上映,以网络版形式在国内上线,同时国内也会上线日文版动画,但播放量都远远不如国语配音版;而中国的电视动画目前主要以低幼向的少儿动画(如《熊出没》等)为主,国内电视台很少会播放全年龄向的动画。

---

① 苗陷腾.浅析我国网络动画表现形式的特征[J].影视制作.2014(10):87-90.

从制作者角度来看,从表2-1可以看出,影响力比较可观的十几部漫改动画中,9部是绘梦动画参与制作的,包括其在日本成立的分社——绘梦株式会社制作的《银之守墓人》,其次是重庆视美精典影视动画有限责任公司制作的《全职高手》与《爱神巧克力》等热门动画,这两家是国内目前比较优秀的动画制作公司,腾讯动漫的多部精品网络漫画IP都是委托绘梦动画进行动画制作的。另外值得注意的是,《一人之下》的第一期和《从前有座灵剑山》分别由日本的动画公司Pandanium和Studio DEEN制作,即委托日本企业进行动画制作的中日合作模式,有声音质疑这种模式下生产的动画并不算是国产动画,但是这种授权国外公司代工制作的模式在其他行业屡见不鲜,且IP的版权与投资方仍然属于中国公司,所以强行按照制作方来将其划入外国动画的言论是不可取的。虽然中日文化的差异以及其他细节问题,在合作过程中难免不尽人意,但这种中日合作模式在一定程度上弥补了中国国内动画制作水平的不足,而且也为中国的动画制作团队在学习日本动画制作工艺和运作模式方面提供了绝佳的机会[1],在国内动画制作团队数量与技术水平都亟待提高的当下,中日合作不失为一种选择。

从出品方来看,《灵契》《银之守墓人》和《理想禁区》都是由相关制作委员会出品,制作委员会模式也是源于日本的动画制作制度,是为了分摊投资风险而由多方投资者组成的制作委员会,再由动画公司进行制作的商业模式[2],国产动画运用动画制作委员会模式,也是向日本动漫行业学习的一种表现,但其实像《全职高手》这种多家企业联合出品,然后委托制作公司生产制作的模式与制作委员会模式是异曲同工的。

从诸多作品在各视频网站的播放量来看,腾讯视频与爱奇艺是国内两大视频流量平台,在这两个视频网站,有版权的作品综合播放量会比较可

---

[1] 牟一,薛丽萍.《从前有座灵剑山》:数字化时代动漫产业链新模式探索[M]//卢斌,牛兴侦,郑玉明.中国动漫产业发展报告(2016).北京:社会科学文献出版社,2016:151-157.

[2] 李四达.网络动画盈利模式的比较研究[J].艺术与设计(理论),2014(06):74-76.

观。例如《十万个冷笑话》第 1～3 季中文版及其合集在腾讯视频分别有 6.80 亿、6.70 亿点击量,三季在爱奇艺共有 7.88 亿点击量;《中国惊奇先生》在腾讯视频与爱奇艺分别有 5.80 亿、6.00 亿播放点击量①。另外,哔哩哔哩动画在版权上拥有的作品比较全面,许多作品除了被授权方,在哔哩哔哩(B 站)也会有版权,例如《血色苍穹》和《全职高手》。

表 2-1 网络漫画 IP 动画化热度概况

作品	国内上线时间	集数②	时长/分钟	动画制作/出品方	播放总量(亿)
狐妖小红娘	2015.6	71	10～20	腾讯动漫、狐妖小红娘制作委员会出品,绘梦动画③制作	24.16
尸兄 1	2013.1	42 集全	8	卢恒宇和李姝洁工作室	30.01
我叫白小飞 2	2015.4	39 集全	10	绘梦动画	
十万个冷笑话 1	2012.7	12 集全	7	有妖气原创漫画梦工厂出品	39.74
十万个冷笑话 2	2013.12	13 集全	10		
十万个冷笑话 3	2015.12	52 集全	10		
中国惊奇先生	2014.2	63 集全	10	绘梦动画	18.59
妖怪名单 1	2014.12	18 集全	10	爱奇艺(第 1 期)、腾讯动漫出品,绘梦动画制作	16.36
妖怪名单 2	2017.8	21 集全	15		
全职高手	2017.4	12 集全	24	阅文集团、腾讯视频、东申影业出品,Bilibili 联合出品,视美精典④制作	11.06
一人之下 1	2016.7	12 集全	23～43	日本动画公司 Pandanium	12.78
一人之下 2	2017.10	12	22～30	绘梦动画	
妖神记(三维)	2017.5	42	7	美盛动漫、若鸿文化、掌阅、杭州趣阅科技有限公司出品	7.59

---

① 播放量根据腾讯视频、爱奇艺等相关网站播放量数据整理所得,数据整理时间截至 2018 年 1 月 9 日。
② 该栏没有"……集全"标注的表示该动画尚在连载中。
③ 绘梦动画成立于 2013 年,前身是上海绘梦文化传播工作室,而后成立了上海绘界文化传播有限公司及绘梦者新动画联盟。
④ 视美精典,即重庆视美精典影视动画有限责任公司,成立于 2007 年 12 月。

(续表)

作品	国内上线时间	集数	时长/分钟	动画制作/出品方	播放总量（亿）
镇魂街	2016.4	24集全	12	由卢恒宇和李姝洁工作室负责制作	5.80
灵契	2016.6	20集全	14	灵契制作委员会出品，绘梦动画制作	2.90
王牌御史	2014.6	39集全	10	腾讯动漫出品，绘梦动画制作	8.08
从前有座灵剑山1	2016.1	12集全	24	灵剑山制作委员会出品，日本动画公司Studio DEEN	7.80
从前有座灵剑山2	2017.1	12集全	24		
爱神巧克力1	2015.12	15集全	14	视美精典	4.87
爱神巧克力2	2017.12	4	19		
银之守墓人	2017.3	23集全	14	银之守墓人制作委员会出品，绘梦株式会社制作①	3.83
血色苍穹(三维)	2017.8	24	18	腾讯动漫、Bilibili及中影年年(北京)文化传媒有限公司联合出品，中影年年(北京)文化传媒有限公司制作	4.42
我的天劫女友	2017.9	15集全	15	腾讯动漫出品，广州烤鸡鸡动漫制作	3.52
理想禁区	2017.10	12集全	24	EVIL OR LIVE制作委员会出品，绘梦动画制作	3.46

(2) 网络漫画改编为网络动画的优势与劣势

动画化是漫画作品最常见的 IP 开发模式，漫画改编成动画具有一定的"血缘"优势。动画制作的前期工作包含剧本、角色设计、背景设计和分镜脚本等，这都能够借助原漫画快速地实现，漫画的人物造型除了要适当修改以适应动态镜头外，在改编成动画时基本上是可以直接使用的，漫画的分镜几乎是可以作为动画的分镜镜头使用的，其背景、构图和透视都是改编成动画最便利的条件；由网络漫画改编的网络动画，还可以沿袭网络漫画作品所积

---

① 绘梦株式会社即绘梦动画于2015年10月在日本成立的分公司。

累的知名度与关注度,在宣传推广上便可一路畅行。

同时,成功的动画作品也可以反哺原漫画,一定时间内会引起原网络漫画的关注度、搜索量和点击量的迅速上升,这一点通过百度指数就可以表现出来,网络漫画 IP 关键词的搜索指数趋势图出现波动基本始于其动画上线,例如《十万个冷笑话》动画第一季于 2012 年 7 月 11 日上线,首播 24 小时创国产动画百度搜索指数新高,上线第三日原漫画单日访问量突破 100 万,实现了良性联动。而《狐妖小红娘》的搜索指数在其动画"南国篇"开播之际就进入了前所未有的持续搜索高峰,几乎每周五的动画更新都会引发搜索高潮,尤其是第 72 集动画的更新使"狐妖小红"关键词的搜索指数在更新当日(2018 年 1 月 19 日)飙升至 238 719(次),在动画暂停更新许久之后,"南国篇"的开播(2017 年 11 月 24 日)无疑是"狐妖小红娘"漫迷的狂欢。据笔者统计,《狐妖小红娘》动画全网播放量在 2019 年 12 月 18 日只有 21 亿[①],但是截至 2018 年 3 月 9 日已接近 30 亿,而其漫画点击量也已从 2017 年 12 月 23 日的 103.9 亿暴增至 2018 年 3 月 8 日的 124.9 亿,除漫画自身的吸引力外,动画的更新也是有影响力的。优秀的网络漫画 IP 可以使漫画与动画取得"1+1＞2"的效果。需要注意的是,网络漫画动画化并不是简单地将静态改为动态、将无声变成有声,而是需要对其叙事结构和情节框架做出一定的调整,并且在动态化和配音的过程中突出表现人物的性格特点以及剧情的曲折跌宕,以实现漫画没有而动画特有的动态视觉表达效果和感官冲击,只有动画作品本身质量过关,才能经得住粉丝市场的考验。

2. 网络漫画改编为真人影视

(1) 网络漫画改编为真人影视的现状

截至 2016 年年底,各大影视公司公布的漫改真人影视项目高达 51 部[②],

[①] 数据来源于官方微博:https://weibo.com/5616549369/FAcYx3mfR?filter=hot&root_comment_id=0&type=comment#_rnd1521022484232.

[②] 钛媒体.51 部作品扎堆涌现,漫画改真人影视剧是条好出路吗[N/OL].网易财经,2017-06-15. http://money.163.com/17/0615/10/CMVF6G2G002580S6.html.

其中除了部分日本漫画、韩国漫画以及纸质漫画、原创动画等 IP 外,大多数是国产网络漫画 IP 的改编项目(见下表 2-2),有许多还是由同一个网络漫画 IP 分别改编成的电影和真人剧。由于影视项目的开发周期较长,目前这些漫画改成真人影视项目走到上映阶段的并不多,只有网络剧《蔚蓝 50 米》《端脑》《镇魂街》《开封奇谈》(改编自网络漫画《开封奇谈之这个包公不太行》)、《学院传说之三生三世桃花缘》(改编自网络漫画《桃花缘》)以及网络大电影《王牌御史之猎妖教室》(改编自网络漫画《王牌御史》)等 7 部网络剧或网络电影,其中《镇魂街》在优酷独家的播放量已经超过 30 亿,其他几部网络剧也各有 3 亿~5 亿播放量,唯独网络大电影《王牌御史之猎妖教室》的播放量连 10 万也未突破。除此之外,有的漫改剧、电影早在几年前就已确定,但迟迟未见成果,如网络漫画《端脑》《雏蜂》改编的同名电影,在 2015 年就已公布了电影海报,原先预计分别在 2016 年、2017 年上映,但至今没有下落。其他诸多漫改真人影视的改编效果与质量还需拭目以待。

另外,2017 年也有诸多漫改真人项目公布。9 月,微漫画宣布与烽云影业合作开启面向电视剧、电影、网络剧等 10 部漫改真人影视项目,这些网络漫画 IP 作品多以青春、喜剧、生活、热血等题材为主,其中校园喜剧网剧《南北兄弟》已经在爱奇艺上线,目前已有 2 641.9 万点击播放量;10 月,爱奇艺宣布了包括《惹上首席总裁》《霸情恶少:调教小逃妻》《豪门第一盛婚》等在内的多项乙女向[①]恋爱漫画改编成真人网络电影项目,以"内容+制作+发行"一体的产业模式开发漫改项目,并抢占市场。

如下表 2-2,截至 2016 年年底各大影视公司公布的漫改真人项目的 26 个网络漫画 IP 中,有 6 部[②]属于腾讯动漫独家漫画,7 部[③]属于有妖气独

[①] 乙女向,"乙女"一词来自日语"おとめ",日语原文是"乙女",是指未婚的年轻女孩。在中国,"乙女向"是指女性向,即针对女性喜好制作作品。
[②] 腾讯动漫独家:《尸兄》《拓星者》《19 天》《通职者》《中国惊奇先生》《王牌御史》。
[③] 有妖气独家:《端脑》《雏蜂》《镇魂街》《虎 X 鹤妖师录》《拜见女皇陛下》《桃花缘》《开封奇谈》。

家漫画,另外有 4 部①属于快看漫画独家漫画,其余 9 部在多家漫画平台均有版权。从影视公司来看,腾讯系(腾讯影业、企鹅影业)、奥飞动漫以及中汇影视包揽了超过一半的漫改真人项目,其中奥飞动漫的《镇魂街》《桃花缘》《开封奇谈》项目均有了影视成果,且播放量比较可观,分别为 32.21 亿、2.8 亿、3.2 亿②。腾讯与奥飞动漫的优势在于企业内部拥有自己的网络漫画平台,可以实现集团内部的 IP 联动,如腾讯有腾讯动漫,在腾讯影业与企鹅影业公布的改编项目中,《尸兄》《通职者》《拓星者》等均是腾讯动漫独家漫画;而奥飞动漫则控股有妖气,其改编项目均来自有妖气自有的网络漫画 IP。其他项目则更多属于影视公司与网络漫画平台的合作,例如翻翻动漫的《快把我哥带走》《偃师》《蔚蓝 50 米》就是与企鹅影业、元力影业、万达影业、中汇影视、圣世柏林等影视公司合作开发的③;著名微博网红漫画家使徒子创办的北京徒子文化有限公司(简称"徒子文化")《一条狗》《阎王不高兴》的漫改网剧(网台剧)项目就是与花儿影视、光线传媒、腾讯动漫等合作推出的。

表 2-2 截至 2016 年年底各大影视公司公布的网络漫画改编成真人项目概况

网络漫画 IP	漫画点击量④	改编影视类型	公司	现状
尸兄	166.00 亿	电影	腾讯影业、Free Association 电影公司	立项
		网络剧	华策克顿	立项

① 快看漫画独家:《快把我哥带走》《零分偶像》《你好!!筋肉女》《单恋大作战》。
② 《镇魂街》同名真人网络剧播放量数据来自优酷视频,网络漫画《桃花缘》改编网络剧《学院传说之三生三世桃花缘》播放量数据来自乐视视频,网络漫画《开封奇谈——这个包公不太行》改编网络剧《开封奇谈》播放量数据来自腾讯视频,统计时间截至 2018 年 3 月 30 日。
③ 二次元创投:逾 50 部漫改真人剧项目背后,影视化成漫画 IP 最大变现出口[OL]. 2017-03-30. http://www.cclycs.com/y25891.html.
④ 点击量数据由腾讯动漫、网易漫画、有妖气漫画、动漫之家、漫客栈、快看漫画、漫画岛、大角虫漫画、布卡漫画、可米酷漫画等网络漫画平台人气(点击)数据综合计算得出,统计时间截止到 2018 年 3 月 8 日。

(续表)

网络漫画IP	漫画点击量	改编影视类型	公司	现状
王牌御史	157.50亿	网络大电影	啊哈娱乐	爱奇艺1.3万,哔哩哔哩4.1万播放量
中国惊奇先生	142.60亿	网络剧	柠萌影业	立项(2017)
零分偶像	126.33亿	网络剧	耀客影视	立项(2017)
狐妖小红娘	124.9亿	网络剧	腾讯影业	立项(2015)
阎王不高兴	63.58亿	网络剧	花儿影视	立项(2016)
你好!!筋肉女	60.50亿	网络剧	耀客影视	立项(2017)
通职者	39.19亿	网络剧	腾讯影业	立项
镇魂街	36.63亿	电影	剧魔影业、奥飞影业、有妖气影业	未上映
镇魂街	36.63亿	网络剧	优酷、奥飞剧业、雄孩子传媒、有妖气	优酷视频30.86亿播放量
单恋大作战	30.50亿	电视剧、网络剧	磨铁娱乐、聚禾影画影业联合出品	于2017年6月20日杀青
快把我哥带走	30.82亿	电影	万达影视、中汇影视	立项
快把我哥带走	30.82亿	电视剧、网络剧	中汇影视、企鹅影业、万达影业	2017年5月13日开机
南烟斋笔录	26.46亿	电视剧	剧合影视、微影时代娱跃文化、星源天华、大声娱乐	于2017年12月28日开机,拍摄时长6个月
头条都是他	24.40亿	电视剧、网络剧	中汇影视	立项(2016)
端脑	22.93亿	电影	剧魔影业、奥飞影业、有妖气影业	2016年10月开机
端脑	22.93亿	网络剧	搜狐	搜狐视频4.3亿播放量
一条狗	21.90亿	电影	光线影业	备案
长歌行	15.20亿	电视剧、网络剧	华策影视	制作中
雏蜂	13.54亿	电影	剧魔影业、奥飞影业、有妖气影业	立项(2015)

(续表)

网络漫画 IP	漫画点击量	改编影视类型	公司	现状
拜见女皇陛下	10.93 亿	网络剧	搜狐	立项
虎 X 鹤妖师录	8.63 亿	网络剧	优酷	协议敲定
19 天	4.3 亿①	电视剧、网络剧	中汇影视、锋芒文化	立项
拓星者	3.50 亿	电影	腾讯影业	2017 年 3 月 22 日开拍,预计 2018 年上映
偃师	3.31 亿	电视剧、网络剧	圣世柏林	立项
开封奇谈	1.18 亿	网络剧	腾讯视频、华海影业、奥飞动漫、有妖气原创漫画梦工厂联合出品	腾讯视频 3.2 亿播放量
桃花缘	0.90 亿	网络剧	奥飞动漫	乐视 2.8 亿,芒果 TV 350.6 万播放量
长安幻夜	0.53 亿	电视剧、网络剧	中汇影视	立项
艳势番	0.28 亿	电视剧、网络剧	青春你好文化传媒、完美世界影视、中汇影视文化传播、天娱传媒、天浩盛世影业、伍仁影视联合出品	2018 年刘一志执导电视剧,由黄子韬、易烊千玺等主演
蔚蓝 50 米	0.03 亿	电影	利欧元力影业	立项
		网络剧	企鹅影视、元力影业	腾讯视频 5 亿播放量

参考资料:二次元创投:逾 50 部漫改真人剧项目背后,影视化成漫画 IP 最大变现出口[OL].(2017-03-30)[2018-1-27].http://www.cclycs.com/y25891.html.

---

① 《19 天》是典型的微博网红漫画,但在很长时间内并未授权于任何漫画平台,目前腾讯动漫刚刚获得其独家版权,所以最后呈现出的数据并不高,但是原作者 old 先微博的关注人数有 506 万之多,每条漫画更新微博下评论转发点赞数量均在 10 万以上,而且据笔者记录,从 1 月 27 日到 3 月 8 日不到两个月的时间里,该漫画在腾讯动漫的点击量已经从 729.82 万飙升至 4.3 亿,足以说明该漫画人气之高。

(2) 网络漫画改编为真人影视的优势与劣势

网络漫画IP改编的真人影视包括电视剧、网络剧和电影。网络文学在经历近几年的投资热潮后，头部IP已被抢夺殆尽，而网络漫画IP已迅速成为影视界的改编新宠。与文学IP相比，网络漫画在镜头的运用上本身就与影视镜头同出一辙，并且其角色造型对于真人角色的塑造也有一定的借鉴作用，在改编上是具有优势的。

但是，网络漫画的角色设定、背景设定以及故事的设定，在一定程度上又会限制真人影视对其的改编，使优势变成劣势，因为这毕竟是从"二次元"向"三次元"①的转型，而网络漫画改编的真人影视面向的是"二次元"与"三次元"两个受众群体，这一方面进一步验证了国产动漫正在从二次元亚文化演变为大众文化，另一方面却显得众口难调，很难把握一个合适的度，不管是演员的敲定、造型服装的设计，还是台词的设计、配音的选择，甚至是故事结构与设定的调整与重构，以及角色的增删、场面的布置，一旦把握不好这个度，在改编过程中要么是强硬地还原原作，要么是脱离原漫画自由地创作，就很容易造成两个极端。就拿网络漫画的造型来说，漫画在造型上会使用夸张的手法，但若是还原到真人世界，很容易变得"非主流"；而网络漫画在场景与页面布局上也会通过线条与留白使画面紧凑、重点突出，这在现实拍摄过程中很难完美还原，使得镜头画面结构松散而失去原有的震撼效果；另外，一样的台词从真人演员的口中说出来，经常会让人觉得太过"二次元"化而失去了代入感；而演员角色及其配音若是选得不符合原作人物性格特点，也会显得很有违和感。凡此种种，漫改真人的"度"实在太难平衡，以至于有些二次元的内容在改编成真人影视后会显得奇怪而生硬，让三次元观众难以接受，也有些内容在改编后几乎没有了原作的影子，让"漫画党"②大呼失望。

---

① "三次元"是与"二次元"相对应的说法，指的是现实世界、非二次元的世界。

② "漫画党"是指原漫画的粉丝，因为钟情于原作进而观看相应的改编作品，一般对原作有一定的执念，希望看到的是还原度较高的改编作品。

3. 网络漫画改编为动画大电影

截至 2017 年年底，国产动画电影票房过亿的有 15 部，包括《西游记之大圣归来》《大鱼海棠》，熊出没系列 4 部，喜羊羊系列 4 部，以及真人 CG 动画《爵迹》，《大卫贝肯之倒霉特工熊》和《赛尔号大电影 6 圣者无敌》以及十万个冷笑话系列 2 部。全龄向动画电影 5 部，其中由网络漫画改编而来的只有《十万个冷笑话》和《十万个冷笑话 2》。

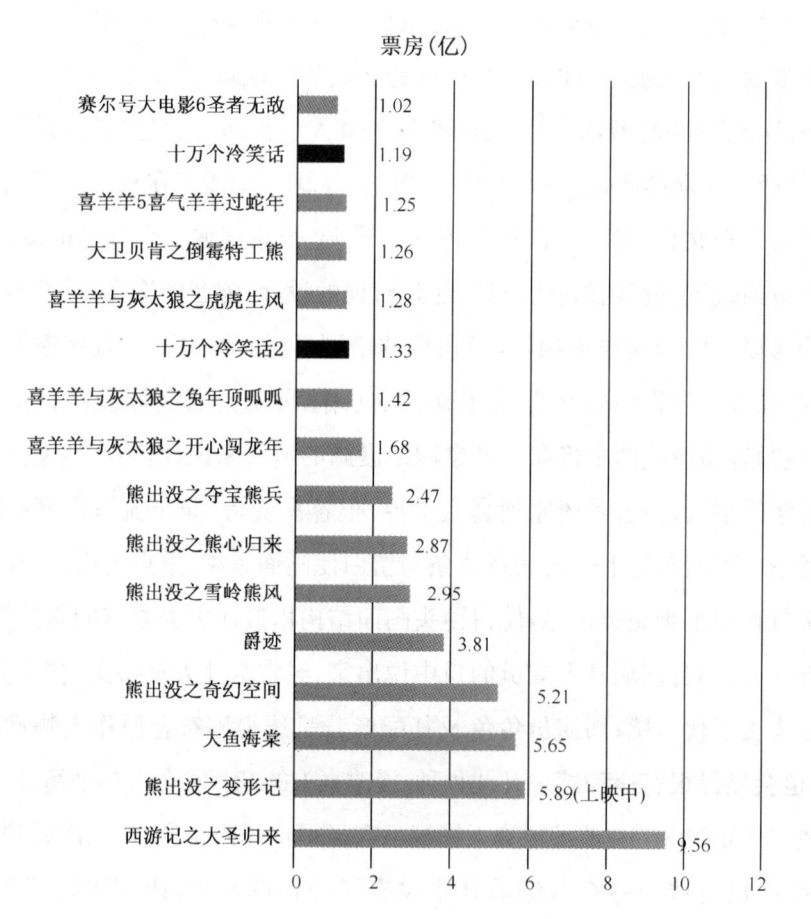

电影	票房（亿）
赛尔号大电影6圣者无敌	1.02
十万个冷笑话	1.19
喜羊羊5喜气羊羊过蛇年	1.25
大卫贝肯之倒霉特工熊	1.26
喜羊羊与灰太狼之虎虎生风	1.28
十万个冷笑话2	1.33
喜羊羊与灰太狼之兔年顶呱呱	1.42
喜羊羊与灰太狼之开心闯龙年	1.68
熊出没之夺宝熊兵	2.47
熊出没之熊心归来	2.87
熊出没之雪岭熊风	2.95
爵迹	3.81
熊出没之奇幻空间	5.21
大鱼海棠	5.65
熊出没之变形记	5.89(上映中)
西游记之大圣归来	9.56

图 2-2 票房过亿的国产动画电影

数据来源：电影票房网站（http://58921.com/）数据搜集整理所得。

注：《熊出没之变形记》票房数据统计截至 2018 年 3 月 13 日，目前还在影院上映中。

网络漫画 IP 开发的动画电影有两种，一种是只在网络上线的动画电影，例如《中国惊奇先生》的剧场版网络动画电影是将其短篇动画剧集汇总起来制作的"大电影"，于 2015 年 6 月全网上线，目前（截至 2018 年 2 月 15 日）在腾讯视频播放量超过 5 000 万；另一种是影院上映的动画大电影，而由网络漫画 IP 衍生的影院动画大电影作品目前比较少，大多数处于布局阶段，唯有《十万个冷笑话》独树一帜，其两部动画电影均有过亿票房成绩。

  《十万个冷笑话》是寒舞所著的网络漫画，于 2010 年 6 月 28 日开始在有妖气漫画平台连载，目前在持续更新中，已经有 25.68 亿[①]点击量。《十万个冷笑话》改编大电影的成功，很大程度在于其营销团队对新媒体以及粉丝的充分利用，早在电影筹备阶段，"十冷"就通过众筹造势，2013 年 3 月，众筹项目启动，共筹得 137 万元，作为国内第一部网络众筹电影，"十冷"众筹的收获超越了资金本身，更多的是起到了宣传营销的作用，在众筹的五个月时间里，"十万个冷笑话"的百度搜索指数持续出现小高峰[②]，均在 10 万左右。另外，"十冷"团队整合各路平台资源，针对粉丝集群进行精准营销，营造了一个多方共赢的利益圈[③]，促使各新媒体平台合作伙伴全力参与策划《十万个冷笑话》大电影的宣传与推广，将 287 万宣传费用发挥了到极致。2015 年 1 月 1 日，《十万个冷笑话》动画大电影上映，仅用 19 天就创造了 1.19 亿票房成绩，成为国内首部票房过亿的成人向动画电影，也是首部由网络漫画成功改编的动画大电影，在电影上线后的一周里，"十万个冷笑话"一词的百度搜索指数创造了历史新高，达 19.7 万。尽管它在动画电影中的票房佳话不久便被《西游记之大圣归来》创造的另一个票房神话远远超越，但"十冷"仍是国产网络漫画 IP 开发动画电影的一个难忘的经典。

---

  ① 数据统计时间截至 2018 年 3 月 8 日。
  ② 百度指数：http://index.baidu.com/? tpl=trend&word=%CA%AE%CD%F2%B8%F6%C0%E4%D0%A6%BB%B0。
  ③ 韩文利. 国产动画电影中互联网思维的嬗变——以《十万个冷笑话》与《西游记之大圣归来》为例[J]. 传媒，2016，(12)：81-83。

4. 网络漫画改编为网络游戏

(1) 漫画改编为网络游戏的现状

网络游戏主要分为页游(PC浏览器端游戏)、端游(PC客户端游戏)和手游(移动端游戏)。2016年,中国网络游戏市场规模达到1 789亿元,成为全球最大的游戏市场,手游也在这一年首次以1 023亿的市场规模超过PC游戏[1],中国网络游戏进入了手游时代。动漫题材在中国移动网络游戏题材中占比约15%～17%[2]。表2-3中列举的热门网络漫画IP改编的游戏大多是手游,从上线平台来看,多以安卓和苹果iOS为主,开发页游或者PC端游的情况则比较少,有少数则是通过PC模拟器使得手游可以在电脑上操作,例如《妖怪名单》手游、《全职高手》手游等;从改编游戏的类型来看,大多是角色扮演类和卡牌类手游,而这两类游戏也正是中国移动网络游戏类型的主要组成部分,分别占比29%和21%,其次是棋牌、策略、动作等,在列表中也都有相关类型的改编;从发行方来看,研发者开发的游戏产品有的委托游戏发行商代理发行,例如《妖神记》手游,有的则由研发者自主发行,例如《妖怪名单》手游由咕噜游戏自主研发并发行,《中国惊奇先生》手游由火谷网络研发并发行。

网络漫画IP改编游戏有多种模式,像腾讯动漫这种背靠腾讯互娱等集团资源的,可以自主开发游戏,例如《狐妖小红娘》手游,即由版权拥有方自主研发,自主发行,而版权方没有研发能力的,可以通过外包或者授权的方式实现网络漫画IP改编游戏的价值。另外,网络漫画IP的授权方式也各有花样,可以独家授权,也可以划分授权范围和时限授权给不同的游戏开发商,而独家授权也分页游、端游和手游的独家开发权,不同的类型需要单独授权,这样,漫画版权方可以拥有多方收入。

---

[1] 艾瑞咨询. 2017年中国网络游戏行业研究报告[R/OL]. 2017. http://report.iresearch.cn/report_pdf.aspx? id=2982.

[2] 艾瑞咨询. 2017年中国移动游戏行业研究报告[R/OL]. 2017. http://report.iresearch.cn/report_pdf.aspx? id=3043.

表 2-3 部分热门网络漫画 IP 改编游戏概况

网络漫画 IP	漫画点击量①	游戏名称	游戏类型	研发
妖怪名单	202.4 亿	妖怪名单	半自动 ARPG② 类手游	由上海晨之科信息技术有限公司旗下的咕噜游戏自研自发,2017 年 12 月 26 日开启全平台测试
尸兄	166 亿	尸兄国漫第一快感射击手游	角色扮演,射击手游	由上海中清龙图网络科技有限公司开发,2015 年 8 月 20 日开始删档内测
王牌御史	157.5 亿	王牌御史	3D动作手游	由啊哈娱乐、腾讯动漫、英雄互娱、超能部等联合开发,目前预约注册中
中国惊奇先生	142.6 亿	中国惊奇先生手游	角色扮演,都市沙盒格斗竞技手游	由火谷网络研发并发行,2018 年 1 月 16 日全平台首发上线
一人之下	132.5 亿	一人之下手游	3D 横版动作手游	由腾讯互动娱乐魔方工作室群开发,安卓用户一测已结束
银之守墓人	126.78 亿	银之守墓人:对决	ARPG 手游	凯撒文化开发,目前预约注册中
狐妖小红娘	124.9 亿	狐妖小红娘手游	角色扮演手游	由腾讯游戏北极光工作室制作,预计 2018 年上线,目前预约注册中
妖神记	123.7 亿	妖神记手游	卡牌手游	由北京开天创世科技有限公司及北京蓝鲸时代科技有限公司合作开发,"腾讯极光计划"发行,目前已有 370 万玩家预约集结,即将开测
从前有座灵剑山	58.16 亿	从前有座灵剑山:格斗修仙传	横版格斗手游	由凯撒文化开发
驭灵师	46.69 亿	驭灵师	角色扮演类手游	将于 2018 年年中暑期档上线

① 漫画点击量数据根据包括腾讯动漫、网易漫画、有妖气、快看漫画、漫画岛、动漫之家、漫客栈、大角虫漫画、布卡漫画、可米酷漫画等在内的网络漫画平台公布的点击量/人气数据求和计算得出,统计时间截至 2018 年 3 月 7 日。

② ARPG(Action Role Playing Game),游戏术语,意思是动作角色扮演类游戏。

(续表)

网络漫画IP	漫画点击量	游戏名称	游戏类型	研发
镇魂街	36.63亿	镇魂街：对决①	3D动作卡牌手游	由掌趣科技研发，于2017年12月29日11:00正式开启安卓全渠道公测
		镇魂街正版授权格斗手游②	横版格斗手游	由有妖气官方正版授权并监制，掌趣科技旗下子公司动网先锋负责研发
		镇魂街页游③	卡牌RPG＋回合制战斗页游	由有妖气独家授权、掌趣科技成员公司上游网络推出，于2017年12月6日在官网正式开启不删档测试
十万个冷笑话	25.68亿	十万个冷笑话手游	回合制卡牌手游	由蓝港互动开发，2015年3月18日正式上线
		十万个冷笑话2官方唯一指定手游	2D回合制策略手游	是奥飞体系内首个番游联动项目，由中手游与乐嬴互动联合发行，紧随《十万个冷笑话2》大电影于2017年8月21日在IOS正式上线
		十万个冷笑话番剧版	3D回合制卡牌手游	由蓝港互动开发，8月29日开始全平台公测，另外IOS服于2017年8月18日与《十万个冷笑话2》大电影同步上线
君临臣下	19.2亿	君临臣下三国姬	二次元卡牌手游	2017年10月12日腾讯平台全民公测
造物法则	18.7亿	造物法则	策略游戏	由天梯互娱打造，于2016年12月15日全平台上线
那年那兔那些事儿	9.33亿	那年那兔那些事儿手游	战争策略卡牌手游	由Bilibili游戏代理运营，2015年6月9日开测，2016年2月29日终止运营
		那兔之大国梦	二次元军事策略类手游	由咸鱼游戏于2016年发行

① 镇魂街：对决官网：http://zhjsy.0708.com/t1/172.html.
② 镇魂街正版授权格斗手游官网：http://zhj.0708.com/.
③ 镇魂街网页游戏：http://zhj.youxi01.com/index/.

(续表)

网络漫画 IP	漫画点击量	游戏名称	游戏类型	研发
光影对决	6.96亿	光影对决手游	二次元王者MOBA①手游	由杭州电魂网络科技股份有限公司独立研发,2018年1月25日全平台正式上线
全职高手	5.13亿	全职高手	MMOARPG②类手游	由北京飞流九天科技有限公司自主研发,2017年11月3日开服上线
血族Bloodline	0.65亿	血族BLOODLINE	卡牌养成角色扮演手游	由盛大游戏旗下传世工作室打造,于2014年7月23日发布

（2）网络漫画改编为网络游戏的优势与劣势

动画、漫画与游戏（ACG）是二次元文化的主要形式,而漫画与游戏的用户群体比较相近,重叠率较高,并具有较高的跨媒介互通性,将网络漫画IP开发成网络游戏,借助原作的粉丝群开展宣传营销活动,能够降低游戏获取用户的成本,游戏的下载转化率也会比较高;网络漫画的粉丝数据可以通过点击量与评论清晰地展现出来,为游戏开发商做出投资决策提供了有力的数据参考;与其他IP类型例如影视IP相比,网络漫画从上线到完结会有比较长的时间线,有的还有相应的动画作品定期更新,使其IP能够持续发热,不至于造成像影视剧完结游戏就瞬间式微的情况,所以网络漫画IP改编成网络游戏,在用户流量上是有一定优势的;另外,网络漫画为游戏提供了现成的世界观和故事情节,而改编游戏在人物造型、风格以及背景与场景设计等方面也可以借鉴网络漫画,两者较高的相似度与重叠率能够大大缩减游戏开发过程中的工作难度与工作量,降低生产成本。

反之,游戏凭借自身超高的变现能力成为漫画IP变现的一大神器。网络漫画IP改编为游戏,首先要将版权授权给游戏研发商,游戏研发者要想

---

① MOBA,即 Multiplayer Online Battle Arena,多人在线战术竞技游戏。
② MMOARPG,即 Massive（或 Massively）Multiplayer Online Action Role Playing Game,大型多人在线动作角色扮演游戏。

获得网络漫画 IP 授权，一般需要支付"授权费（即保底金）＋盈利分成"（另外也有只给高额授权金的情况），越是热门的网络漫画，版权费用越高，有些超级 IP 的授权费用可以达到上千万元，据悉，网络漫画 IP《尸兄》的手游授权费高达 5 000 万元[①]，再加上 5%～10% 的收入分成，漫画版权方最高能拿到数千万元的收入。

对于网络漫画 IP 拥有者与游戏开发商来说，网络漫画 IP 开发为网络游戏是一件互惠互利的事。不过，并不是拥有一个好 IP 就能坐等变现。网络漫画的热门程度并不会直接带来游戏的成功变现，只有游戏本身品质过关，并且符合原 IP 的风格与特色，甚至激发出原作未有的情怀，才能得到原作粉丝的青睐，并培养出自身的忠实玩家，不能为了争夺上线先机或者追赶原作热度，或者降低投入成本而放弃游戏质量，急功近利只会白白浪费原网络漫画 IP 的变现潜力与品牌荣誉。

（三）外围衍生模式：网络漫画的跨界组合

网络漫画 IP 的外围衍生模式是一种从泛娱乐文化产业向广告业、消费品生产业、房地产、餐饮业、旅游业等多种行业衍生的跨界开发模式，以角色形象为主的网络漫画 IP 在这种模式下成为一种产业化的商品，从二次元虚拟世界走进三次元现实世界，实现跨次元融合。相对于其他 IP 形式，网络漫画 IP 的外围衍生形态是比较丰富的，因为其二次元形象可以很好地融入各个领域，比如广告代言、主题商品、主题餐饮、主题公园、主题商场，甚至是旅游景点，还可以做成手办[②]、生活用品、文创用品，例如海报、手机壳、年历、T 恤、抱枕等，另外还有网络漫画形象的 cos 活动以及相关展会，及其衍

---

① 新金融记者 王雅菡. 游戏：洗牌 资本 IP 元年[N/OL]. 新金融观察. 2015 - 1 - 5. http://search.cnki.net/kns/detail/detail.aspx?FileName=XJGC20150105032O&DbName=CCND2015.

② 泛指"人形"（Figure），即收藏性人物模型，也可能指汽车、建筑物、视频、植物、昆虫、古生物或空想事物的模型。

生出的周边网店。2015年,中国动漫衍生品市场规模达到380亿元①,其中主题公园与授权收入占整个动漫产业收入的47%②,衍生品所能挖掘出的IP价值远超网络漫画本身。不过,网络漫画IP的跨界衍生并不是简单地将漫画形象应用于被授权方的产品,而是需要双方高度的合作,用一定的营销思维去运营粉丝经济,充分利用网络漫画新媒体的力量以及被授权方线下实体场所(实体店、餐厅等)的优势,做好线上线下的互动,形成共同的品牌影响力,带动网络漫画本身以及授权方产品的推广与品牌价值的实现。

1. 网络漫画IP+品牌产品

网络漫画IP与品牌产品的组合有多种情况,包括食品、美妆、日用百货、文创甚至酒水、饮料等。网络漫画IP与品牌商家达成长期或短期的合作,共同设计制作与生产用于双方宣传推广的产品,一般是将漫画角色形象用于产品的包装设计,以限量款主题礼盒的形式呈现。例如《就喜欢你看不惯我又干不掉我的样子》,直接将二次元形象融入被代言方Innisfree悦诗风吟产品本身的图案设计中,该漫画《就喜欢你看不惯我又干不掉我的样子3》单行本上架宣传之际,又逢狗年新春,如此将"巴扎黑"(该漫画主角形象之一,是一条狗)添加到生活用品中摆放在店铺货架上,本身就起到宣传推广的作用,实现了双赢的效果。而为了宣传单行本,原画作者会到商场、图书馆、书店等场所开展签售活动与读者见面会,其中就包括其合作方Innisfree悦诗风吟的旗舰店,这样既能宣传漫画,也为合作方带来了相当的客流量与关注度。此外,网络漫画作者还会通过制作形象海报、广告条漫等方式为合作品牌打广告,而合作方也会有所回馈,强强联手实现利益共享。

除了从上游到下游的合作,品牌商家也会主动打造网络漫画IP,例如网络漫画、网络动画《我是江小白》就是由我是江小白酒业推出的按照其品

---

① 中国产业发展研究网. 2017年我国动漫市场规模分析[OL]. 2017. http://www.chinaidr.com/tradenews/2017-04/111950.html.

② 中国产业信息网. 2017年中国动漫市场发展现状及发展趋势预测[OL]. 2016-10-22. http://www.chyxx.com/industry/201610/459604.html.

牌定位量身制作的同名动漫。"我是江小白"是重庆我是江小白酒业的品牌slogan,其产品主要面向新青年团体,主打简单、纯粹的生活态度。2017年10月,江小白推出同名网络漫画《我是江小白》,由魏逸婷编剧,在快看漫画平台连载,11月9日,江小白与两点十分文化传播公司合作推出的动画《我是江小白》在全网上线。摒弃了其他网络漫画IP与品牌产品合作时在作品中打广告的做法,《我是江小白》从整体风格上紧密围绕其青春文艺风格的品牌定位,不论是剧情、背景、画风、插曲还是人物设定,都自然而然地形成一种品牌形象,而这种形象正好与江小白酒业重合,而我是江小白酒业则推出动漫特别版白酒作为互动,首发一百万瓶一个月内售罄。如今该漫画在快看漫画的总热度(点击量)为1 020万,人气值为5 006万,同名动画在B站获得了9.6分的评分,截至2018年3月27日,动画全网播放量为1.57亿。这种情况下,网络漫画IP与品牌产品的契合度非常高,漫画与动画上线的同时其实是在为同名品牌打广告,线下遍布大小餐厅的白酒也在吸引受众对动漫的关注,线上线下跨次元与产业界共同打造品牌IP,所达到的效果也是惊人的。

2. 网络漫画IP+旅游

网络漫画与旅游业的合作主要是通过主题公园、主题街道、主题商场、主题游乐场等形式,可以是大景区的小景点,也可以是专门的旅游场所。旅游开发商可以利用网络漫画的世界观、场景设定、形象设定、服饰装扮以及故事情节,借助Cosplay、VR、游戏、直播、舞台剧、主题餐饮以及周边衍生品,将二次元世界构筑为三次元场景,对普通游客来说,这是不一样的游玩方式;对于网络漫画的粉丝来说,这是三次元现实世界与二次元虚拟世界的激烈碰撞,次元之间交汇的游乐体验能极大满足二次元用户甚至泛二次元用户的需求。将网络漫画IP与旅游业相结合,收获的不仅仅是双方的经济利益,还会带动衍生品制造与零售、衍生食品制作与销售、餐饮、服装、摄影、游戏(包括VR游戏)、舞台剧等多种行业的利益,为更多人提供就业机会与经济收入。

网络漫画IP与旅游业的结合，除了主题旅游场所外，还有更深入的运营空间。例如网络漫画可以在作品中将旅游景点作为故事情节发生的场所，类似于在影视作品中植入广告，将景点风光以漫画图片的形式绘制出来，作为漫画背景，并辅以一定的情节内涵，就能够达到很好的宣传效果。高效而深入的互动合作能够更好地发挥网络漫画IP的市场经济价值，收获更高的投资回报率。

3. 网络漫画IP＋餐饮

网络漫画IP与餐饮等行业合作也是外围衍生的一种方式，不同于其他的实体产品，网络漫画的形象主要用来布置餐厅装饰，或者在餐饮菜品、餐具中加入相关元素，打造主题餐饮，通过举办直播活动、见面会、小型Cosplay展会等网络漫画主题的活动实现线上线下互动，而漫画方主要负责在线上推广活动、为合作餐饮品牌做广告条漫、广告海报甚至广告动画等。例如微博网红漫画《非人哉》与必胜客合作，一方面是《非人哉》利用广告条漫甚至动画短片的形式为必胜客打广告，而必胜客实体店也会采用主题餐厅的形式为该漫画做宣传，同时也为自己赢得了广大漫画迷的青睐；热播动漫《全职高手》与麦当劳合作，一方面是《全职高手》在动画中植入麦当劳广告，另一方面，麦当劳在线下真的使用"周泽楷"这一二次元虚拟人物作为代言人以回应动画剧情，甚至在电视上投放二次元视频广告，此外还以主题店、人物角色麦乐卡等方式进行跨次元营销[1]，实现强强联手。

4. 网络漫画IP＋周边衍生品

网络漫画开发周边衍生品是动漫产业最原始也是最基本的衍生模式，我国衍生品市场主要以动漫衍生品为主。网络漫画的周边衍生品，是为了满足漫画与动画粉丝的收藏、使用等兴趣爱好的需求而制作的产品，并没有

---

[1] 佚名.麦当劳携手《全职高手》跨次元营销 卖得一手好薯条[OL].2017-04-10. http://www.madisonboom.com/2017/04/10/the-kings-avatar-hero-debuts-his-first-tv-commercial-along-with-mcdonald/.

非常明确的概念界限，尤其是在衍生品类型越来越广泛的情况下，硬周边与软周边之间的界限逐渐模糊。不过，像模型、玩具、海报、玩偶、手办、贴纸、卡牌、文具、cos服饰、文化衫、抱枕、手机壳、日历等类型的衍生品，一般是面向核心二次元受众开发的，与其他领域厂商合作开发的衍生产品则是面向泛二次元受众甚至是三次元受众的，例如文创用品、日用百货、食品、美妆、家具、家居甚至珠宝、时装等。将网络漫画IP融入日常生活的产品，价格不但会升高，其销量也会在网络漫画的影响力之下相应升高。未来，周边衍生品的开发类型会越来越广泛，硬周边与软周边的界线会随着二次元与三次元的融合而进一步消退，网络漫画IP周边衍生品潜在的市场价值正在被逐渐挖掘。不过，由于是跨越次元、跨越产业的合作，就需要产品制造商有一定的泛娱乐思维与意识，对网络漫画有一定的了解，才能在诸多网络漫画IP中发现能够与其产品定位完美结合的元素。

外围衍生的本质就是让网络漫画IP元素融入生活里，在三次元世界实现一个二次元世界的镜像，以此来满足用户的需求，实现粉丝的变现。庞大而丰富的现实世界为这场变现生意提供了广阔多元的舞台和灵活多变的形式，也就制造了无限的价值潜力，这正是网络漫画IP外围衍生的市场魅力。不过，目前我国仍有不少人尤其是在日本动漫进入中国市场之前的年代成长起来的年龄段人群，并不能很好地了解或接受网络漫画IP元素的覆盖，在社会上难以形成一个"全民动漫"的文化与生活氛围，再加上我国的网络漫画IP产业发展时间尚短，外围衍生方面的开发不论是深度还是广度都还远远不够，尚不能达到漫画融入生活的程度，加之"免费"习惯根深蒂固以致盗版泛滥、管制无力，也就无法触及网络漫画IP价值真正的"最大化"。不过，目前网络漫画平台的生长势头十分强劲，新一代的漫画读者也在茁壮成长，并且会有源源不断的新生成员加入这一阵营，相信未来中国网络漫画IP外围衍生的市场会更加乐观，"漫画IP＋生活"的那天终会到来。

三、网络漫画 IP 的运营模式——以腾讯动漫为例

目前，国内的网络漫画内容平台由快看漫画、腾讯动漫和有妖气占据主要市场，呈三足鼎立之势，而网易漫画为了抢占市场份额另辟蹊径，选择高价购买美国以及日本的经典动漫版权以提高内容质量，由于漫画资源方面的优势不足，使得其国产漫画中只有一部《中国诡实录》的人气点击量可以与腾讯动漫的头部作品相媲美，排行榜中第一名之后的作品人气点击量最高也就二十多亿，并没有很多超级火爆的国漫作品，是处于内容孵化阶段的漫画企业。而快看漫画则专注于移动端漫画平台的内容孵化与作者培养，定位面向年轻一代的读者用户，头部漫画例如《甜美的咬痕》《怦然心动》等多以恋爱、奇幻、校园、都市等题材为主流，将它们改编成游戏与动画电影就不太合适，所以在改编方面多以短篇动画和真人影视为主要方向，总的来说 IP 开发力度不大，而且快看漫画为了巩固其网络漫画内容平台领跑者的地位，所融资金大部分用来培育精品内容，下游产业链环节略显薄弱。有妖气除了《十万个冷笑话》以及《镇魂街》《端脑》等顶级 IP 外，并没有很多深入开发的作品，无论是顶级 IP 的数量还是企业的综合运营能力等方面都略逊于腾讯动漫。目前人气比较高的头部漫画，大多数是由腾讯动漫独家签约，例如《妖怪名单》《尸兄》《王牌御史》《中国惊奇先生》《狐妖小红娘》等等，而这些作品大都有相关动画、游戏以及真人影视的改编。可以说，在网络漫画 IP 开发方面，腾讯动漫在国内诸多动漫企业中遥遥领先，在网络漫画 IP 开发与运营方面具有典型性，因此本文主要以腾讯动漫为例分析其网络漫画 IP 的运营模式。

近年来，腾讯动漫大力构筑精品 IP 内容资源库，并发挥集团资源优势，使其网络漫画 IP 在内容平台、影视制作、游戏制作、视频发行、游戏发行以及新媒体运营等领域形成了多位一体的深度联动开发模式。同时腾讯积极与外界开放合作，整合集团内外的泛娱乐资源力量，为网络漫画 IP 的开发

和运营构建了一个二次元产业生态圈,为网络漫画 IP 开发提供了全方位的保障和服务,实现了 IP 运营效率最大化。

(一) 集结精品内容,打造优质 IP 资源库

腾讯动漫是中国拥有最多签约作者、最多正版日漫版权以及最多全版权漫画作品的网络漫画平台[①],截至 2018 年 3 月 14 日,腾讯动漫拥有签约作品 1 041 部,首发作品 9 077 部,独家作品 9 367 部,其中内地独家作品 8 572 部,内地独家签约作品 1 023 部,也就是说,有 1 023 部作品可供腾讯进行全版权运营,只需要支付作者内容稿费以及部分 IP 分成,这些网络漫画的 IP 开发与运营可以由腾讯动漫全权规划,收入大部分也可为腾讯动漫所得。目前,腾讯动漫独家签约作品中人气点击量 100 亿以上的作品有 10 部以上,远远超过了其他动漫公司过 100 亿点击量的作品总数,这是无法超越的绝对优势,而腾讯动漫平台却不愿止步于此,依旧不断地收揽作者与作品,丰富内容资源。

1. 漫画 IP 孵化管理:扶持漫画家及工作室

腾讯动漫主张"众创"原则,鼓励更多有漫画梦想的人拿起画笔创作,将爱好者转变为参与者,极大地丰富和壮大了漫画创作作者团队以及原创漫画的类型与数量。早在 2015 年,腾讯动漫就斥巨资扶持国内漫画创作者以及动漫工作室,包括投入了 6 000 万元动画基金和 3 000 万元漫画基金,并拿出 3 亿元人民币建立聚星基金[②],利用基金以及福利体系保障国内漫画家的生活,从源头上培育漫画作者,孵化原创漫画作品,为其二次元经济的

---

① 猫耳朵动漫情报产业资讯.集英社、角川集团和讲谈社后 UP2017 腾讯动漫宣布携手日本小学馆[OL]. (2017 - 04 - 20)[2018 - 3 - 30]. http://game.china.com/maoerduo/acgnews/chanye/11152951/20170420/30441730.html.

② 本报记者 纪佳鹏. 腾讯动漫砸 3 亿元卡位二次元 打造 IP 共生体系[N/OL]. 21世纪经济报道. 2015 - 11 - 20. http://search.cnki.net/kns/detail/detail.aspx?FileName=SJBD201511200202&DbName=CCND2015.

构建奠定基础。作为回报,腾讯动漫平台的优秀作品成倍增长,高质量与高点击量的作品迅速成长起来,为腾讯动漫走向网络漫画平台前三名建起了坚实的内容屏障。

2. 漫画 IP 的让渡:签约重量级漫画作者

此外,腾讯动漫还通过签约重量级漫画作者来实现诸多超人气漫画 IP 的让渡,例如在 2017 年与夏天岛工作室的 7 位漫画作者达成了独家签约协议,并引入例如使徒子、郭斯特等诸多微博顶级网红漫画家,将腾讯动漫从用户生产内容(UGC)升级为专家生产内容(PGC),成为优质内容生产资源库而不是简单的发表渠道,壮大了漫画平台的招牌作品阵营,极大地增强了平台的竞争实力,也为后续 IP 开发与运营提供了高品质的内容保障,提高了现象级产品出现的概率。

3. 漫画 IP 的资本运作:投资动漫公司,收揽优质 IP

腾讯动漫还通过投资动漫公司等方式获得优秀作品的独家版权,2017年,腾讯动漫花费上亿元投资了包括创作漫画《妖怪名单》的糖人动漫以及创作《一人之下》的动漫堂、创作超级 IP《19 天》和《SQ》的幕星社、拥有微博顶级网红漫画家郭斯特的有狐文化、由微博网红漫画家使徒子创立的徒子文化等在内的 16 家动漫公司。目前,《妖怪名单》与《一人之下》已成为腾讯的头部漫画作品,人气点击量分别有 202.4 亿和 132.5 亿[①],而腾讯动漫也成为除作者微博之外唯一连载《19 天》的网络平台。另外,这 16 家动漫公司汇聚了不少漫画创作的精英人才,为腾讯动漫的漫画人才库增添了更多的精英储备,进一步巩固了其 IP 内容资源库的竞争实力。

4. 漫画 IP 贸易:大力引进日漫版权

腾讯动漫在引进日漫版权方面也不遗余力,与出版日本最优秀的漫画

---

① 数据来源于腾讯动漫网站,人气点击量包括轻读版人气数据,统计时间截至 2018 年 3 月 8 日。

杂志《周刊少年JUMP》的集英社合作,将《火影忍者》《航海王》《死神(境·界)》等诸多极品日漫版权收入囊中,另外还与讲谈社、角川集团、小学馆等日本顶尖的漫画出版社达成合作,引进许多在日本和中国都很受欢迎的王牌日漫作品的电子版权,成为国内唯一一家与日本漫画杂志三巨头以及角川集团同时达成合作的漫画平台,这极大地强壮了其精品内容阵营。抢占日漫版权一方面是为了增加和其他网络漫画平台竞争的筹码,吸引和抢夺爱好日漫的用户,增加平台流量,另一方面也可以为日漫爱好者制造更多接触原创国产漫画的机会,进一步壮大国产网络漫画的读者群,为后续网络漫画IP开发奠定用户基础。

(二)布局泛娱乐业务矩阵,打通内部二次元产业链

腾讯在2011年首次提出了"泛娱乐"概念,并在2012年开始泛娱乐战略布局。经过几年的精心部署,腾讯互动娱乐已经完成了包括腾讯动漫、腾讯游戏、阅文集团、腾讯影业、腾讯电竞等在内的五大业务矩阵的构建,覆盖游戏、文学、影视、电竞、动画、漫画等多元文化形态的内容、制作与发行,其泛娱乐布局已经基本成型,而腾讯动漫依托集团资源优势,以自身为内容屏障,负责孵化和推广IP,积累粉丝受众,以腾讯游戏为变现主力,掌握网络漫画IP改编游戏研发的主动权,通过企鹅影视与腾讯影业掌握影视与戏剧的改编与制作能力,主导跨次元的破壁开发,以扩大漫画IP的影响力,积累市场价值,以腾讯视频为网络漫画IP改编的动画和电影、影视剧等的发行渠道,保障自有视频的发行和推广畅通,最后凭借QQ与微信等社交平台以及多年来积累的庞大用户群来实现网络漫画IP的进一步推广与运营,实现集团内部的业务联动,在集团内打通"内容—制作—发行—运营"多位一体的网络漫画IP的多元开发与衍生二次元产业链,掌握网络漫画IP的自主运营能力。

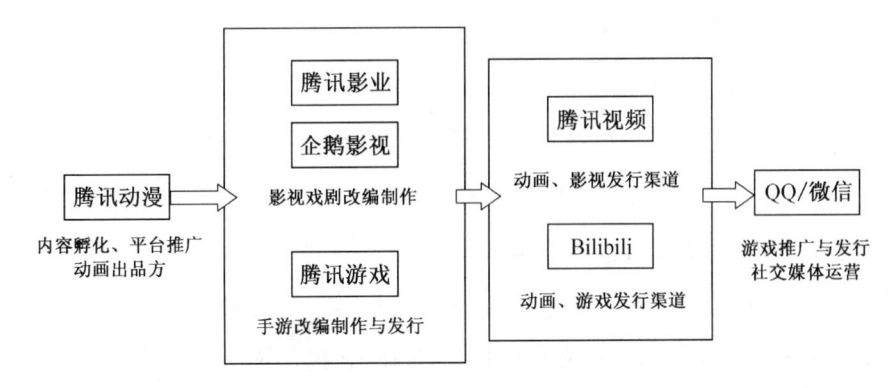

图 3-1 腾讯动漫"内容—制作—发行—运营"产业链运营模式

资料来源:作者自制。

1. 漫画平台:IP 运营的内容与用户屏障

在腾讯动漫平台,点击量超过 100 万的人气作品至少有 10 部,其中像《妖怪名单》这样的头部 IP 人气值已经突破 200 亿[①]。依托腾讯动漫这一大平台的资源,网络漫画作品经过海量用户的选择与追捧在阅读量与关注量上表现出清晰的数据差距,优质的 IP 能够很快脱颖而出,优胜劣汰就成为很自然的事情,也就是说,大平台与海量用户能够快速地培育明星 IP。除了多方集结优质的 IP 内容资源,腾讯动漫作为国内最大的网络漫画领军平台之一,数量庞大的用户群成为其另一大资源优势。2017 年,腾讯动漫月活跃用户数量达 1.2 亿人次,而同是国内顶尖漫画平台的快看漫画截至 2017 年 12 月月活跃用户仅 4 000 万,总用户数量 1.3 亿,堪堪超过腾讯动漫的月活量[②],由此可见腾讯动漫的海量用户资源的绝对优势,而平台的用户规模优势则为其优质 IP 后期的开发与运营以及粉丝经济的变现奠定了良好的粉丝基础。

---

① 数据来自腾讯动漫,《妖怪名单》(不包括轻读版)点击量 204.5 亿,统计时间截至 2018 年 4 月 1 日。

② DoNews. 月活用户 1.2 亿,腾讯动漫 2017 年总体分成 1.4 亿元[OL].(2017-12-06)[2018-04-01]. http://news.178.com/201712/306550148163.html.

2. 游戏研发:漫画 IP 的变现主力

在网络漫画 IP 改编游戏方面,腾讯动漫的优质 IP 可以依靠集团的力量实现自研自发。例如腾讯互动娱乐魔方工作室群开发了"一人之下"手游,腾讯北极光工作室研发制作了"狐妖小红娘"手游,而腾讯游戏作为全球排名前三的游戏开发与运营机构和国内最大的网络游戏社区,在腾讯泛娱乐产业布局中属于最核心业务[①],无论是用户数量还是收入规模,都处于全球领先地位,能够为腾讯动漫运营网络漫画 IP 提供强大的研发技术、发行渠道以及用户基础等多方位的保障。在游戏发行渠道方面,除了 B 站、腾讯游戏,腾讯动漫还可以通过微信、QQ 等社交平台进行用户推广和营销,并依靠应用宝等应用软件自行推广,而腾讯集团的视频、直播、电竞平台又可以为游戏进一步推广、衍生与变现提供更广阔的空间。作为最大的 IP 变现形式,掌握了游戏的研发就等于掌握了 IP 产业的经济核心与变现主力,也就掌握了网络漫画 IP 开发与运营的话语权与主动权。

3. 影视开发:放大漫画 IP 的影响力

在实现了内容源头与变现大头的布局之后,为了弥补产业链中开发与制作环节的不足,腾讯在 2015 年 9 月先后成立了企鹅影视和腾讯影业,正式布局原创电影、影视剧以及自制综艺内容领域,实现了 IP 内容文化形态的又一转化。主打网络剧的企鹅影视和主打 IP 电影改编的腾讯影业自此迅速发展起来,为腾讯动漫网络漫画 IP 的影视开发提供了资源优势。2017 年 9 月,腾讯影业发布了 43 个影视项目,其中就包括 10 个漫改影视项目和 3 个动画电影项目,包括腾讯独家签约漫画《我叫白小飞》(尸兄第二部)、《狐妖小红娘》《一人之下》《全职高手》等的真人影视作品的开发与制作,以及《通职者》等非独家作品的网剧开发,而企鹅影视也参与了像《快把我哥带走》《蔚蓝 50 米》等 IP 的网剧作品的开发与制作。影视作品位于泛娱乐产

---

① 腾讯游戏.腾讯互娱:五年布局　站在泛娱乐真正起点上[OL].(2017 - 04 - 20)[2018 - 04 - 01]. http://games.qq.com/a/20170420/064809.htm.

业链的中游,能够起到增加粉丝受众,进一步扩大 IP 影响力的作用。对用于网络漫画 IP 开发的二次元产业链来说,影视制作板块实现了二次元内容向三次元内容的转变,能够有效地打破"次元壁",吸引并积累三次元受众。腾讯在影视行业的布局打通了其产业链的上中下游,将腾讯文学(阅文集团)、腾讯动漫、腾讯影业以及腾讯游戏等四大事业群连接起来,为其自身的网络漫画 IP 以及网络文学 IP 的跨形态开发提供了多元的商业模式。

4. 视频发行:漫画 IP 的产品渠道

国内领先的视频播放平台腾讯视频为腾讯动漫的动画、网络剧以及电影等网络漫画 IP 改编作品提供了强大的视频发行平台。而腾讯于 2015 年入股国内著名的二次元社区 Bilibili,占据了国内动画发行的主阵地,再次为其产品发行渠道增添助力。视频终端的贯通使腾讯掌握了视频发行的话语权,可以充分发掘其头部 IP 作品的市场价值,调动腾讯影业以及企鹅影视的转换潜力,而腾讯动漫则可以借助腾讯视频等平台的流量优势迅速推广其改编作品,包括动画、动画电影、网络剧、真人电影,进一步放大其 IP 的影响力。

5. 社交用户:助力漫画 IP 的新媒体运营

除了游戏,腾讯在社交平台以及支付平台方面也有着过人的优势,QQ 与微信经过十几年的接力发展,无论是在 PC 端还是移动端都为腾讯积累了数量庞大的用户群体,其中微信在 2017 年 9 月平均日登录用户 9.02 亿[1]。强大的社交生态圈和用户规模使得腾讯的产品能够得到更快捷的传播、推广、分销渠道,也为网络漫画 IP 的粉丝运营提供了粉丝社群与运营平台。

至此,从漫画、小说到影视、游戏、电竞,从内容孵化到 IP 改编与制作,再到发行与运营推广,腾讯动漫依靠腾讯互娱与集团力量,不但可以孵化自己的明星 IP,还具备视频与游戏方面自制自研自发的能力,实现了"内容—

---

[1] 高小倩. 微信 2017 数据报告:9 月日均登陆 9.02 亿人,日均发送消息 380 亿次[OL].(2017-11-09)[2018-04-01]. http://36kr.com/p/5102004.html.

制作—发行—运营"等多位一体的集团联动开发模式。另外,在腾讯投资的二十多家二次元公司①中,除了有许多拥有国内顶级 IP 内容资源的 CP 公司(内容供应商)外,还有版权代理与开发的运营公司、动画原创以及制作公司等等,覆盖了漫画、动画、影视摄制、网剧、电影、动画电影、游戏、图书、衍生品等产业链上下游多个环节,在一定程度上为腾讯二次元产业链的完善提供了助力。

(三) 打造 IP 共生体系,外界联动实现共赢

腾讯动漫在二次元的布局并不仅仅局限于集团内部部署的相关产业板块,更多地会通过与外界力量之间的深度合作进行 IP 的孵化与开发,共同打造各业务领域的内容精品,协同构建 IP 共生体系,在业内形成一个有机的泛娱乐生态圈,更为自身网络漫画 IP 的开发与运营创造了更广阔的发展空间。

1. 构建二次元联盟体系,聚合资源,优化 IP 运营

腾讯动漫与其他企业不同的地方就在于他们看中相关爱好者以及个体用户的参与度,认为这些处于二次元核心圈层的群体更容易从被动接受的用户转变为主动参与的创造者,而且他们更理解二次元用户的核心需求,也更容易找到网络漫画 IP 深入挖掘的点。腾讯互娱的动漫业务部总经理邹正宇在 2016 年发布了建设二次元经济的三条业务举措②,其中就包括构建二次元联盟,这个联盟可以收揽中小型的动漫企业和个体,也可以包罗二次元的各种成员,包括声优、画手、漫展组织者、二次元爱好者等。腾讯动漫的这一举措相当于吹响了二次元的集结号,将势单力薄的组织与个人纳入腾讯企业的羽翼之下并加以培育和孵化,给对方长远发展的机会并给予大力

---

① 给生活加点趣.腾讯在二次元产业投的 22 家公司都有谁? [OL].(2018 - 03 - 16)[2018 - 3 - 30]. http://mini.eastday.com/mobile/180316130827593.html.

② 手游那点事.观察|腾讯动漫要如何打造二次元经济? 四个战略方向和各领域战术解读[OL].(2016 - 10 - 27)[2018 - 3 - 30]. http://www.sohu.com/a/117408754_114795.

支持,这也为腾讯自身提供了更多的资源,填补了其产业链上的细节分支,为未来开发更加细化的产业板块奠定了基础。

2. 多圈层联动开发,优势互补共营 IP

腾讯动漫秉持开放共创的心态以及"资源共享、合作共赢"的理念,多年来积极与内外部、各领域的优秀团队一起发掘和释放网络漫画 IP 的衍生价值。这种多领域多圈层的合作可以是外界团队通过承包制作或者联合投资的方式共同开发腾讯动漫自有的优质 IP,例如腾讯动漫将《从前有座灵剑山》《银之守墓人》等多部顶级网络漫画 IP 以近亿元的授权金卖给凯撒股份进行多元版权开发与运营;也可以是腾讯动漫以投资方或者制作方的身份与其他团队共同开发非自有的精品 IP,而腾讯动漫有时也会根据合作团队的资源优势与特长来量身定制与孵化 IP,或者通过投入资源与资金扶持相关作者与团队去创作自己想做的 IP,并协助规划商业化开发路径。腾讯动漫看中的是合作伙伴在相关领域的顶尖技术水平,与单纯的授权与被授权相比,其更在乎的是最终成果的质量。只有充分发挥各方优势,多圈层协同打造网络漫画明星 IP,用精品创造精品,才能使网络漫画 IP 不断增值,最终产生规模效应与协同效应,形成 IP 品牌,而所有的合作方则通过协议共同分配 IP 增值产生的经济权益。另外,为了保证开发产品的质量,腾讯动漫会通过高素质的专家团队对项目进行评审,并对制作细节进行监修,以确保网络漫画 IP 的衍生产品能够充分发挥其 IP 的最大价值。

3. 打造"M"宇宙,掌握 IP 运营主动权

腾讯动漫并不满足于由平台内外作者主导创作的 IP 生产模式,为了更好地把握 IP 的质量、潜力与开发主导权,腾讯动漫开始积极寻求主动孵化自有 IP 的方式。2017 年,腾讯影业与腾讯动漫共同发布了"M 宇宙"计划[1],由

---

[1] 三文娱.腾讯推出 16 个动漫相关影视项目,将打造动漫宇宙做中国漫威体系:三文娱专访腾讯动漫总经理邹正宇[OL].(2017-09-18)[2018-04-02]. https://mp.weixin. qq.com/s/T5F__6GuC2WMvdF9FLuIog.

腾讯动漫负责这个庞大星系的世界观与漫画 IP 的构架，包括设计剧本与布局作品，并选择外界的优秀团队来完成漫画的创作，同时由腾讯影业负责后期的影视开发，内外多方携手孵化 IP 森林，打造"M 宇宙"。这个由 3 部核心 IP 作品、15 个支线 IP 以及 3 个外围 IP 组成的"M 宇宙"，目前还处于精细的孵化过程中。腾讯在这个构建过程中选择沉下心来慢慢积淀，虽然前期的准备很漫长且需要投入很多，也承担着巨大的投资风险，但是掌握了"M 宇宙"就等于掌握了一座 IP 金矿，未来会有源源不断的 IP 作品走向开发与变现。而同时也会有更多漫画作品加入这个行列中来，甚至可以将文学、动画、游戏、音乐等其他版块纳入其中，使"M 宇宙"从骨骼到血肉不断丰满，实现持续的资金回收与增值。

4. 寻求海外合作，让 IP 运营走向国际

腾讯互娱会通过战略投资、版权授权以及联合制作的方式拓展海外合作。腾讯动漫借助腾讯互娱的力量，成功地将二次元泛娱乐合作，发展为国际合作，例如将平台顶级 IP《我叫白小飞》交给腾讯影业与美国 Free Association 合作开发改编大电影[①]，将国产 IP 推向国际。又例如腾讯动漫多部网络漫画 IP 改编的动画作品是与日本的动画制作团队联合开发的，像《从前有座灵剑山》就是由日本动画公司 Studio DEEN 制作，并在日本以 TV 动画的形式在电视台播出，实现了国外技术与本土文化的结合。与国外制作团队合作，不但能提升网络漫画 IP 作品的质量水平，也能在合作中全方位地学习和借鉴国际优秀团队的制作技术、团队合作、运作模式等，同时在宣传与推广方面能够借助于他们在国外的人脉资源、推广渠道，更方便中国作品走向世界，为更多网络漫画 IP 产品的出海做好铺垫。

纵观腾讯动漫的二次元布局，首先是发挥多方力量构筑精品 IP 内容护城河；然后依托集团资源与财力优势以及腾讯互娱的泛娱乐事业群完善自

---

① 腾讯游戏.腾讯互娱：五年布局　站在泛娱乐真正起点上[OL].（2017 - 04 - 20）[2018 - 04 - 01]. http://games.qq.com/a/20170420/064809.htm.

身的二次元产业链构建,实现自有内容IP的自研自发;同时坚持"开放""共创""共赢"的理念,与各个领域展开深度合作;甚至将网络漫画IP的开发业务拓展到海外;实现了从上游到下游,从企业内到企业外以及从国内到国际的网络漫画IP运营体系的构建,为自身以及外界优秀网络漫画IP的开发与运营提供了充足的运作空间,也为明星IP的酝酿和诞生塑造了最好的条件。

四、网络漫画IP开发中的版权运营

根据我国《著作权法》第五十七条规定,著作权与版权系同义语,著作权即为版权。网络漫画的著作权人,可以是网络漫画作者自身,也可以是作者工作室或者作者签约的内容平台。对于签约作者来说,大部分独家签约的网络漫画作品的版权并不属于自己,作者只能拿到稿费与IP开发受益的分成,网络漫画的多元开发与运营由其签约平台掌握。内容平台与作者的签约方式有独家分成、保底加分成、买断以及非独家分成等多种形式,除了非独家分成,其他几种签约方式普遍会将作品面向影视、游戏、衍生品等各方面的改编权授权给签约内容平台(企业),而作者本人会按照协议内容从各项开发中获得分成,一般占项目收益的50%左右。

网络漫画平台为了抢占优秀的作品资源,会通过投资、入股、购买等方式获得作者或者作者工作室网络漫画的版权,并用于IP的开发运营,这种情况下,网络漫画的版权是属于企业或者平台的,也就是版权属于运营方,即第二权利人。此外,有些第一权利人(一般是作者本人)会直接通过工作室或者版权经纪人等相关版权代理方开展网络漫画IP的运营,将其网络漫画在各个领域的开发权授权给开发商,即代理授权;而网络漫画内容平台以及相关著作权管理组织有时也会在著作权人(包括作者、工作室)的委托之下代为运营,这种情况属于委托授权,版权仍然属于原著作权人。

（一）分版权运营模式

版权运营者将网络漫画版权的开发权分别授权给不同的企业，如将影视开发权授权给影视公司，将游戏开发权授权给游戏公司，将各类型的衍生品开发权授权给相应的衍生品制作商等。这种模式适合规模较小的版权运营者，例如网络漫画作者所属工作室、小型的网络漫画内容平台，或者重心不在泛娱乐板块的企业，由于自身不具备开发能力或者开发能力比较低，无法从产业链上游向下游布局，只能通过授权来获取版权收益。分版权运营模式可以将所有开发品种的授权分别卖给不同的开发者进行改编，也可以将部分开发种类授权给其他公司，以弥补运营者自身版权开发产业链的缺口。就算是规模较大、可以自行开发 IP 的企业，有时也无法在全产业链布局中将每个环节做到极致，因此可以适当地将某个产品的部分改编类型授权给其他制作方。

1. 分版权运营模式的优势

分版权运营模式是很多非头部 IP 作品在版权开发时的首要选择，因为作品名气比不上《狐妖小红娘》《一人之下》《全职高手》这样的头部作品，普通质量的网络漫画 IP 版权交易的价格也不会太高，许多公司有能力独自支撑购买一项或几项开发版权的费用。而版权方会在漫画连载过程中持续搜寻有意向的开发者，逐渐将可开发的项目授权出去并获取版权费用和改编分成，从一定程度上来讲，分版权运营模式为非头部作品提供了更好的开发空间与价值成长的可能，也为版权方积累资金提供了更多的机会。

在开发授权价值比较高的 IP 作品时，分版权运营模式更加适合那些自身不具备开发资源或者产业链布局不完善、发展尚不成熟或者资金不足的版权运营者，是小型动漫企业发展初期积累资金与影响力的最佳选择之一。对中小企业来说，将开发权授权给影响力较大的企业能够很好地实现手中 IP 资源的有效开发，而逐个开发项目授权费用的回收则能够进一步促进作品本身的发展。有些有潜力的网络漫画 IP 会随着授权开发项目的深入而逐渐积累影响力,而影响力的扩张又会进一步给予 IP 更高的价值与开发空间,从而吸引更多投资,形成良性的循环与推进机制。

2. 分版权运营模式的劣势

相对于独家运营的全版权模式,分版权运营模式由于授权比较分散,各领域的改编项目相互独立,很难做到协调运营。例如有些影视剧的编剧在原网络漫画 IP 的基础上进行大程度的再创作,改编之后的作品脱离原有的故事设定,与其他改编项目之间难以形成一个统一的世界观,虽然一定的原创内容是必要的,但不同的开发作品有不同的改编方式,都会与原作品产生一定的偏离,给粉丝带来一种跳跃感、违和感,对构建一个完整的 IP 世界观体系产生一定的阻力,从而使原本可以相互联动的产业链环节相互竞争,难以实现协调效应。这就要求运营方在授权的同时要注意促成各开发环节的联动,而各开发公司也要有意识地达成合作共识,共同维护和构建同一个 IP 品牌,实现 IP 共营和利益共赢。

(二) 全版权运营模式

全版权运营有两大要素,一是独家版权,二是版权全方位开发,但是目前对"全版权"运营的概念定义并不是很明确。有的研究认为全版权运营必须是运营方拥有相关 IP 的独家版权,也有人将全版权概念的界定放在其是否进行了"全"版权开发这一点上,而不重视版权的转移与否。笔者更倾向于将运营方拥有作品 IP 的全版权,并在不授权给其他开发者的前提下根据 IP 的特点实现多元开发与运营的情况界定为"全版权运营"。

在全版权运营模式中,运营者大多是拥有泛娱乐产业布局的大企业、大集团,通过各种方式拥有优质网络漫画的全版权或者全版权代理权。一般情况下,企业通过自有内容创作平台孵化自有网络漫画 IP,或者直接买断非平台自有内容的优秀网络漫画 IP,然后利用自身产业板块面向各个开发领域深入延伸,覆盖动画、电影、真人剧集、游戏、衍生品等各种产品开发模式,从内容、开发、渠道入手,打通各个产业环节,实现产业链闭环,形成规模效应。不过,有些全版权运营方为了求得某些产业板块更高的制作水平或者弥补企业产业链的短板,会通过外包给制作公司这样的方式来完成某种产品改编。例如腾讯将许多网络漫画的改编动画交给绘梦动画开发制作,而有些漫画IP运营者也会选择将动画制作外包给日本的制作方来提高动画水平,但这些并不影响运营方对网络漫画IP的全版权运营与把握。

全版权运营是对网络漫画进行全方位开发的一种模式,有些研究认为所谓"全版权"就应该覆盖所有的开发领域,少一种就不能称之为"全",这种观念太拘泥于"全"字,忽略了IP作品本身是否适合每一种开发类型。事实上,全版权开发应该根据网络漫画IP风格与内容特点的定位来选择合适的开发方向,有时甚至可以在网络漫画创作之初就规划好后期的IP开发,并在连载过程中利用社交平台与内容平台做好粉丝运营,收集用户的大数据以便在后期开发过程中更好地满足用户受众的需求与期待,紧密围绕粉丝需求改编作品。

1. 全版权运营模式的优势

跨媒介叙事(Transmedia Storytelling)是将同一个故事架构在不同媒介形式的叙事方式,由亨利·詹金斯(Henry Jenkins)在2003年首次提出[①]。不同的媒介平台相互独立却又相互关联,共同打造同一个虚拟的故事世界,这种原本针对文学叙事的理论对于泛娱乐时代的IP开发来说具有很高的借鉴意义。相对于分版权运营,全版权运营可以更好地实现跨媒介叙事,企业可以完整规划并掌握开发进度,从内部协调运转,将面向各种媒介形式的版权开发相互关联互动,全方位、多感官地构建同一个IP世界观体系,形成完整的IP影响力,实现产业板块之间的协同效应,将IP价值最大化。全版权运营模式能够很好地放大IP价值并获取收益,实现网络漫画IP开发的完美形态,是未来网络漫画IP开发的大势所趋。

---

① 赵鹏,米高峰.跨媒介叙事视角下的IP运营及策略[J].电影文学,2017,(23):18-20.

2. 全版权运营模式的劣势

全版权运营模式首先需要企业内部具有相应的开发产业板块的布局，能够自主地实现动画、影视、游戏、衍生品等多个项目的开发、制作以及发行，目前除了少数几家企业例如腾讯、阿里巴巴等以外，很少有企业具备这种实力。另外，全版权运营模式因为在开发初期就需要统筹各领域的开发规划，在开发过程中往往是多个项目同时推进，需要投入的资金较多，回收周期长短不一，所以在实际运作中一方面需要企业拥有雄厚的资金实力和规划能力，另一方面也需要对网络漫画 IP 有一套权威而准确的估值体系，以确保所开发的 IP 拥有相应的变现潜力和投资价值，从而降低投资风险。综上所述，全版权运营模式的门槛很高，也有各种各样的条件限制，一般动漫企业除非将版权卖给大企业，否则难以实现全版权的运营。

分版权运营模式与全版权运营模式目前在国内属于比较偏向理论化的运营模式，实际运作过程中并没有完全的分版权运营，也没有完全的全版权运营，而是在分版权或者全版权运营与开发的过程中与版权合作运营模式结合在一起使用的，而版权合作的运营模式则能够很好地调和分版权运营模式以及全版权运营模式的优势与劣势，成为目前网络漫画 IP 开发中版权运营模式的最佳选择。

（三）版权合作运营模式

版权合作运营模式是目前最常见的运营模式，常与前两种模式混合使用，在版权合作运营模式中，网络漫画的一个或多个改编项目是由多家企业联合开发的，一方面是因为 IP 版权价格太高，许多中小企业难以独自承担高达上千万的版权金，多家企业合作则可以分担投资压力，另一方面则可以实现风险分摊、资源互补、利益共享。参与版权合作开发的可以是网络漫画作者、小型的网络漫画平台、相关开发制作公司甚至是大型的文化娱乐企业，合作程度有深有浅。例如，微博网红漫画家使徒子创办的徒子文化，采用联合出品①的方式深入参与到其授权开发的漫改影视或游戏项目中,以原漫画创作者的身份对动画以及真人影视的剧本、设定以及游戏策划等多个环节提供指导与监督,以保证改编作品的质量;三五互联通过项目投资的方式,与腾讯、啊哈动漫联合开发网络漫画 IP,腾讯与啊哈动漫则分别提供平台发行(包括 IP 资源)以及改编制作开发的技术主导,三者资源互补,联合出品孵化网络漫画 IP,并按照协议分配收益权益和项目的知识产权②;烽云影业与微漫画秉承"共创""共建""共享"的战略合作原则③,围绕多个网络漫画 IP 进行多项漫改真人剧的合作开发,实现优势互补,强强联合。

1. 版权合作运营模式的优势

目前,联合出品是最常见的版权合作运营模式,合作方通过建立共同的 IP 价值评估以及考核标准来筛选具有市场价值潜力的作品,制定共同的开发与营销策略,然后分别提供资金、IP 资源、平台以及技术、发行渠道等以达成合作,共同开发网络漫画 IP,联合宣传与发行所开发的产品,实现产业链上下游各环节的联动。版权合作运营模式能够扬长避短,集合多方力量实现资源的优化与整合,共同打造一个 IP 宇宙。在这个过程中,网络漫画 IP 开发所面临的资金压力、产业板块的联结与完善以及 IP 世界观的割裂等问题都能够得到一定的解决,而各合作方之间 IP 价值的评估与考核标准的建立则能够更好地降低投资风险。在版权合作过程中,各企业会有意识地增加合作深度,例如漫画作者监督改编开发项目的内容与质量,而有的 IP 开发者会通过将影视与动画的彩蛋与番外等放进相应的 IP 游戏中的方式来增加 IP 的影响力与粉丝的粘性。版权合作运营模式能够很好地弥补

---

① 融资数千万,每年操刀十余个漫画项目,徒子文化是如何做 IP 运营的?[OL]. (2017-09-07)[2018-03-30]. http://www.3wyu.com/14557.html.

② 三文娱. 出资一亿,腾讯+啊哈动漫+三五互联一起开发漫画 IP:二次元领域的联合出品越来越多了[OL]. (2017-8-30)[2018-3-30]. https://mp.weixin.qq.com/s/hoWk1h9MolDI5nVo4TDbmw.

③ 烽云娱乐. 烽云影业发力漫改作品,与微漫画共同启动 10 部漫改剧"F 计划"[OL]. (2017-09-16)[2018-3-30]. http://www.sohu.com/a/192417309_384450.

分版权运营模式与全版权运营模式在实际操作过程中的短板。

2. 版权合作运营模式的劣势

版权合作运营模式需要企业之间高度的默契值与深入合作的态度,相互之间要积极地为合作方提供帮助与支持,否则任何一方的缺失都会掣肘整个合作项目的开发进度。因此,企业之间需要完善的合作机制与利益分配机制,但这一点目前尚处于探索阶段,在我国网络漫画 IP 开发产业中并没有公认的权威合作机制,企业在合作过程中就难免产生利益摩擦与责任推诿等冲突,这不利于企业深度联动的推进,也就难以形成真正的产品联动,不利于 IP 价值的挖掘与发挥。要想真正发挥版权合作运营模式的优势,相关企业要积极推动行业合作机制的构建与完善,只有建立在合理的合作机制基础上,网络漫画 IP 的开发企业才能更好地实现深度联动,形成规模效益,提升 IP 价值。

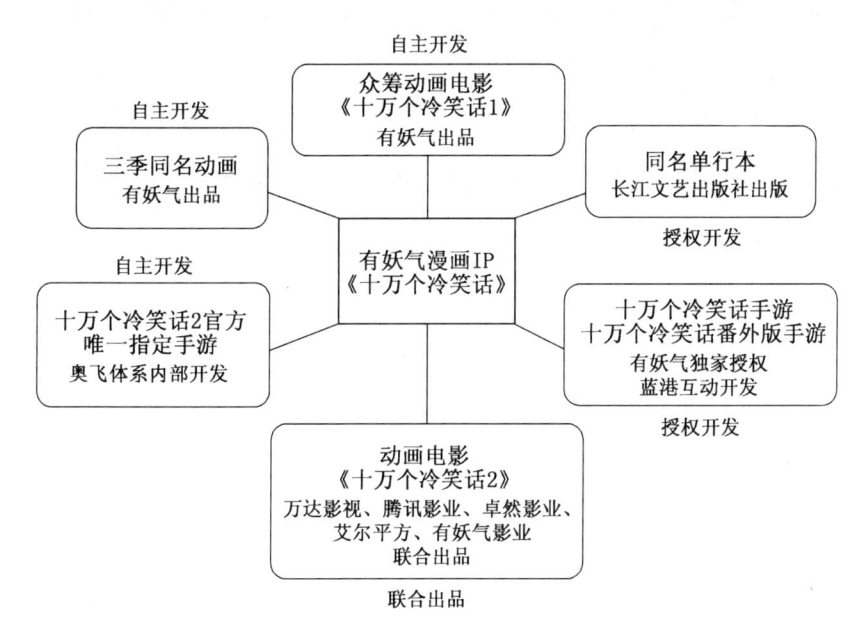

图 4-1 "十万个冷笑话"IP 版权运营图例

资料来源:作者自制。

在具体的实践过程中,网络漫画的 IP 运营方一般不会拘泥于一种固定的版权运营模式,以网络漫画 IP"十万个冷笑话"为例,如图 4-1 所示,其版权方有妖气原创梦工厂自主出品与开发了 IP 同名动画(共三季,分别在 2012 年 7 月、2013 年 12 月以及 2015 年 12 月上线),并众筹开发制作了动画大电影《十万个冷笑话 1》,创造了国内成人动画电影的票房奇迹,而收购有妖气的奥飞动漫则开发了动画电影《十万个冷笑话 2》的主题手游,实现了版权方对自有 IP 的多版权开发。而在被奥飞动漫收购之前,有妖气将漫画 IP 面向游戏开发的版权独家授权给了蓝港互动,而蓝港互动前后开发了两款"十万个冷笑话"手游,从版权运营的角度来看,这属于分版权运营的范畴。另外,动画大电影《十万个冷笑话 2》是由万达影视、腾讯影业、有妖气影业等联合出品,从版权运营来看属于版权合作运营模式。

也就是说,一个网络漫画 IP 的开发,可以在结合作品自身特点的基础上同时具备全版权运营、分版权运营以及版权合作运营模式的特点,这样不仅能够很好地调和每种版权运营模式存在的不足,也能将其优势放大,弥补运营者自身在 IP 开发过程中的技术、资金、产业板块等方面的缺陷,为企业的成长做一个缓冲。这对于正在成长与扩张的一些动漫企业来说是一个很好的折中点。

―――――― 装帧设计

大型学术图书装帧设计研究

——以《中国思想家评传》为例

钱思洁

学术图书出版比例占所有图书年出版总量约5%,而大型学术图书的比例则较低。所谓大型学术图书,除了具有学术图书的所有要素,还有出版规模大等特点。大型学术图书一是占比不高,二是受众少,因此大众对于大型学术出版物的装帧设计关注较少。大型学术图书不同于普通书籍的装帧设计,因为它体现了某领域、某阶段的作者、机构或团队的学术水平,又往往是国家重点规划项目,因此它占领了出版的精神高地,所以文化影响力颇大。

我国的大众图书装帧设计有了很大的提高,但大型学术图书的装帧还有些滞后。大型学术图书的装帧设计,更应体现图书的内涵,在传递学术信息的同时,也应更深层次表现学术图书的庄严性和经典性。

笔者以大型学术图书《中国思想家评传丛书》为例,探析我国大型学术图书的装帧设计,分析大型学术图书的装帧设计规律和规范,为我国大型学术图书的装帧设计提供理论分析与现实借鉴。

一、学术类图书装帧设计现状

(一) 学术类图书装帧设计的变迁

学术出版物的读者群较小,在过去,装帧设计并没有得到足够的重视,而随着时代的发展，学术类图书在装帧设计上也有明显的改进和进步。

1. 我国学术类图书装帧设计变化特点

我国学术类图书的装帧设计的发展相对滞后。首先，初期的材质大都不是很精致。从材质上可以看出，起初的材料并不是很好，图书大都不易保存，经过一段时间后，图书的纸张大都变得潮湿。这同我国图书材料的选择有很大的关系。就封面而言，20 世纪 50 年代至 80 年代，图书封面的纸张相对柔软。图书的内页纸张并不容易保存，时间长了，纸张容易发黄，图书的形象便不能很好地完整地展现。

其次，装帧设计的形式与内容的契合度不高。学术图书的装帧设计不能反映学术图书本身的价值内涵，并且学术图书的装帧设计还有同质化的倾向，设计雷同并单调，很难体现某学术图书自身的个性特点。

2. 我国学术类图书装帧设计滞后原因

首先，我国学术类图书发行量小。学术类图书所面临的读者群很小，并不像畅销书或一般图书有着广泛的读者受众群，因其发行量小，所以出版社在装帧设计上对其重视也不够。我国学术类图书的装帧设计滞后于一般图书的装帧设计。

其次，学术图书相较于其他一般性图书在设计上较为困难，对内容把握也会有一定的难度。学术图书的内容决定了它的外在表现形式不同于一般图书，换言之，其深刻的思想内涵必然决定了其外在表现形式要不同于一般图书。设计人员在设计的过程中，并不能很好地把握学术图书的设计精髓和重点。这一点和大众图书的设计有很大的不同。

再次，大众图书的装帧设计一般会找专业的设计团队或者个人设计师。而这类设计更倾向于活泼生动的风格，对于当下的学术图书来说，我国学术图书的装帧设计，普遍呈现出严肃、拘谨的形象，这是学术图书在装帧设计上存在的普遍问题。

二、《中国思想家评传丛书》装帧设计分析

(一)《评传丛书》概况

《中国思想家评传丛书》从1988年开始出版,历经近20年的时间,在2006年8月整体出版。丛书由南京大学已故校长匡亚明教授主持编纂,是一项大型传统思想文化研究工程[①],丛书共201部,包括从孔夫子到孙中山在中国思想史上有主要贡献的思想人物传记。主编匡亚明教授遵循了毛泽东在20世纪30年代提出的"从孔夫子到孙中山,我们应当给以总结,承继这一份珍贵的遗产"[②]的指示精神,规划出版这样一套丛书,对于从传统文化中寻求服务于现代化的思想之精神养料,具有重要价值和现实意义。

丛书虽有201部,但从第一位传主孔子到最后一位传主孙中山,共270人,有多部属于合传,即和相关的传主合在一起传评,如《程颢程颐评传》等。丛书近5 000万字。传主包含先秦诸子,以及秦汉至民初的玄学家、史学家、文学家、宗教家、书画艺术家、政治家、军事家、科学家等。丛书按照时代的顺序进行分类。从先秦孔子到韩非子,共12卷,传主15人;秦、汉、三国、两晋和南北朝,共39卷,传主65人;唐代,共22卷,传主30人;宋代,共26卷,传主32人;元代,共11卷,传主18人;明清以来至康有为、梁启超、章炳麟和孙中山,共90卷,传主110人。

此套丛书对过去的传统文化、传主的思想有批判有继承,重在继承和发扬丛书传统文化的精神内涵。丛书以"中国思想家评传"7个字为名,匡亚明先生考虑到的是,我国传统思想的核心在于其思想内涵和活力,而那些有

---

① 左健.一项规模最大的中国传统思想文化研究工程——写在《中国思想家评传丛书》全部出版之际[J],大学出版,2006(3):42.
② 毛泽东.中国共产党在民族战争中的地位.毛泽东选集[M].第2卷,北京:人民出版社,1952.

所成就的人,大多是在历史发展规律下,正确认识和掌握规律的人。

匡亚明先生当时选择编纂这套丛书,也有着自身原因。他年轻时对儒家的思想和文化产生了浓厚的兴趣,发表过一些关于儒家思想传统文化的文章。他参加过革命,虽然对传统文化有着短暂的否定①,但是匡亚明先生经过一段时间的探索和摸索,又深受毛泽东关于传统文化思想的论述的影响,晚年想要实现毛泽东同志关于总结从孔夫子到孙中山传统思想遗产的愿望。

《评传丛书》坚持实事求是的原则,在研究历史上各位传主的时候,掌握其真正的历史和内涵,并且在此基础上,进行客观地评价。在肯定和批判的过程中,继承和发扬他们的精神和传统。在对每一个传主的写作,对其"事实"的探究基础上,下笔的过程则抱以"求是"的态度进行写作。在把握大规律、写出历史上传主的大致思想和发展的一些共性之外,也强调每个传主的思想、生平及文化内涵都各不相同,对后世产生的影响也不同。从先秦诸子到后来的康有为、梁启超、章炳麟和孙中山,时间跨度很大,每个历史时期的人物代表的历史背景和文化对后世都有着不同影响。这一工程实质上是对中国两千年灿烂文明史的全面回顾和总结,在总结和批判的过程中,洞幽阐微,发扬光大。

此套丛书出版后,其中《孔子评传》获得过"中国图书奖"一等奖,1991年"光明杯"全国优秀哲学和社会科学学术著作荣誉奖和江苏省 1989—1990 年度优秀图书一等奖。2007 年获得首届中国出版政府奖图书类奖。

(二)《评传丛书》的设计

《中国思想家评传丛书》装帧设计有新旧两个版本。新版丛书装帧由张守义先生设计,丛书给人以端正、儒雅的感觉。丛书共 201 部,每本图书封面的主体图案都有一盏油灯的照片。这些油灯是张守义先生自己的收藏

---

① 蒋广学.《中国思想家评传》的时代特色[J].南京大学学报,1999(2):189.

品,后来在设计这套丛书的装帧时,先生将自己收藏的这些灯,作为思想的具象,并在每部图书上配上不同的油灯,每盏油灯意味着不同时代和不同时代思想家的光芒。

1.《评传丛书》新版设计

《评传丛书》的新版设计是由张守义先生完成的。张守义先生,是当代画家,也是一名书籍装帧艺术家。张守义先生的装帧作品被誉为"舞矛亦舞盾,能舞又能文"[①]。他创作了许多装帧设计和插图,他的作品个性鲜明,在书籍装帧艺术界享有盛誉。张守义 1930 年出生于河北省平泉县,1954 年毕业于中央美术学院绘画系。在一次采访中,张守义曾透露,他是因为爱书才开始做起图书装帧,没想到一干就是半个多世纪。

在插图创作方面,为了更深刻地体会到人物的动作和形象,张守义先生本人喜欢模仿电影或电视里的人物的形象,再以简单的线条画出,从而在人物形象上和神态上,起到传神的作用。创作的插图大都没有表情,色调简单,但是形象生动,图像大都通过肢体语言表述出来,很有设计感和艺术感。他多用人的动势表达情感,却很少用人的面部表情和五官来表达人物的内心。这也是张守义先生一直以来的创作风格和习惯。

张守义先生本人是一个爱好收藏古灯的人,他收藏的古灯近 500 盏,古灯横跨的历史也很长,他把大多数的古灯藏品,都用在设计的插画和图书的封面上。无论张守义去哪里,如果遇到旧灯,他都会收藏起来,放置于自己的家中。张先生为此写过一段小诗:"灯是思想者的火花,灯是读书者的陪伴,灯在大家的心目中是一个指引和引路者。"张守义先生所收藏的灯,除了运用在《中国思想家评传丛书》上,还曾运用于他设计的《巴尔扎克全集》的图书封面上。而《巴尔扎克全集》封面上的灯,据张守义先生所说,是巴尔扎克先生书桌台上的一盏灯,张先生对此有着自己的看法,认为那是巴尔扎克先生思想的火花,并且一直陪伴在巴尔扎克先生左右的一盏明灯。

---

① 阿一.简洁黑白风[J].编辑之友,2013(1):6.

在插图颜色方面,张守义先生创作的许多插图是黑白色调,在他看来,绘画常用的颜色有灰、黑、白三种①。黑色和白色互相衬托,起到了明显的作用和效果。所以,黑和白就成为先生最为喜欢的两种颜色。

张守义先生说,要成为一个好的创作者,应当具有以下几个特质:第一,对作品的内容要有深刻的感受。同时在生活中,要加深自己的感受并且积累相关的经验,并拥有丰富的想象。第二,在生活中要去多感悟。积累丰富的生活经验,并且要在生活中学习,在实践中加强探索。这样做的目的在于培养创作者更多的个人特色和特点。第三,从读者的角度出发,考虑读者的阅读习惯,不能一味地展现设计者自己的个性和特点。

以上是张守义先生的一些设计理念,从中可以看出他的一些设计方面的角度和看法,并且在实际的设计工作中,也起到了很好的指导作用。

(二)《评传丛书》的装帧用材

书籍装帧设计的外在组合形式有:书脊、面封、护封、底封、勒口、书盒和礼品包装等;内在组合形式有:扉页、目录页、正文书页、环衬、插页等。

图书的封面材料质地主要有以下几类:纸张类、棉纺织类、麻纺织类、毛纺织类、皮革类、木材类、涂塑类等。内在结构的装帧材料几乎是纸张类,一般生活中最常见的主要有:凸版纸、铜版纸、字典纸、压光纸、轻涂纸、胶版纸、拷贝纸和盲文纸等。书籍的装帧材料多种多样,不同的书籍可以采用不同的材料,以显示图书的美感和内涵,从而提升书籍整体的美感。

图书的封面材料很多,而图书的封面又可以分为平装封面和精装封面。平装封面纸张属于软封面,平装封面和书脊、封底是连续的,书脊部分胶粘在书脊上的。精装封面由内外两层材料组合而成,里层是厚硬纸板,外层是织物、涂塑类材料等。精装封面又可以分为全纸面精装、纸面布脊精装、纺织类精装和皮革类精装等。精装书具有立体的感觉,可供人们观赏。平装

---

① 张守义.漫说红与黑[J].出版工作,1979(6):43.

封面的常见材料有：胶版纸、涂布纸、纹理纸、皱纹纸、黑卡纸、牛皮纸和金属彩光卡纸等。

精装封面的常见材料有：特种工艺加工纸、涂布铜版纸、布纹纸、涂塑纸、冲皮纸、皱纹纸、金属光泽压纹卡纸、麻纺织品、棉纺织品、丝纺织品、羊皮革、猪皮革和牛皮革等。

《中国思想家评传丛书》这套书，包封采用的是 210g 覆亚光膜的铜版纸，精装本，本书从内容到整体上都呈现出了精品的形态。整套书为大 32 开。包封的纸张采用压纹工艺，摸起来有细小波浪的感觉，从这种设计上来看，整本书给人以思想缜密，源远流长之感。

封面是墨绿色的硬壳纸，印有烫金的书名和文字，给人以端庄而精美、庄重而古朴之感。

书籍的正文承载着书籍的内涵和文字，是书籍的主体部分。纸张的柔软度、平滑度、白度和光泽度对纸张来说很重要。读者阅读一本书时，需要经常翻阅，纸张的质量在这方面要经受很大的考验。一般图书的内页装帧材料主要有以下几种：凸版纸、胶印书刊纸、字典纸、胶版纸、书写纸、铜版纸、轻型胶版纸、地图纸、宣纸和凹版印刷纸等。《中国思想家评传丛书》的正文用纸均为 70 g 双胶纸。这种纸张光滑度好，字体看起来很清晰，摸起来也很舒服，与环衬、硬封、护封等匹配天然一体。

（三）《评传丛书》装帧设计的视觉要素

一本书的封面，我们可以从多方面进行分析，一本书给人的直观感受主要体现在书的封面上。不同类型的图书，在封面上给人的感觉也不同。文化艺术类图书的封面，给人以儒雅，文艺的气息；自然科学类图书的封面，给人以严谨的感觉；学术图书的封面给人以庄重的感觉。研究封面的视觉要素，我们可以从以下几个方面进行分析，即书籍文字，色彩，图片，环衬、扉页和书籍的整体设计这几个方面。

1. 文字的设计

封面文字中不可或缺的重要内容是书名、作者名和出版社名,这是封面的功能性所规定的[①]。读者看到一本书,首先关注的是书名,其次看书给人的整体感觉,最后再看书的内容。图书的视觉要素都是围绕书名展开的,一本书的封面字体设计的好坏,直接影响到读者对该书的兴趣。图书的封面上印有书名,也会印有副标题,封底会有内容提要和简介。这个时候就需要封面的书名有主次之分,要先突出书名的文字,再依次排作者名、出版社名字。

首先,护封的文字设计。

从《中国思想家评传丛书》来看,先看护封的封面,丛书名是"中国思想家评传丛书",书名是每本评传的内容,以传主为主,比如"孔子评传""孙中山评传"等。各评传的名字靠右侧,竖排,华文中宋字体,加粗。作者名放置于书名旁边,竖排,黑体。丛书名同作者名的字体、字号和排列方式一样,但是丛书名排列于护封的正中间,字体和字体间相距一个字符,依次排开。护封的正中上方是主编者名,横排,和主书名形成垂直的关系。出版社名字位于书籍的正中下方,横排,宋体。

包封的书脊。书脊上没有过多的文字,主要有4类文字,依次是:丛书名、卷次、书名、出版社名。丛书名和出版社名均是竖排,分别置于书脊的上方和下方。丛书名下面是卷次,阿拉伯数字。接下来是书名,加粗,华文中宋字体。

护封的封底。包封的封底均是英文,同样有4类文字:丛书名、书名、作者名、出版社名。均是横排,字体全部是 Times New Roman。丛书名"Critical Biography Series of Chinese Thinkers"置于护封封底的顶端,横排。接下来是主书名,字体均大写:"A CRITICAL BIOGRAPHY OF"。"OF"后面跟着的名字则是各传主的名字,字母大写,加粗。接下来是作者

---

① 邓中和.编辑与装帧[M].北京:首都师范大学出版社,2010(7):87.

名,与丛书名的字体相同。位于中下方的是出版社名。

其次,封面的文字设计。

封面的文字设计中,除了封底没有文字设计,面封和书脊都有文字。封面的文字主要有:主编者名、丛书名、书名和作者名。除了文字的位置和护封上文字的位置不同外,其他的要素是一样的。除了书名,其他的字体均为黑体。

封面的书脊文字的设计同包封的书脊唯一不相同的是,书名的文字没有加粗。其他的形式都相同。封面的文字,采用烫金的形式,看起来更加庄重和典雅,符合学术类精品图书的典范。

从用字的分析中可以看出,该套丛书的包封和封面的文字,全部采取华文中宋、黑体和 Times New Roman 三种,封面文字的设计以书名为出发点展开想象和设计,目的在于突出一本书的重点。封面的文字有疏有密,很有节奏感;有强有弱,有近有远,很有层次感。

学术图书要求严谨、正式和庄重,《中国思想家评传丛书》在装帧设计的用字上体现了出来。书名副标题用字的加粗,直观上给人以醒目和庄重的感觉。整个封面中,传主名的字号最大。所以,从侧面证实了该书的设计围绕图书的传主进行设计。读者一眼就可以看到图书的书名,从中可以看出设计者的用心。

从书脊来看,文字不是很多,但是依然突出的是传主的名字,书名处于读者阅读的中心,读者在阅览 201 部评传的时候,可以很轻松地找到自己想要阅读的那一本。字号的大小、字体的形式给人以清晰的直观感受,同时也不失庄重的感觉。

2.《评传丛书》的色彩设计

色彩在图书封面设计里,是不可或缺的重要元素。色彩中不同的色调给读者以不同的感受。色彩的互相搭配,可以间接成为表达图书内容的重要手段。

色彩可以表达各种情感,可以表达颜色的个性。一本书的色彩不是越多越好，也不是越鲜艳越好。色彩是有规律的。具体如下：亮色的、鲜艳的和对比非常明显的色彩，常给人欢快的感觉，通常，儿童书籍的封面色彩非常鲜艳，适合儿童阅读；生活类的图书色彩也很鲜艳。颜色较暗的色彩，比如灰色、咖色和黑色，给人以沉稳、庄重的感觉，这样的颜色适合于学术类、文艺类和比较有文化内涵的图书。这是一个大体的规律，但是具体到某些图书上，还需要具体分析。

色彩给人以直接的视觉上的刺激。读者在选购一本书的时候，色彩起到了很大的作用。颜色鲜艳的图书，能直接挑起读者的兴趣，但是，颜色庄重的图书同样也可以给人以庄重协调的感觉。色彩有吸引人眼球的功能。

《中国思想家评传丛书》包封的色彩主要有以下几种：咖色、白色、灰色、黑色。色调较为协调。从整个包封来看，面封上的字体，除了传主的名字采用黑色外，其他的字体均以咖色和白色为主。上方和下方的文字，以咖色为背景作为衬托，字体为白色。作者名和丛书名的字体以咖色为主。书脊上的字体，传主名为咖色，丛书名和出版社名为黑色，卷次以咖色背景作为衬托，数字为白色。可以很明显地体现出书名，读者从远处看，很直观、很清晰。

丛书的硬封面全部以草绿色为主，给人以严肃凝重的感觉，封面文字烫金，显得大方、沉稳、庄严和庄重。尤其作为经典类丛书，再加以烫金文字，更加体现了传主本人的思想的火花，更加显得经典和大气，符合大型学术著作的审美要求。读者拿在手里，可以深刻地感受到图书带来的强烈的厚重感。

护封的颜色较浅，突出了传主的名字，颜色具有整体性，从包封的面封一直延续到书脊和底封，面封、书脊和底封处上下部分，颜色使用渐变的效果，给人以立体的感觉，很直观，很大气。内封的封面又以深沉的草绿色为主，在颜色上产生了强烈的对比。在浅色的包封下，可以突出该书的识别程度，而在打开该书的时候，书中深沉的文化底蕴就凸显了出来。从中可以看出，护封给人以大气、便于识别的感觉，封面的颜色则是对丛书内容深刻地体现。

3.《评传丛书》的图案设计

图书封面中的图案是必不可少的。每本图书的封面都会有图案和形象的设计,图书封面是对书籍文字内容的一种直观阐释,同样,好的封面也可以起到吸引读者的作用。

图书的封面可以运用照片、画作、几何图案等作为封面的图案。直接的图片可以直观展现书中的内容;抽象的画作可以间接地体现出作者想要表达的寓意。

思想文化类图书,封面图案大都以简单的线条、温和的图案为主,没有强烈的冲突感,读者看到后,知道其书中所蕴含的内涵。这类图书装帧大都有自己的风格和形象,较容易识别。

传统文化类图书,封面装帧十分精美,很多有书函和书套,设计中加入我国民族传统的元素,读者看后,就明白这类图书代表的是我国优秀的传统文化,体现出我国的优秀文化底蕴和特色。

《中国思想家评传丛书》,每一部的封面上都印有一盏灯的照片,每盏灯都不同,灯的背景是一本摊开的线装书的某一页。每册图书的封面背景都是对本册图书传主的一个介绍,阴影效果印上去的文字,近看可以看清楚。封面上的灯恰好是张守义先生平时的收藏品。灯不仅仅是平民百姓家的必需用品,同样也体现出了每位传主的智慧之光。丛书传主,以各个时期的划分来看,以孔子为首,最后一位是孙中山。封面的每盏灯,也是每位传主所在历史时期的灯。如果不是有着丰富的收藏和严格的美学知识,以及文学的积淀,是不大可能设计出与内容如此协调统一的封面。从这套丛书的封面,足以看出张先生对具象与抽象、史学、文学和美学的掌握和对其内涵的理解。

从图案的设计来看,丛书护封的封面和封底上均有一盏灯。从封面的图案来看,灯是黑白色调,背景虚化,处于整本书的正下方,在出版社名字的正上方,周围以白色基调为主,突出了灯的效果。古灯的背景,是线装书的某一页,影印在灯的背面。从封底来看,古灯和封面的位置相近,形状要小些,更简单些,再加以阴影的效果。再看图书的封面,封面上印着的,是和包封相互呼应的烫金的灯的形状。

从封面图案中线装书的某一页的文字内容,可以看出,其中的文字大都是关于传主本人的历史的文献资料,以虚化处理,置于每册图书封面上的每盏灯的背面。它恰好和丛书的题目互相衬托,体现出传主本人的一生,也是对传主本人的一个大致介绍,无论从图案,还是内涵来看,都体现出了其主题。

张守义先生多年来收藏灯的唯一用处是,将其一次次地用在他设计的封面上和插图中。张守义先生曾说过:"灯与劳动者为伴,灯与求知者结友,灯与助人者同行,灯与度节者共乐"[①],他将自己称为藏灯人。

从每一个传主的角度来看,在每个传主的封面上印有一盏该传主所属历史时期的灯,恰好也体现了传主本人思想的火花。而每一位传主,恰好是在日夜苦读的基础上完成了自己的成就和成绩。每一个有所成就的人,都离不开一盏青灯的陪伴。每一盏灯见证了一个思想的诞生和出现,想来这也是张先生愿意将其收藏的古灯用在 201 部评传封面上的原因。从另一个角度来看,一盏青灯伴随着一本卷轴,刚好反映了每位传主都会在青灯前手捧一本书,细细阅读和研究。每盏灯陪伴思想家耗费的灯油,恰恰也陪伴了每个思想家的思想的形成,是每位思想家的思想形成的见证。这就是张守义先生将 201 盏古灯设计在封面上的双重内涵。

4. 环衬和扉页的设计

环衬是封面与书心之间的过渡单页型双连书页。一个环衬有四个页面。在书心前面的是"前环衬"。在书心后面的是"后环衬"。环衬可以明显地增强封面与书心的联结牢度。对于精装书来说,环衬是必须的,硬质的书壳必须要用环衬来联结书心。

《评传丛书》的扉页位于主书名页的正面。提供的是图书的书名、作者

---

① 张守义.老油灯[M].北京:团结出版社,2000(8).

和出版者的信息。多作者的图书，需要在扉页上列出主要作者，出版者要采用全称。图书的扉页上，也有一盏灯，但它是张守义先生手绘的一个简笔画的灯的形象，刚好和封面的灯形成了呼应。扉页后印有传主的黑白照片，足以体现。

在环衬上，《中国思想家评传丛书》采用的是特种工艺加工纸，也称美术装饰纸。它是采用各种纹理辊压成的纸张，有多种类型和纹理，在学术图书中用得较多，显得有档次和质感。在该套丛书中，以淡绿色为主，和硬封刚好形成呼应，颜色由深变浅，整体上给人以协调感。

扉页上，以铜版纸为主，纸张较厚，扉页的单页页码上除了和封面相同的内容外，还有以线条草草勾勒的一盏灯，印在书名上方，这盏灯以封面上的灯为原型，用画笔勾勒出来。扉页的双页页码上，印有《中国思想家评传丛书》工作领导小组的人员组织情况。扉页和封面前后呼应。丛书的整体设计很规范，也很严谨，可以看出设计者的用心。

5. 书籍设计的整体意识

从丛书封面的整体设计来看，总共有以下几点：

颜色的简洁性。丛书的颜色，从护封、封面、环衬和扉页几个方面来看，给人以协调和大气之美。整套丛书的颜色有以下几种：咖色、白色、灰色和墨绿色。这几种颜色恰好满足了学术图书的基本颜色，给人以沉稳和大气的感觉。颜色由浅变深，再由深变浅，形式上达到了美感的统一，依次以"白色—墨绿—浅绿—白色"为顺序，给读者以感官上的舒适感和协调性。

颜色的简洁性还体现在护封上，尤其是天头和地脚的颜色的统一，做到了两头对称的和谐统一的关系。颜色在做到有层次感的同时也避免了一头重的情况发生。

文字的统一性。护封、封面和扉页的文字，一共有三种字体，即黑体、宋体和华文中宋。字体的协调性体现在：以一种字体为主，其他字体呈四周环绕的形式。这样设计的一个优点在于，突出书名，标题醒目，读者在浏览该书的封面或书脊时，可以在201部评传中很容易地找到自己需要的那一本。

这是统一性在文字中的体现。

内文排版的统一性。除了内容上的不同外,每卷图书在内文的字体、行距、天头和地脚的设置上都有其连续性和统一性。读者在阅读后,并无视觉上的不协调感和冲突感,这是大型学术著作的一个显著特点。

丛书整体的风格中,又有个性的变化。《中国思想家评传丛书》是一套大型的精品学术著作,在装帧的材料和工艺上,尤其讲究丛书整体的协调性。除了每本评传的传主不同,题目不同之外,其余的设计和装帧均有固定的模式。当201部整体上架的时候,给人以严肃、庄重和严谨的感觉,这是丛书最重要的特点。每本书的环衬材质、书中的每个章节的页面都是统一的。每卷又以封面标记的图案的不同、数字的不同来加以区分。而封面的图案又各不相同,又有其各个时期的特点和特色。

丛书不仅在视觉上,给人以横向的连续性,同时还具有纵向的连续性。读者看后,在其视觉上,在整体的风格上,体现着有序的变动。

(四) 新旧版本的比较和研究

《中国思想家评传丛书》还有一个年代较早的装帧设计版本,由另一位先生设计。两者在内容上无太大区别,在装帧设计上既有相同也有不同。在此基础上,我们可以进行以下的分析,从中可以发现一些规律。

1. 新旧版本的共性

在共性方面,主要从开本、字体和封面图案三个方面来分析。主要有以下几个方面:

开本相同。两个版本均是大32开,规格一样,均是圆脊精装本图书。

字体相同。旧版本护封的字体依然是三种字体:黑体、宋体和华文中宋。旧版本封面的字体和新版本封面的字体相同。书脊上也有四类文字,即卷次、图书名和丛书名,排列的位置也相同。

封面均用民族元素作为装饰。旧版本和新版本均有封面图案,图案的方向均相同,置于护封和封面上。

2. 新旧版本的区别

两个版本的区别很明显。具体而言,在于颜色、图案设计、字体、环衬和扉页上的不同。

首先,文字排列和字体的不同。

从护封的封面来看,新版本中图书的主标题字体是华文中宋,旧版本的是宋体,不加粗,后者标题看起来稍显单薄,缺乏厚重感。旧版本的作者名和书名的排列方式相同,字体相同。"中国思想家评传丛书"9个字和主编者的名字采用的是横排的方式,置于护封封面的左上方。"中国思想家评传丛书"在旧版上是烫金文字。出版社名置于包封的左下角,与丛书名和主编者名垂直分布,一个在天头,一个在地脚。

书脊字体的不同。书脊处字体的区别在于卷次和书名两个方面。书名的字体是宋体,不加粗。置于上方的"中国思想家评传丛书"几个字虽字体和新版相同,但是字号比之前的大了许多。出版社名也是宋体。纵观整个书脊的字体设计,无论从字号还是字体的角度来看,都没有突出主书名,如果读者在201部评传中找出自己需要的某一部著作,并不是很方便,也很难做到一眼望去就可以快速找到。从中可以看出,该套丛书的书脊设计,在很大程度上,决定了读者是否方便并且立即从中选择出适合自己的图书。

护封封底字体的不同。包封的封底和新版一样,是英文。丛书名"Critical Biography Series of Chinese Thinkers"同样在包封封底的顶端,排两行,Times New Roman字体,加粗。主书名"A Critical Biography of"和

作者的名字是 New Baskerville EF Black 字体。传主名均为大写,加粗。封底的底端是出版社名,字体与作者名相同,字号较小,看起来不明显。纵观整个包封封底,可以看出,字体的差异并不明显,字体较小,在国外读者看来,并没有太大的差异性和明显性。

其次,颜色的不同。旧版的评传封面颜色主要以黄色、黑色、灰绿色、淡绿色、深蓝色和土黄色为主,以下分别阐述。

从护封封面来看,主体颜色是黄色,除了丛书名和编者名是烫金外,其余的字体均为黑色。主书名的上方和作者名字的下方均有红色条块作为装饰。

从护封的书脊来看,丛书名的背景色是淡绿色,和封面的装饰淡绿条刚好呼应,出版社的名字是淡绿色,置于书脊的正下方。

从护封的封底来看,丛书名的背景色和传主的名字是淡绿色。底端配以灰绿色的横条,和封面的图案背景相互协调,达到了很好的效果。读者在看到这本书的时候,视觉上在横向和纵向上都达到了一种连续性。

从整个护封可以看出,淡绿色虽然不多,但是前后呼应,相互协调。

从封面来看,封面、书脊和封底的颜色均为深蓝色。封面印有主书名,书脊上印有丛书名、卷次和主书名,均是烫金效果。

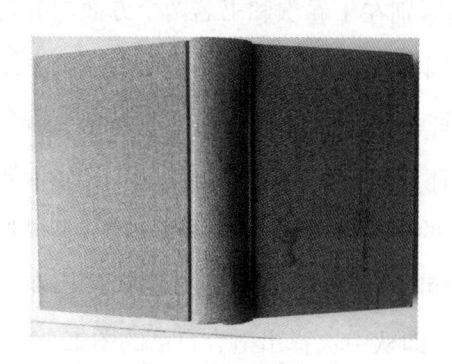

环衬的颜色是土黄色,恰好和护封的颜色形成了呼应。

扉页的文字背景是淡绿色,和护封的颜色形成了呼应。

颜色在整套丛书上相互呼应,按以下顺序排列:黄色—黑色—淡绿色—

绿色—深蓝色—土黄色。从护封、封面和环衬三个方面，在颜色上进行匹配，内外呼应。

虽然旧版在颜色上也有学术类的特色和特点，但是在颜色的搭配上并没有很协调，有些许突兀感：色彩过于鲜艳和轻飘。

再次，封面图案的不同。

旧版的护封封面上的图案是汉代的瓦当和西周中期的钟。编钟的背景是半个瓦当。护封的封底处印有一个尺寸较小的瓦当，钟和瓦当均不以真实的图片为主，而是影印上去的效果，类似于拓片的效果，由简单的线条和块状图案组合而成。

钟是古代的打击乐器，单独悬挂的时候是特钟，大小依次排列成组悬挂的是编钟，可以奏出乐曲。钟在古代有早起鸣钟之意，从另一个角度来讲，体现了传主本人晨起而作的寓意，放置于图书的封面，从中可以看出钟对思想家的一个隐含的含义。

瓦当是中国书法、篆刻和绘画等方面的宝贵资料，对研究中国古代各个时期的政治、经济、文化等具有一定的参考价值。汉时瓦当在当时是世界上属于领先的建筑材料和艺术品，是物质文明和精神文明的符号，放置于此书的封面并不是很适合。编钟是礼的象征，代表中国文化中的典制，用于经典思想家评传图书的装帧设计图案并无不可，但《中国思想家评传丛书》选取的思想家是各个领域、各个不同时期作出卓越贡献的历史人物，选用编钟就不具有代表性。

瓦当和钟在我国处于周、汉代时期，这两种图案并不能很好、很完整地体现出整套丛书想要传递的思想的火花，放置于此，并不是很合适。瓦当和钟，只能体现出在其时代的传主的思想的火花，如果要体现出跨越孔子和孙中山先生的思想，则显得牵强附会了。而思想家之所以称之为思想家，是因为他们都掌握了深刻的历史规律和历史内涵，因此，可以看出，思想家是贯穿历史的，是和历史规律相契合的。因此，灯在这里就起到了一定的作用。这也是放弃旧版而使用新版的原因。

封面上的图案和护封的相同,图案的位置也相同,不同之处在于,旧版封面上的图案是不锈钢花纹辊压出的花纹,摸起来凹凸不平。201部评传的旧版封面图案和颜色均相同。

钟的颜色和护封主书名的字体颜色刚好呼应,在整体上起到了很好的协调作用,恰好代表了每位传主的思想的火花,给后人以警醒。

旧版护封上的编钟并不能很好地展示出整部丛书的思想火花,也不能深刻体现出每位传主的思想的火花,在这点上,不太能体现出封面图案对图书内容的体现。

最后,材质、环衬和扉页的不同。

旧版的材质和新版的材质相比有很大的不同,最明显的体现是在护封和封面上,这里主要从护封和封面的材料进行分析。

旧版设计的《中国思想家评传丛书》护封为纸面材料,覆一层塑料薄膜,不易撕裂和扯断,也不易沾水变湿,对封面起到了保护作用。

封面的材料以蓝色为主,材料选用"漏底漆布",封面纸壳3 mm,该布料是我国精装书籍封面面料中的第一种专用材料,在当时用得较多。

旧版图书在封面的选择、材料用料上和新版有很大的不同,因此,可以看出,在这一方面,两个版本有很大的区别,间接反映了当时的工艺材料的进步和发展。

从环衬上来看,前环衬和后环衬的图案相同,图案占据整个环衬的篇幅。图案内容是有一人在敲击编钟,两个编钟横向排列。从整体角度来看,图案的内容和护封里外呼应,护封上的钟是独立的,而环衬的图案中的人对编钟的敲击,预示着传主本人思想火花的产生和冲击,是一种思想的碰撞和交流。

3.《中国思想家评传丛书》新旧版本装帧设计之比较小结

通过对《中国思想家评传丛书》装帧设计的新旧版本的探析,可以看到两者装帧设计的相同和不同之处,从中可得出以下结论:

第一,新版本更具有简洁性。新版本在封面上更具有"白"的特点,足以体现学术图书装帧设计的简明简洁、端庄大方的特点,具体体现在文字和封面布局两个方面。文字的字体和颜色较单一,视觉上没有任何不适感,很好地突出主书名。读者看到的无论是封面还是书脊,都可以清晰地找到自己想要的那本,具有很好的辨识度。从护封的布局上来说,新版本的布局更具有留白的特点,借鉴中国传统绘画艺术的手法,看起来并不突兀,书名体现得很直接。

第二,新版本封面的图案更具有代表性。"灯"这个图案寓意光明,体现出思想火花的"不息"和各个历史时期不同灯的"变"的统一,既与中国思想家这一主题相贴近,又能很好地涵盖从孔夫子到孙中山的历史跨越,既有统一性又有变异性,形式与内容无缝对接,非常熨帖融洽。新版本的封面可以更好地反映出图书整体的内涵和内容,容易理解,而旧版本图案本身不清晰,并不能很好地反映出大型学术图书的内涵。旧版本封面图案仅仅采用一种图片,是不合适的。201部涵盖了各个历史时期的思想家的评传,其所有封面图案仅仅用一个时期内的物品来代表,不足以展现出我国思想家在我国整个历史长河中对我国各民族的影响。因此,从这点上来看,旧版的设计并不理想。

第三,新版本的材料更有厚重感。从触感和视觉上可以感受到,新版本的《中国思想家评传丛书》给人以庄重和肃穆的感觉,更多的是厚重感。而旧版本在视觉上给人的感觉比较单薄,不足以体现出大型精品图书的深刻意蕴,所以,材质的选择可以间接反映出图书内容的整体质量和思想。

两个版本装帧材料的不同,从侧面反映出了我国装帧材料的进步。从一开始的单一的装帧材料,到之后进口的装帧材料的转变,表明我们在制作精品图书时,更加注重的是材料对图书的美感追求。这对我国精品图书走向世界有着深远的意义。

三、大型学术图书装帧设计比较研究

(一) 我国当前大型学术图书装帧设计概览

因为是大型学术图书,所以,在此将其同世纪人文系列丛书(207册,世纪出版集团)和《汉译世界学术名著丛书》(599种,商务印书馆)作比较。

世纪人文系列丛书,由上海译文出版社出版,均为平装本。丛书内容均为研究"人"的问题。

商务印书馆出版的《汉译世界学术名著丛书》,是各国的学术名著,以马克思诞生以前的各流派的作品为主,也有少许现当代的外国学术作品,包含政治法律、经济、哲学、历史、地理和语言六大领域的内容。该丛书被陈原赞许为"迄今为止,人类已达到过的精神世界。"

1. 材料比较研究

《汉译世界学术名著丛书》和世纪人文系列丛书,有一定的相似性,两者是平装本。内文的纸张轻薄,读者翻阅起来比较容易,适合阅读,携带方便。封面材料的选用,以铜版纸为主,上面覆一层亚光膜。

2. 视觉要素比较

首先,颜色比较。

两套丛书的颜色较浅,比较柔和,以白色为主。《汉译世界学术名著丛书》的颜色以白色为主,封面也以奶白色基底为主,封底的颜色和封面不同,但都以纯色为主,书脊的颜色和封底的颜色相同,但是所有册的封面均为白色。作者名上配以咖色线条,书名黑色,整本书中间无其他过渡颜色。

可以看出,两套丛书的颜色均是三种颜色,种类少,但都以白色为主,书名黑色,突出了学术图书的严肃性。

其次,图片比较。

世纪人文系列丛书上并没有图片,只有简单的文字,书脊上印有出版社的标志。

《汉译世界学术名著丛书》的封面上，印有一个烫金的图片标志，位于封面的左下角，图片也像是灯的化身，寓意以启迪人的思想，是智慧之光。

最后，字体比较。

两套丛书的书名字体均为宋体，字号不同，其余的均相同。在字体方向上，《汉译世界学术名著丛书》竖排，世纪人文系列丛书横排。

(二)《中国思想家评传丛书》的装帧设计

《中国思想家评传丛书》均是精装本，且丛书的部类较多，共201部。

设计者将图书内容作为主角，在封面上展现出不同时期思想家的特点，以传主所在的历史时期的灯为主，放置于封面上，彰显传主思想对时代的影响。

其设计的内涵和设计者本人的爱好和喜好也有很大的关系。张守义先生习惯将个人爱好用于书籍的装帧设计中，用简单的线条和图案来衬托，他本人也颇爱收藏古灯，收藏的古灯近500盏，并一次次地用在插图和图书的封面上，而以古灯为代表的装帧设计就在这点上体现出来了。

大型学术图书装帧设计丛书，在纵向上具有一定的统一性和整体性，其中，细节并不相似，但是，从整体上来看，无论是颜色、图案还是排版，又是相同或相似的。

通过对这两套大型学术丛书的对比研究，可以发现当前大型学术图书的装帧设计材料较之前有不同之处，当前的装帧材料大都是精装本采用的材料，所以对书的保护有很大的优势和作用。

在材料的选择上大多采用硬卡纸封面，纸张也较之前平滑，不易破损，从视觉上来说，不刺眼，有利于读者阅读，给人以舒适感。

从视觉要素上来看，以上两套大型学术图书在设计上，尤其是在封面图片上，并没有太过于花哨的图案，颜色大都沉稳庄重，同时，当前大型学术图书在装帧设计的美感上，还需要重视。我国当前大部分大型学术图书的装帧设计在视觉要素上的设计元素较少,封面、护封和封底均是文字,即书名,再无其他图案。因此,我国的大型学术图书在视觉要素上的设计,有所欠缺。从这个层面来看,《中国思想家评传丛书》在视觉要素设计上,对其他大型学术图书起到了模范作用。

大型学术图书渐渐走向国际市场,好的封面可以起到很好的宣传作用。

可以借鉴台湾地区和日本的图书装帧设计。日本的装帧设计在国际上的影响颇广,我国的装帧设计在技巧的借用上,可以向日本学习,同时多用民族性的元素。

四、结语

什么样的衣服反映一个人具有什么样的内在和风格,而书的封面好比人的衣服,有什么样的封面,就可以间接反映出书籍的内容和内在表现形式。如何设计出符合内涵的封面,设计者和编辑需要不断学习和体会。

大型学术图书装帧要有设计上的连续性。在设计大型学术图书的时候,每册图书形式上的统一是必不可少的。为了体现图书在此基础上的连续性的统一,需要对整套图书的内容和形式做好统一工作,以体现大型学术图书的严肃性。

大型学术图书在视觉要素上的统一性。在图书设计方面,需要关注其设计的整体性。整体性完整地体现在图书装帧设计的图案、颜色和文字上。整体性不仅在一般类图书中有所体现,在大型学术图书面前也表现得尤其重要。大型学术图书装帧设计,说到底是对图书文字内涵等的持续性延伸。所以,装帧设计不仅仅是对单本图书的设计,更重要的是对图书内涵的延伸和继续,有利于读者对图书的阅读和选取,需要每卷统一,不得一卷一个设计,完全个性化,因为这既不符合大型学术图书的特性,也不属于大型学术图书应有的范畴。

品牌个性。大型学术图书的设计,反映了其出版社的特点和特色,也反映出了设计者的性格特点。但是，在面对大型经典类图书的时候，图书的设计需要彰显的不是设计者本人的个性，而是设计者所代表的出版社的品牌个性。

不同于一般图书，大型学术图书以多卷的形式组成一套，所以在装帧设计上，尤其是封面或护封的视觉设计上，通过对整体的分析发现，大型学术图书在视觉要素的设计，即图案的设计上，有所欠缺，仅仅是书名和封面的设计，再无其他的设计。

大型学术图书的设计均衡沉稳。均衡沉稳体现在字体和颜色的均衡上。首先，以版心为中心，图片的尺寸、位置和数量都是决定图书封面设计的一个重要因素。其次，在设计的过程中，更应该注意文字的大小。同时，也要注意文字的疏密排列、文字的颜色，以及文字和图片的融合程度。从以上两个方面可以看出，图片和文字在版面设计上的重要程度，在形式上和谐统一的重要性，在某种程度上具有节奏感与和谐感。

在设计大型学术图书时，不能以一般图书的眼光进行设计。由于大型学术图书在整个学术图书，乃至整个图书市场中，处于高端和经典的地位，设计材料的选择尤为重要。那么在选择其材料的过程中，要以精品经典，以及具有厚重性和沉重感的材料为主。

颜色具有单一性。在对学术图书进行设计的时候，不可单纯为了表现出其经典的特质，而忽略书中的内容，也不可为了表现其经典性，而在材料的选择和加工上，过度地包装。这不符合经典类图书该有的特性和性质，真正经典类的图书，应当是合适地通过外在的装帧和设计表现其思想的内涵和内在。

当下的大型学术图书在装帧设计方面存在着质量参差不齐的现象。从规范的层面来看，缺乏对大型学术图书装帧设计上的规范性指导。

我国的大型学术著作阅读队伍较小，而学术著作本身的规范性和严谨性，让设计者和编辑们在设计的过程中受到一定的限制。如何做好学术图书的装帧设计，甚至是如何设计好大型学术专著，成为我国装帧设计行业当前需要面对的问题。学术著作不同于一般图书,其思想性决定了其外在的表现形式不同于一般图书,不可太生动活泼,而严肃性是其必不可少的一个方面,同时,大型学术专著的装帧又不同于单一的一本学术图书,这在形式上对其要求更加严格。因此,在提高其设计质量的时候,编辑和设计者就需要开阔自己的视野,打开思维的广度和深度,结合内容的同时,有所创新,真正做好学术图书和大型学术图书的装帧设计。

因此,做好大型学术图书的装帧设计,要求我们做好以下几个方面:

突出庄重性,运用我国传统文化中的民族元素。通过分析《中国思想家评传丛书》可以看到,民族性的元素在其设计上表现得很明显。在反映人文思想类的图书方面,尤其在以我国优秀思想为主体的内容上,添加民族性的元素可以更好地提升大型学术图书的品位和格调。从另一个角度来说,真正体现出了内容和形式的统一。

成套设计原则。中西方在整体性上都有着相同的审美和情感。亚里士多德说"美在于统一体",说明了整体美的重要性。所以,经典类图书的装帧设计就要在这个整体原则指导之下进行[①]。成套设计体现在标题、材料、排版、环衬、扉页、颜色和文字的整体性上,读者在阅读的过程中,并无视觉上的突兀感和不适感。

把握和谐统一的原则。所谓和谐统一,在于排版、文字、图案和颜色的明暗程度上的和谐和统一,除了在一套体系上的装帧设计上的和谐统一外,其他的版式中不同的元素并不可孤立,要做到和谐元素的统一和规范,也要做到和大部分元素在要素上的一致性。元素均由一定的比例组成。要使整个书籍版式具有一定的和谐性,才可以称之为成功的设计[②]。

提高整体大型学术图书的编辑设计团队水平。大型学术图书在装帧设计上,并没有专业的团队,大多数设计是出版社内部人员进行编辑设计的,

---

① 徐伶俐. 关于书籍设计艺术中审美问题的研究[C]. 武汉理工大学,2006.
② 钱品辉. 论包装色彩设计的美学特征[J]. 包装工程,2006(27):289.

在图案和材料的选择上缺少专业性。因此,加强这方面的训练和合作,是大型学术图书在装帧设计上需要提高和改善的方面。

拓展宣传。当今是互联网时代,微博、微信的兴起促进了商业的运营。无论是图书出版商,还是图书设计领域,都在和时代进行着接轨,而最明显的莫过于在图书的腰封上配以二维码,起到图书宣传的作用,在这点上,大型学术图书可以借鉴。

大型学术图书的封面设计留给我们很多启示,本文以《中国思想家评传丛书》为例,从图书的组成要素来看,本文从护封、环衬、扉页和封面几个方面来进行分析。从封面设计的具体内容来看,本文从文字、颜色、图案和字体这四个方面进行分析。总的来说,我国学术图书的装帧设计还有待提高,但是随着我国科学技术的创新和提升,我国的学术专著,尤其是大型学术著作,将会越来越形神兼备地走向世界。

出版营销

网络二手书店营销策略研究
——以多抓鱼为例

江翩翩

二手书在图书市场中具有独特的价值,这一价值与出版产业自身的运作规律有关。当代出版行业日益求新求快,逐渐出现图书销售周期普遍缩短的现象,如果市场销售不佳,一些新出版的图书一般在售时间只有几个月。据中关村图书大厦负责人表示,持续 6 个月销售不佳的图书,就会被清退回出版社[①]。另有数据显示,新华书店的下架周期已经从 3 个月缩短为 15 天[②]。笔者认为出现这一现象的原因有,一是实体书店的售书空间本就十分有限,只能选择留下销售价值较高的图书,二是版权到期、出版社要求退回等一些特殊原因,也会导致一些图书上架后不久就会被清退。新书销售周期的这一变化,导致一部分小众需求的读者很难在新书市场中买到自己想要的图书。这意味着如果仅仅依靠新书市场满足读者需求,则会面临供求不平衡的问题。二手书是化解这一难题的"良方"。

互联网时代,网络二手书店是读者间二手书交易的重要平台。但其进一步发展却面临诸多瓶颈,如二手书质量得不到保障、二手书定价机制不合理等问题逐渐浮出水面。而新型网络二手书店如多抓鱼、漫游鲸、熊猫格子、渔书、回流鱼等平台正是从读者购买二手书的关键需求出发,突破了二

---

① 搜狐网.国内首个滞销书数据报告,那些卖不掉的书都去哪儿了[EB/OL].(2018-01-04)[2020-03-01].https://www.sohu.com/a/214525040_162758.

② 胡性慧.长尾图书开发探析[J].中国出版,2010(11):43-46.

手书交易的信任难题、效率难题以及定价机制难题,从而实现二手书营销新突破。

一、网络二手书店营销的发展概况

(一) 网络二手书店营销的宏观环境

图书市场和互联网经济的快速发展,使得网络二手书店从最初零星的市场状态演变为更加成熟的网络平台。

1. 政策法律环境

2018年11月,商务部下发了关于建设和管理网络二手交易平台的有关规定,即《互联网旧货交易平台建设及管理规范》(以下简称"管理规范")。《管理规范》明确了买卖双方之间各自的权利与义务,突破了长期以来我国二手交易市场无法可依、无规可循的局面。《管理规范》从技术性、安全性、功能性和建设机构四大方面制定了相关规定。例如在二手物质量方面,规定商户要依照《二手书品质鉴定通则 GB/T21667》有关规定,对二手物进行专业翻新处理,确保产品质量,同时出售二手物时应为顾客提供品质分级信息,若品质分级与对应的国际标准不符,则不允出售[1]。这一《管理规范》的颁布契合了我国网络二手书店营销升级的新发展需要,对完善我国网络二手书店营销的标准化与规范化发展具有指导性的意义。

2. 市场经济环境

在经济不断增长的宏观背景下,民众消费力及消费结构呈现出相应变化。自2014年以来,民众消费一直保持着较高的水平,有数据显示,"2018

---

[1] 北京商报网. 平台应定期报送统计报表,商务部发《互联网旧货交易平台建设及管理规范》[EB/OL]. (2018-11-28)[2020-2-11]. http://www.bbtnews.com.cn/2018/1128/276317.shtml.

年消费对GDP的贡献率已经达到76.2%"①。其次,恩格尔系数不断下降,居民在满足基本吃穿消费的同时,在消费结构上也呈现出多元化特征,尤其是人们开始对教育、文化、娱乐等消费内容具有更多的兴趣。这意味着,随着人均消费尤其是文化消费的不断攀升,可供居民进行二手交易的闲置资源也随之增加,这是二手市场繁荣发展的重要基础。

经济不断繁荣发展的同时,资源环境关系日趋紧张,循环经济成为大势所趋。质量精良的图书能够提供极高的循环使用价值。相比于手机、衣服等商品,图书具有得天独厚的循环价值,它既是具有精神属性的文化产品,又是具有经济属性的商业产品。一本书的外表随着读者的频繁使用可能会越来越陈旧,但其精神价值和文化意义并不会随着时间的变化而消逝。此外,图书出版业一直面临着"重复出版"的问题,导致图书市场存在大量同质化、低质化图书,造成严重的资源浪费。而实现图书循环流通,不仅有助于充分发挥图书的使用价值,使其物尽其用,还有助于提高整个出版行业的资源使用率。

3. 技术环境

互联网技术是21世纪以来对人类生产生活产生最大影响的技术之一。当下,消费购买、信息资讯、文化娱乐等一切与人类生活密切相关的服务,都实现了从线下场景到线上场景的转型。移动互联网在继承互联网优势的基础上,进一步提升了实时性和便携性。新型网络二手书店基于移动互联网利用人工智能算法实现了二手书的动态定价,既能充分兼顾市场供需等变化因素,也在一定程度上保证二手书交易的相对公平。这一变化对优化二手书定价机制具有划时代意义。

4. 社会文化环境

全球领先数据挖掘和分析机构艾媒咨询曾发起一项关于中国品质人群

---

① 苏宁金融研究院,中国人民大学国际货币研究院.2019中国居民消费升级报告[EB/OL]. (2020-2-27)[2020-211]. https://www.sohu.com/a/376311602_100176301.

消费观的调查,调查显示,随着个人生活水平的不断提高,一种新消费趋势正在形成,部分人群在消费过程中更看重服务与性价比。数据显示,40.3%的调查者愿意为更好的服务与体验支付更多,29.4%的调查者认为应积极提倡环保消费并身体力行[①]。可见,品质消费、环保消费、服务消费等新消费理念开始流行。网络二手书店正是抓住了读者消费需求的这些关键变化,才找到了全新的发展空间。

(二) 网络二手书店营销的发展阶段

网络二手书店营销经历了三个发展阶段,目前网络二手书店营销正处于由营销 2.0 向营销 3.0 转型的过渡阶段。

1. 营销 1.0 阶段:"论坛型"营销

网络二手书店最早萌芽于网络论坛,这是网络二手书店营销的 1.0 阶段,这一阶段主要以论坛为营销渠道,卖家与买家在论坛中通过发帖、跟帖的形式完成二手书交易。这一阶段是网络二手书店营销的起步阶段,它更像是线下二手书摊探索网络营销的一次试验。

最早尝试线上交易二手书的一批人当中,胡同是一个非常重要的人物,他自己十分喜欢旧书,也希望可以把更多的旧书带给需要的人。为了循环自己收藏的旧书,胡同初期通过换书的方式,尝试在天涯论坛的"闲闲书话"板块进行交换。后来胡同发现,有些读者想看二手书却又无书可换,由此,胡同逐渐产生了网上标价卖书的想法。2002 年 10 月,天涯社区创办了"天涯旧书交易所",一大批二手书商开始尝试通过论坛的方式卖书,比如枫露书社、古逸书店、布衣书局、随园书局等等。这些书店通过发帖的方式,将二手书整理成一个个书单供论坛用户挑选,书单是一条一条的书目,每一条书目都会注明书名、作者、出版社、版次、页数以及售卖价格(如图 1-1)。

---

① 艾媒咨询. 2018 年中国新消费专题研究报告[EB/OL]. (2018-10-09)[2020-02-18]. https://www.iimedia.cn/c400/62630.html.

```
书名/作者/出版社/版次/页码/现价（特殊者做说明）
1. 蒲州梆子剧目辞典，杜波、行乐贤、李恩泽编著，宝文堂，1989年11月，354页，2000册，10元
2. 话本与古剧，谭正璧著，古典文学，1956年6月初版，1957年9月3印，315页，30元
3. 荀慧生演剧散论，上海文艺，1980年2月2版，330页，15元
4. 中国舞蹈史：先秦部分，孙景琛著，文化艺术，1983年10月，158页，黑白插页8页，7元
5. 水浒传论文集（上册），郑公盾著，宁夏人民，1983年5月，387页，8元
6. 新编五代史平话，古典文学，1954年10月1版，1957年12月4印，249页，10元
7. 古典戏曲存目汇考（上），庄一拂编著，上海古籍，80年代初，大32开精装本，15元（品相略差）
8. 说剧—中国戏剧史专题研究论文集，董每戡著，人民文学，1983年1月，415页，20元
9. 又玄集，韦庄撰，夏承焘跋，古典文学出版社影印日本享和三年（1830年）江户昌平坂学问所刊官板本，约130页，5500册，宣纸线装，保存完好，仅借阅两次，35元
10. 太武经校注（牛经大全），湖南省常德县畜牧水产局《大武经》校注小组校注，中国农书丛刊畜牧兽医之部，农业，1984年7月，157页，10元
11. 藏族文学史，中央民族学院《藏族文学史》编写组编著，四川民族，1985年9月，691页，18元
12. 中国近代军事史论文集（首届中国近代军事学术讨论会论文专集），梁巨祥主编，军事科学，1987年11月，574页，12元
13. 广西壮族文学，广西壮族文学史编辑室、广西师范学院中文系编著，广西人民，1961年7月，445页，10元
14. 汉书人名索引，魏连科编，中华，1979年11月，479页，12元（有一副本）
15. 左传译文，沈玉成译，中华，1981年2月，600页，16元
16. 文物出版社图书总目（1957-1987），文物出版社编辑部，578页，20元
```

图 1-1 布衣书局 021119 书单（部分）

买家跟帖选书，选完书后，书店会再发一个"选书确认单"的帖子（如图1-2），买过书的读者在核对"选书确认单"后需要在回帖区一一回复确认。确认之后，买家先将书款汇到指定银行，收到书款后，书店会给读者寄送图书，这就是早期线上二手书交易的具体方式。除了天涯论坛，各大高校论坛在毕业季到来之际经常出现各种卖书的帖子。无论是天涯论坛卖书还是校园论坛卖书，交易过程都较为零散、随意，并具有一定的地域性特征。

```
02111801茜窗旧友4种4册，书款48元，自取
6. 东汉会要〔宋〕徐天麟撰，1978年6月，600页，14元
29. 尚书引义，王夫之撰，中华，1976年5月，201页，10元
21. 章学诚和《文史通义》，仓修良著，中华历史丛书，中华，1984年12月，207页，8元
68. 中国古代科技成就，自然科学史研究所主编，中国青年，1978年3月，707页，16元

02111802tatala2种2册，书款20元，邮费从预付款中扣除
101. 稼轩词编年笺注，邓广铭笺注，1978年1月新1版，642页，8元
8. 新红史，班钦·索南查巴著，黄颢译注，西藏人民，1987年4月，318页，12元

02111803屈一平 3种3册，书款38元，邮费从预付款中扣除
14. 魏晋南北朝隋唐经济史稿，李剑农著，三联，1959年5月，302页，22元
10. 《文心雕龙》的风格学，詹锳著，人民文学，1982年5月，166页，4元
31. 中国古代神话，袁珂著，中华，1960年1月新1版，1985年9月3印，323页，12元
```

图 1-2 布衣书局 021118 确认书单（部分）

由此看出,这一阶段的营销特征主要表现为:第一,论坛是主要的营销渠道,这一时期的网络营销远未十分普遍,因此,尝试在论坛卖书的二手书店并不多,营销规模也不大,读者选书的空间也较为有限。第二,从回收来源看,由于读者对图书的循环使用意识还未真正觉醒,因此无论是二手书购买还是回收,都未形成广泛的大众参与。第三,这一时期网络二手书店营销缺乏合理明确的约束机制,书店卖书、读者买书主要依赖双方的道德约束。第四,营销的及时性与便利性并不理想,一方面,读者无法在论坛里通过检索的方式主动寻找图书,另一方面,买卖双方之间也无法及时取得沟通,信息不对称现象极为严重。因此,营销1.0阶段存在较大的局限性。

2. 营销2.0阶段:"平台型"营销

营销2.0阶段,网络二手书店自立门户,纷纷搭建起独立的网站平台,为买家和卖家提供网站平台服务。

自第一家古旧书网站——马睿古旧书网诞生以来[1],网络二手书店如雨后春笋般纷纷出现。2002年孙雨田创办了孔夫子旧书网,2004年4月,脱胎于天涯旧书交易所的布衣书局正式上线,2004年6月中国旧书网诞生,2007年3月有路网正式上线,2010年7月,当当二手书交易平台上线,2012年4月,123图书馆二手网站上线,2014年,专注做大学二手书交易的丁书网诞生,2015年面向高校的二手书交易网站旧书街成立。在这一阶段,网络二手书店营销采取搭建独立平台的方式,为买卖双方提供便利的交易服务,任何读者都可以在平台上开设属于自己的书店或者书摊。其中,最具有代表性的网络二手书店是孔夫子旧书网,根据澎湃新闻对创始人孙雨田的访谈记录,2019年孔夫子旧书网图书交易规模达到11亿,平台用户规模超2 000万[2]。孙雨田认为,孔夫子旧书网的目标并不只是一家纯粹的电

---

[1] 沈志富,汪健.论网络旧书业的发展特点及现实意义[J].国家图书馆学刊,2012(4):83-87.

[2] 澎湃翻书党.21世纪琉璃厂:专访孔夫子旧书网创始人孙雨田[EB/OL].(2020-04-01)[2020-04-17]. https://mp.weixin.qq.com/s/SH3k3KKzqLU-ojFePIwTQA.

商公司,它更像是中国传统文化的传承者。为了更好地完成这一使命,2015年孔夫子旧书网联合藏书家以及文化名人高晓松共同发起了民间私人藏书馆——杂书馆,孔夫子旧书网是杂书馆的运营者,杂书馆内所有图书的所有权属于藏书家本人,目前杂书馆已经储备了100多万册藏书,其中有80万件是建国以前的文献资料,名人信件手稿大约有20万通,其中康有为、梁启超的信件和手稿达上百件[①]。

孔夫子旧书网经过18年的发展,已经形成了显著的经营特色:第一,图书储量十分丰富,现有的图书类别共有34个,比如线装古籍、民国旧书、外文原版、国学古籍等等,可以说,从民国及以前的线装书到现代珍本期刊再到新书,种类应有尽有。因此,孔夫子旧书网是一个大而全的网络二手书店,为读者提供了广阔的选书空间。第二,图书具有典型的孤品性、稀缺性以及珍贵性等特征,它不仅是一家出售二手书的营销平台,更是一家集聚珍贵古旧书籍的文化平台。有数据显示,孔夫子旧书网所售旧书的20%～40%是其他渠道买不到的[②],这形成了孔网独特的竞争壁垒,也是造就其行业龙头地位的主要原因。

相比于早期的论坛营销模式,营销2.0阶段取得了极大的进步。第一,平台上汇聚了大量买家与卖家,形成了较大的经营规模,不仅经营旧书,还增加了新书,有数据显示,孔夫子旧书网的新书大约占图书总规模的五分之一[③]。第二,从单一化经营走向多元化经营,网站不仅经营二手书业务,还提供艺术品拍卖、古玩杂项销售等延伸业务,因此相比于论坛模式,营销2.0阶段为读者提供了多元化二手交易服务。第三,在约束机制方面,2.0阶段形成了明确且有针对性的约束规则,如品相规则、书店注册规则、社区

---

① 孙雨田.孔夫子旧书网的十七年创业路[J].新阅读,2019(5):42-44.
② 张阿源.网络旧书业C2B2C商业模式的特征、困境及探索——以"多抓鱼"为例[J].出版发行研究,2019(3):48-52.
③ 澎湃翻书党.21世纪琉璃厂:专访孔夫子旧书网创始人孙雨田[EB/OL].(2020-04-01)[2020-04-17]. https://mp.weixin.qq.com/s/SH3k3KKzqLU-ojFePIwTQA.

管理规则、拍卖专场规则等等,这些规则确定买卖双方之间的义务与权利,在一定程度上有利于保障买卖双方的消费权益。第四,平台主要承担平台建设、技术服务以及交易担保。因此,营销2.0阶段可以概括为一种"平台型"营销。

3. 营销3.0阶段:"服务型"营销

虽然孔夫子旧书网为读者提供了海量资源、便利的交易方式,但仍存在不少限制性因素,如交易周期长、书品良莠不齐等问题。因此,一批新型网络二手书店引领营销新升级,包括多抓鱼、漫游鲸、熊猫格子、渔书、阅邻、回流鱼等。新型网络二手书店将优化读者服务作为营销关键。以多抓鱼为例,多抓鱼直接买断读者手中的二手书,并为读者提供免费物流、图书质量审核、纸书翻新消毒、二手书智能定价等循环服务,这大大提高了图书的标准,提升了图书的交易率。

在这一阶段,网络二手书店完成了角色转变,以服务者的身份直接介入到二手书交易的具体环节,通过把控回收、物流、翻新、定价、销售等全流程,为读者提供更高品质的图书以及更优质的服务体验。可以说,这一阶段的网络二手书店营销在平台信任、交易效率、读者服务方面都有很大的提升。因此,笔者认为,网络二手书店正在由"平台型"营销向"服务型"营销转型(如图1-3)。

网络二手书店	萌芽期	积累期	转型期
网络二手书店营销	1.0阶段 →第一次分水岭→	2.0阶段 →第二次分水岭→	3.0阶段
	代表案例:天涯论坛 营销特征:论坛型 1. 以网络论坛为营销渠道; 2. 以C2C为经营模式; 3. 缺乏大众参与,营销规模不大; 4. 买卖交易依靠道德约束; 5. 购买的便利性与及时性较差。	代表案例:孔夫子旧书网 营销特征:平台型 1. 以PC端网站为营销渠道; 2. 融合B2C和C2C两种经营模式; 3. 以平台建设为中心; 4. 为读者提供海量二手书资源; 5. 不断建立健全交易约束机制; 6. 盗版泛滥、主观定价、维权难。	代表案例:多抓鱼 营销特征:服务型 1. 以移动端平台为营销渠道; 2. 采取C2B2C经营模式; 3. 以读者服务为中心; 4. 为读者提供高品质二手书资源; 5. 平台直接介入回收、翻新、销售等一系列流程,形成强约束机制。

图1-3 网络二手书店营销的三大发展阶段(笔者自绘)

(三) 网络二手书店营销升级的主要瓶颈

1. 网络二手书质量参差不齐

当下,网络二手书店营销升级亟须提升网络二手书质量。根据网经社对多家电商平台的消费评级调查[①],其中有7家二手电商平台入选消费评级榜,分别是红布林Plum、享物说、闲鱼、转转、猎趣、找靓机和孔夫子旧书网。

从表面看,网络二手书来源主要有三种:第一,线下二手书摊,如北京的潘家园、琉璃厂、报国寺、五道口等等,这些遍布在书摊中的二手书长期得不到合理的保护,图书质量参差不齐。第二,废品回收站里的二手图书,废品回收站一直是二手物品回收的主力军,但回收站对旧书的回收方式以及处理方式十分粗糙,他们把图书当作废纸按斤回收、按斤销售,一般而言,回收站没有专业人员对旧书进行价值评估、合理保存,更不论翻新处理,因此回收站中的旧书往往坏品率较高。有数据显示,由于物流损耗及图书滞销品的混杂,回收站寄送出去的二手书,坏品率高达55%以上[②],这也是二手图书长期以来质量得不到保障的重要原因之一。第三,个人渠道,如个人藏书家、在校学生等等,藏书家是爱书之人,相较而言较为重视图书保存,而学生群体或以家庭为单元的回收来源,一般而言,图书质量存在较大的不确定性。因此,从整体看,由于回收源头本身就存在较大的质量差异,再加上长期以来二手书的经营者缺乏精品意识,导致二手书质量一直处于参差不齐的状态。

网络二手书质量问题与商业模式关系密切。B2C(Business to Customer)模式是企业对个人的商业模式,商家入驻电商平台,面向个体消费者出售二手图书,孔夫子旧书网是典型的B2C模式。这一模式的背后是

---

① 网经社. 2019年全国电子商务TOP190消费评级榜[EB/OL]. (2020 - 03 - 12)[2020 - 04 - 05]. http://www.100ec.cn/detail - 6548471.html.

② 人人都是产品经理. 以阅邻为例,看二手书的市场逻辑与模式创新[EB/OL]. (2018 - 12 - 08)[2020 - 02 - 18]. https://baijiahao.baidu.com/s?id=1619379130051030949&wfr=spider&for=pc.

一条很长的供应链,包括二手回收站、批发商、分销商等多个 B 端角色,这条供应链中以批发商为中间环节,上游对接二手回收站取得货源,下游通过分销商接触消费者进行销售。C2C(Consumer to Consumer)模式是个人对个人的商业模式,与 B2C 类似,平台为买卖双方提供交易平台,允许个体卖家与个体买家直接在平台上沟通交易,闲鱼是典型的 C2C 交易模式。无论是哪一模式,由于平台本身不参与具体交易,因此不可避免地存在交易风险,尤其表现在图书质量良莠不齐、假冒伪劣图书泛滥等。网络二手书店的营销升级亟须突破二手书质量难题。

2. 网络二手书定价机制不合理

网络二手书店诞生以来,二手图书的定价问题长期未得到解决。从行业的普遍做法来看,一般古旧书交易价值最高,一些线下二手书商甚至漫天要价。一项针对二手书商的调查表明,目前国内二手书交易市场并没有合理的定价准则,二手书定价普遍存在较强的主观因素[①]。

从经营模式方面分析,在 B2C 模式下,二手书卖家是具有一定经营规模的专业二手书商,这一类卖家经营书店最主要的目的是卖书赚钱,因此卖家在定价时往往更倾向于卖得越贵越好。

定价的不合理不仅仅体现在销售环节,还体现在回收环节。目前二手书回收也没有合理的回收定价,主要由回收商自由叫价。"民间普遍收来的一般按斤算,最高不超过五毛每斤,一般是 3 至 4 毛。书店渠道则是 1.5 元每本,而从废品回收站收回来就更低了,基本就是按废纸的价格算的[②]。"这意味着二手书回收普遍缺乏合理的定价机制,这不仅无法保障读者的回收权益,还消磨了一批收藏家出售珍贵古旧书籍的积极性。

---

① 腾讯网. 为什么最近二手书买卖这么火,二手书是怎么定价的[EB/OL]. (2018 - 08 - 22)[2020 - 02 - 20]. https://new.qq.com/omn/20180822/20180822A1CKVY.html.

② 大思讲堂. 二手书回收买卖,有人月入上万的冷门生意,免费分享整套操作思路[EB/OL]. (2019 - 11 - 06)[2020 - 04012]. https://mp.weixin.qq.com/s/_eF - 50DHdve-xAStsa9H5A.

3. 网络二手书供需矛盾突出

网络二手书店往往片面强调二手书数量的增加,侧重将网络二手书店先打造成一个"大而全"的购买空间,然后等待消费者的光临。但这种营销方式是单向、线性且被动的,网络二手书店无法精准地掌握读者对某一本图书的购买需求,很容易出现巨大的库存。网络二手书店营销采取的都是一种先有供给、后有需求的营销思路,这使得供给端的富余性与需求端的零散性信息不对称。在营销理念方面,网络二手书店一直秉持的是过度占有,而非精准服务,片面地追求产品数量的扩大,从而导致经营压力的不断上升;在营销手段方面,网络二手书店往往只单一地从自身出发,只考虑图书"推出去"的问题,而忽视了对读者需求的预测与把握,从而导致供给端与需求端不能很好匹配。

4. 网络二手书营销读者参与度低

多元角色的消费参与已经成为电商营销的重要手段。根据有关调查,京东在"618"活动期间通过开展鼓励消费者积极评价、参与品牌直播、全民问答、互动游戏等一系列主题活动,极大地激发了消费者参与互动的意愿,同时也为产品促销带来了可观的营收。数据显示,"通过直播互动,维达直播一小时中的销量是前30天日均销量的2.5倍;中华牙膏直播一小时中的销量比前30天日均销量增长3倍;诺优能直播一小时中的销量是前30天日均销量的5倍[①]。"这充分说明,在互联网时代,消费者的参与对电商营销具有巨大的推动作用。

虽然网络二手书店已经走过了近二十年,但读者参与并未得到足够重视。在营销1.0阶段,书店与读者之间的联络主要体现为你卖我买,这一时期的读者参与主要体现为购买消费。在营销2.0阶段,读者参与不仅包括

---

① 易观.中国网上零售年中购物节专题盘点2017——京东"618"购物节发展白皮书[EB/OL].(2017-07-01)[2020-04-27]. https://www.sohu.com/a/153655483_483389.

消费购买,还包括线上互动沟通,但这一时期的读者互动与反馈较为迟滞,参与方式也较为有限,只能通过论坛发帖、跟帖、点赞的方式交流。

网络二手书店长期秉持的是"平台"本位原则,在营销过程中体现的是一种以平台为中心、从平台到读者的线性模式,缺乏对读者需求的深入洞察。而"读者"本位是一种以读者需求为中心、平台与读者之间相互沟通、共同创造价值的双向模式。随着社交媒体的高度渗透,读者的角色已经由传统的被动接受转变为主动参与,并且逐渐成为服务局面的关键者。这启发网络二手书店应重新审视读者与平台之间的共生关系,充分重视读者的价值,充分挖掘读者所参与的渠道。

二、网络二手书店服务营销策略分析——以多抓鱼为例

网络二手书店自步入营销 3.0 阶段以来,就十分强调读者需求与读者服务,其中以多抓鱼为典型代表。有数据显示,多抓鱼自 2017 年 5 月上线后,公众号累计已有 200 万用户[1],经过三年的经营,每年实际收入破亿,且实现了盈亏平衡[2]。多抓鱼的成功吸引了整个网络二手书书店行业的关注,并引领整个网络二手书店营销向服务营销转型。

(一)实施品质营销策略,提供标准化服务

为提高网络二手书质量,多抓鱼采取买断的方式直接介入到二手书的翻新处理中,为读者提供标准化服务。这是一种旨在提高产品质量的品质营销策略。

---

[1] 闫岩,何倩.二手书电商多抓鱼开书店,线上书店为盈利还是为导流[N/OL].北京商报,2019-10-31[2020-02-18]. http://www.bbtnews.com.cn/2019/1031/323932.shtml.

[2] 做书.3周岁的多抓鱼为什么能年收入破亿[EB/OL].(2020-05-12)[2020-05-14]. https://mp.weixin.qq.com/s/pf8y1VqFGP6JtYyWFytvoQ.

1. 严格审核盗版书,打消读者疑虑

多抓鱼诞生后并非一味强调读者数量的盲目增长,而是选择坚持做好品牌,坚持服务好读者,坚持与盗版书抗争到底。图书市场每年充斥着几十万本新书,但对多抓鱼而言,其最大竞争对手并不是新书,而是盗版书[①]。多抓鱼在抵制盗版书方面主要有如下措施:第一,成立盗版鉴定科,专门负责图书正盗版鉴定。第二,建立正版图书累积数据库,把常见热销书、高价书和已发现的盗版书纳入正版对比库,不断累积盗版图书的特征数据。盗版特征数据化有助于帮助审核员尽快提高鉴别能力。第三,与优质出版机构合作,向出版社学习,不断积累鉴定盗版的经验。第四,开通申诉渠道,读者一旦买到多抓鱼盗版书,可以立即通过移动端申诉渠道联系客服反馈,平台将100%担保并退回书款,避免由读者承担损失。第五,为了从源头上减少盗版书回收,多抓鱼把鉴定经验及鉴定过程分享给所有读者,引导读者掌握盗版书的典型特征,传授读者避免买到盗版书的方法,同时还积极倡导读者购买正版新书。2017年12月8日,多抓鱼微信公众号发布了一篇名为《有多少人读过〈解忧杂货店〉的正版》的推文,在这篇推文里,多抓鱼严肃宣告了对盗版图书零容忍的态度,并以《解忧杂货店》为例,通过图文结合的方式,将图书的腰封、开本大小、硬壳、扉页和照片、内页等做了详细展示,向读者展示正版与盗版之间的区别。

2. 专业翻新二手书,确保图书品质

二手书易给人一种"脏、破、旧"的印象,而多抓鱼改变了二手书的外观。除了为读者提供正品优质的二手书,多抓鱼还对每一本二手书实施专业的翻新和严格的消毒,确保书籍品相合格,使用干净卫生。

多抓鱼的翻新流程共有如下五个步骤:第一步是审核,主要是进行品相和正盗版审核,不符合品相标准的书籍将直接被拒绝。第二步是翻新,审核

---

① 多抓鱼. 到底什么样的书是盗版书[EB/OL]. (2018-08-17)[2020-02-23]. https://mp.weixin.qq.com/s/kVewRxE3JFa8h9u8p-dKmA.

完成后的书籍将进行分类翻新,包括污迹去除、边缘打磨、表面除尘三个环节,这一步主要是对读者长时间接触的图书封面和封底进行清洁,"其中打磨只针对上、下、侧面泛黄、有污渍和霉斑的书,这些书占到整体的 30%"①。其他不需要打磨的书则直接进入清洁环节,清洁是所有书都会历经的工序。清洁的主要工具包括橡皮、酒精、干抹布等等,清洁时主要是对封面的污渍和霉斑进行擦拭,使二手书尽可能回到最干净的状态。第三步是臭氧消毒,完成翻新的书籍将进行臭氧消毒,经过臭氧消毒的二手书将送到北京中科光析化工技术研究所(简称中化所)进行权威检测,并生成每一本书专属消毒检测报告。数据显示,多抓鱼的消毒流程对生活中常见致病菌的杀灭率能达到 99% 以上②。第四步是单本塑封,为防止仓内及物流环节的二次污染,除了体积较大的套装书,每一本二手书都会经过塑封处理,确保送到读者手中是干净卫生、品相合格的。

通过这一系列专业化的翻新处理,多抓鱼大大提高了二手图书的标准化水平,突破了传统网络二手书店长期面临的图书品质问题。为了取得读者更多的信任,多抓鱼还将翻新的流程公开在社会化媒体平台供读者监督。

(二) 实施渠道整合策略,提供全渠道服务

我国网络二手书店从线上到线下的发展布局,体现的正是一种基于线上线下一体化的渠道整合策略。全渠道指的是企业为了满足顾客随时随地的购买需求,通过整合线上、线下等多种营销渠道,为读者提供了无差别的购买体验。

1. 部署移动平台,搭建营销矩阵

移动化平台促使读者每时每刻都沉浸在即时传播的媒介环境中,读者

---

① 钛媒体.占地 7 000 平,年售百万本,探秘二手书"美容"工厂[EB/OL].(2018 - 10 - 26)[2020 - 04 - 17]. https://mp.weixin.qq.com/s/dM349XENNIvEzw4fGiWYRg.

② 多抓鱼.你的二手书 vs 多抓鱼的二手书[EB/OL].(2019 - 08 - 31)[2020 - 02 - 23]. https://mp.weixin.qq.com/s/fqE-ZgxFjqRne9GIJtRQiw.

可以随时随地体验、消费和分享。多抓鱼正是抓住了消费场景移动化的主流趋势,搭建起"公众号＋小程序＋移动 App"的立体化营销矩阵。

多抓鱼在微信公众号里开设了"商店""我要卖书""答疑/招聘"三个功能,读者点击"我要卖书"即可参与线上扫码回收,点击"商店"可以进入多抓鱼商店买书。对于初创期的多抓鱼,微信渠道具有诸多好处:第一,微信的流量很大,有利于挖掘潜在消费者;第二,开设微信公众号本身是免费的,同时只需少量的运营人员,因此平台运营成本较低;第三,微信是强关系网络,社交粘性极高,契合多抓鱼社区化运营的发展需求。

为了优化读者的消费体验,多抓鱼开拓了小程序渠道,读者可以在微信的下拉常用栏中添加多抓鱼,当读者使用小程序中途退出时,小程序仍会保留读者上一次浏览的位置,这样就便于读者在不影响收发微信消息的前提下,自由地浏览多抓鱼商店。小程序的优势还体现在:第一,网络二手书店的移动端发展处于起步期,目前二手书的移动端消费仍是一个待开发的市场,依赖小程序足以应付当下的消费流量,并节省了独立开发网站的成本;第二,在小程序平台,读者可以即看即买,不需要注册绑定,兼容性较强,因此有利于提高市场接受度;第三,微信是一个成熟的社交平台,依托这个平台,多抓鱼无须在触达读者方面付出太大的成本,直接借助微信便可渗透进读者的日常生活,拉近与潜在消费者的距离。

2018 年 12 月多抓鱼又上线了独立的移动客户端平台,由此,多抓鱼完成了基于移动端平台的营销矩阵搭建。从表现看,多元化营销渠道为读者提供了选择空间,但从本质上看,线上的营销矩阵是为了建立起与读者更多元的连接,从而改变传统营销低效的难题。

2. 探索实体空间,提供有形展示

线上书店的优势在于没有空间限制,书架可以无限延展,但读者检索不便,无法立体化地展示二手图书,多抓鱼积极探索线下营销渠道,构建了线上线下一体化的营销闭环。

(1) 举办线下快闪书店

快闪书店是一个来自欧美市场的流行概念,指的是那些经营时间短又独具特色的品牌店[①]。由于经营成本较低,又能获得一定的市场反馈,因此,快闪书店成为多抓鱼探索线下空间的首选。

首先,开办之前,多抓鱼会充分调查读者购书意愿。多抓鱼的调查规则是:读者认为自己可能会到店的,可以直接点赞,认为可能会邀请朋友一起到店的读者,可以把推送文章分享给朋友,并请朋友也点个赞,确定自己一定会到店的读者,可以直接给这篇推送文章的作者打赏[②]。调查结果显示,多抓鱼获得了2 800笔赞赏,这意味着至少有2 800位读者有较大的可能性到店购书。此外,多抓鱼还设立了体验门票,票价为10元,多抓鱼把每日的门票做成了一个个的推荐书单,读者可以根据自己的需要购买某一日的门票。读者到店后,可以凭订单号、手机号和微信名字换取实体门票进入书店,结账时门票价可抵扣相应书款。无论是鼓励读者转发点赞,还是设置体验门票,多抓鱼的目的都是更加精准地预测到店读者的数量,只有掌握更加精准的读者数据,才能更好地控制经营成本,更恰当地调整售书服务。

其次,重视读者购书体验。多抓鱼保持每天1万本左右的售书量,精准化地满足读者的购买需求;提供特色服务,书店每天安排一场绝版书限购会,一人限购一本,以满足读者的小众阅读需求;打通线上线下一体化营销,远途的读者通过线下体验后,可以选择线上下单,线上线下价格一致。快闪书店是多抓鱼探索线下营销空间的首次尝试,这一方式成本较低,并且能够快速取得市场反馈。在快闪书店的实验基础上,多抓鱼对未来开辟线下实体空间有了更多的信心。

---

① 华夏时报网. "快闪书店"能"闪"多久,这场阅读的行为艺术能拯救阅读和资本吗[EB/OL]. (2018-01-31)[2020-02-23]. https://baijiahao.baidu.com/s?id=15910889008169837716&wfr=spider&for=pc.

② 李明远. 线上平台如何开好一家二手实体书店[N/OL]. 中国新闻出版广电报,2018-10-09[2020-02-23]. http://data.chinaxwcb.com/epaper2018/epaper/d6847/d3b/201810/91777.html.

(2) 开设线下实体书店

日本 BOOK OFF 二手书店如今已经拓展到夏威夷、纽约、巴黎等12个城市,在全球开了1 000多家实体店,年营业额高达百亿[①]。日本 BOOK OFF 的营销实践给了多抓鱼很大的启发。经过一年的策划和装修,多抓鱼实体书店于2019年10月正式开放。新的实体书店不再是一家"快闪"式的书店,而是一家长期运营的线下阅读空间。在这里,书籍和百货只划分了大致的片区,多抓鱼希望读者来到这里,可以产生一种不期而遇的消费体验。数据显示,书店内陈列了2.7万册图书,每本书都贴有一个专属条形码,微信扫描专属条形码可以查看到价格,实体书店的价格与线上书店的价格是一致的[②]。实体书店不仅是一个售书场所,更是一个温馨、文艺的阅读空间。因此除了售书外,多抓鱼将书店的负一层打造成一个怀旧空间,里面有古朴的课桌、台灯、玩具以及旧车票,它们有的是夹在读者卖出的二手书里的物件,有的是多抓鱼从读者家里回收而来的物件。通过这样一个多元化的线下空间,多抓鱼不仅强化了品牌的价值定位,也在一定程度上与线上营销渠道优势互补。

(三) 实施精准营销策略,提供精准化服务

服务营销的核心在于满足读者需求,为了更好地调节读者需求与平台供给,多抓鱼采取"先有需求,后有供给"的精准化营销策略。

1. 收集读者数据,精准化掌握读者需求

多抓鱼收集读者数据的主要途径是平台上的到货提醒功能和预订功能。当读者在多抓鱼商店里搜索到的图书显示"暂时无货",读者可以使用

---

① 乔志强. 日本最大二手书店年入百亿开遍全球,50岁外行老板颠覆行业的成功秘诀[EB/OL]. (2019 - 05 - 29) [2020 - 02 - 23]. https://mp.weixin.qq.com/s/jYPheQf-ebQjUBQ0FC0zew.

② 中国产业经济信息网. 网上二手书店多抓鱼怎样抓住年轻人的心[EB/OL]. (2019 - 11 - 22) [2020 - 02 - 27]. http://www.cinic.org.cn/whys/zx/669648.html. 2019 - 11 - 22.

"到货提醒"功能,一旦这本书被读者标记为"到货提醒",多抓鱼后台则会留下记录,当有新书上架时,多抓鱼会给标记过这本书"到货提醒"的读者发送通知消息,以提醒读者及时购买。但往往某一本热门图书会被许多读者标记为"到货提醒",而依靠多抓鱼自身的回收途径并不能完全满足大部分读者的需求。因此,为了进一步调节供需矛盾,多抓鱼又设计了更加巧妙的"预订"功能。

最初,读者在第一次卖书给多抓鱼时,会获得一张预订券,使用这张预订券,并支付一些定金,读者就可以预订任何一本暂时无货的书,当该书再次到货时即可享受优先购买的权利,当多人预订时,多抓鱼会根据支付定金的前后顺序依次通知读者。在一定程度上,预订券对调节读者需求有一定效果。多抓鱼通过不断地调整预订机制,使得读者获得预订券的方式不再局限于卖回预订买到的那本书,而是扩展到任何一本书。再到后来,多抓鱼完全放弃了预订券功能,2019年1月,多抓鱼上线了预订券的升级版本——多抓鱼硬通货"鱼"。"鱼"不同于实际货币,"鱼"主要用来预订暂时无货的图书。

为了解决新旧预订规则的衔接,多抓鱼将原来的预定券以1∶18的比例换算成"鱼"。同时,按照书籍的抢手程度,每本书都有自己对应的"鱼",预订一本书最低只需要1条"鱼",最多则需要18条"鱼",这意味着原来的一张预订券在不同情况下可以预订更多的二手书。

多抓鱼按照卖书订单的质量综合评分为读者发放等量预订券,这意味着每个读者将依据自己卖书质量的高低获取差异化的预订券,从而解决了不同读者预订权利的同质化问题。按照新的预订规则,读者可以通过如下四种情况获取"鱼":其一,卖书给多抓鱼,书越抢手,越能获得更多"鱼";其二,买多抓鱼自营新书可以获得"鱼";其三,在多抓鱼书单中发布优质内容也会获得"鱼";其四,售卖其他品类的商品给多抓鱼,也会按照商品的抢手程度获得相应的"鱼"。

这意味着,读者有了更多的路径获取预订权利,同时,新的预订机制无论是对读者体验还是对平台运营都具有更多的益处。第一,依据读者卖书质量的高低获取不同数量的"鱼",这有利于鼓励读者卖出高质量的二手书,从而提高多抓鱼回收环节的图书品质;第二,依据购买多抓鱼自营新书获取不同数量的"鱼",这使得预订机制与促销环节联系起来,形成营销生态闭环;第三,依据读者参与的不同贡献获取不同数量的"鱼",这有利于鼓励读者融入平台的营销价值创造中,为消费转化奠定基础。

通过到货提醒机制和预订机制,多抓鱼基于数据化运营更加精准地掌握了读者对某一本图书的购买需求,从而反作用于平台的回收、营销等各个环节。

2. 与出版机构合作,推动绝版书籍再版

网络二手书店想要满足读者对绝版书的阅读需求,只能与出版机构合作,推进绝版书再版。过去,一个编辑判断一本绝版书籍是否值得再版,通常会参考二手市场的图书价格,这是非常主观、模糊且不准确的。多抓鱼解决这一问题的策略就在于收集读者的预订数据,然后与出版社开展合作,多抓鱼一方提供准确的市场需求,出版社一方依据市场需求按需出版。这种从需求出发,逆向推及上游出版的营销思路,不仅有利于优化网络二手书店的供给,也为出版业探索按需出版提供了新的可能。

《阅读的故事》是一本经典散文作品,目前已经绝版。多抓鱼平台中这本图书的预订需求已经累积了上千到货提醒[①]。在得知出版社近期预备再版《阅读的故事》这本书时,多抓鱼第一时间与出版方取得了联系,并争取到了新版《阅读的故事》的独家首发权。通过新书首发,多抓鱼与更多优质出版社建立了合作关系;新书首发本质上也是为了补充优质的二手书源。多抓鱼与出版方达成了合作,取得了不错的营销效果。数据显示,上架第一天,1 000本新版《阅读的故事》便一抢而空,多抓鱼不得不继续补货[②]。

[①] 多抓鱼. 我们读书人都有问题[EB/OL]. (2020 - 04 - 14)[2020 - 04 - 15]. https://mp.weixin.qq.com/s/HdML3wt_1c3r7ywASbGnsA.

[②] 出版人. 一本旧书要不要重版? 或许你可以问问多抓鱼[EB/OL]. (2020 - 04 - 21)[2020 - 04 - 22]. https://mp.weixin.qq.com/s/oaKYMBQNdSCjHZAOqR-Dnw.

在出版行业中,通过读者的购买反馈逆向作用于上游的出版工作,这本不是新鲜事,但二手书店市场中宝贵的绝版书需求,对于推动绝版书的按需再版,具有重要的参考价值。从这一角度看,网络二手书店不仅仅为读者提供了物美价廉的二手图书,也对整个出版行业再造出版流程具有启发价值。

在多抓鱼的突破下,网络二手书店与上游出版社之间的关系有了新的变化。过去,上游出版社与网络二手书店是"资源互补式"合作关系(如图2-1),即出版社为网络二手书店提供新书,而网络二手书店成为出版社良好的宣传平台,两者资源互换。但从本质上来看,在这一合作模式下,网络二手书店并未对上游的出版业务起到实质性的推动作用。

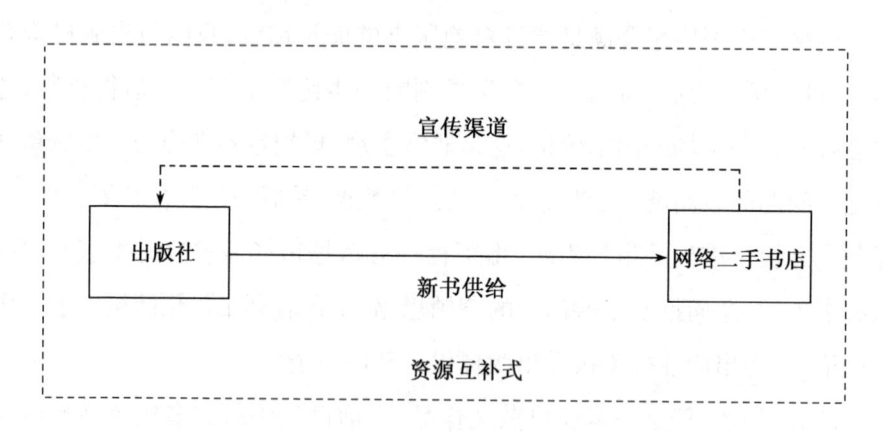

图 2-1　网络二手书店与出版社"资源互补式"合作关系

以多抓鱼为代表的新型网络二手书店通过大数据运营,掌握了精准的读者需求数据,网络二手书店将这些宝贵的读者需求数据反馈给出版社,并与出版社通过独家包销的形式开展合作。因此,对出版社而言,这既为出版社再版书籍提供较为精准的市场预测,同时又有利于推动出版社优化按需出版服务;对网络二手书店而言,与出版社建立长期合作关系,有利于增加网络二手书店的优质供给。由此,形成一种"利益共生式"的合作关系(如图2-2)。

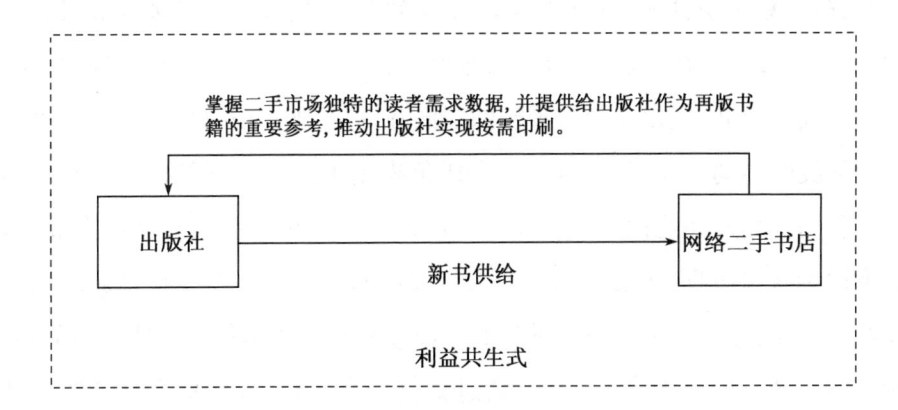

```
┌─────────────────────────────────────────────────────────┐
│           掌握二手市场独特的读者需求数据,并提供给出版社作为再版书 │
│       ┌── 籍的重要参考,推动出版社实现按需印刷。              │
│       ↓                                                 │
│   ┌───────┐                        ┌──────────┐         │
│   │ 出版社 │ ─────────────────────→ │网络二手书店│         │
│   └───────┘        新书供给         └──────────┘         │
│                                                         │
│                    利益共生式                            │
└─────────────────────────────────────────────────────────┘

图 2-2　网络二手书店与出版社"利益共生式"合作关系

### (四) 实施互动营销策略,提供读者参与服务

移动互联网为读者提供了更加便捷的检索渠道,读者参与是平台营销的重要部分,因此多抓鱼十分强调平台与读者之间、读者与读者之间的双向互动。

1. 布局社交平台,提供互动空间

社会化媒体是一种具有良好互动属性的在线媒体,它通过撰写、分享、评论、点赞、转发等社交功能,促使读者的传播角色变得更加活跃、自由和个性,人人都是生产者、传播者和反馈者。企业利用社会化媒体开展营销活动具有重要的品牌传播价值。

不同的社会化媒体平台具有不同的平台属性,这种属性由平台的定位决定,它影响着不同人群的集聚与分离,从而形成差异化的网络社区。不同气质的网络社区吸引着不同喜好的读者,只有吸引更多与自身品牌气质相互契合、相互认同的读者,才能成长为品牌的核心读者。多抓鱼通过布局多个社会化媒体,赋予了读者选择不同发声渠道的自主性与便利性。

微信是多抓鱼与读者互动的主阵地,多抓鱼公众号主要发挥着如下功能:第一,及时将平台服务优化的最新消息传递给读者,比如《我们上线了一
```

些与钱相关的功能》(2019.8.23)、《三块钱的快乐,就在多抓鱼 Free》(2019.3.20)、《全新的首页,全新的抓鱼姿势》(2018.1.12);第二,发起一些有趣的线上活动,激发读者与平台的双向互动,比如《北京好冷哦,不如来点互相取暖的活动》(2017.12.16)、《多抓鱼猫箱子总决选》(2019.5.22)、《为什么我们的用户如此优秀》(2018.5.31);第三,推出一系列营销优惠活动,激发读者参与回收、购书,比如《渔人节,我们打折了》(2020.4.1)、《多抓鱼开业两周年:除了薅羊毛还能做什么?》(2019.5.7)、《薅鱼鳞的日子到了,今天我们不赚差价》(2018.6.18)。通过微信公众平台,多抓鱼将自己的品牌成长故事分享给读者,并与读者积极交流,从而挖掘读者的迫切需求,制定更加高效的营销策略。

微博具有公开性、广泛性和实时性等媒介特征,多抓鱼利用微博内容短小精悍的特点,实时传播新鲜、有趣、实用的内容信息,或发起一个热点话题的讨论,或宣传一个新的线上线下活动,或与用户分享心情,分享读书偶得。根据公众号服务商西瓜数据平台提供的统计数据,截至2020年1月31日,多抓鱼公众号渠道,头条文章平均阅读数为10万+,头条平均点赞数为1 315,头条平均留言量为61,而微博渠道,平均点赞数为72,平均评论数为45,平均转发数仅为3。多抓鱼微信用户比微博用户的活跃度和忠诚度更高。

除了微信与微博渠道外,截至2020年1月31日,笔者观察到,豆瓣多抓鱼小组共有323位成员,但仅有27条小组讨论。多抓鱼百度贴吧关注数仅有90人,共发帖182条。多抓鱼知乎账号共227个关注者,但只发表了3篇文章,回答了用户2个问题。

因此,笔者认为,一方面,多抓鱼重视选取与自身品牌气质相符合的社会化媒体,与读者互动较高的是微信平台,其次为微博平台,其他社会化媒体平台在读者互动方面,作用并不明显。

2. 鼓励读者荐书,推动内容共建

多抓鱼曾向读者发起一项调查——"如何发现自己想读的书",根据读者的阅读需求,鼓励读者参与到平台的图书推荐工作当中。

最初,多抓鱼的书单策划工作主要由策划编辑负责,编辑提供书单选题、补充书单,并吸引读者在书单里推荐自己喜欢的图书。早期的推荐方式是读者在后台留言,读者如果有好的书单选题,或者有想要推荐的图书,可以在微信后台留言给编辑,然后由编辑补充到推荐书单里。

后期,在解决技术问题后,任何读者都可以直接在多抓鱼平台上推荐图书,读者首先选择一个自己想要推荐的书单,然后点击"推荐一本"按钮,填上自己想要推荐的书名和理由,就可以完成推荐。其他读者可以在某一位读者推荐的图书书单底下点赞,也可以参与评论,与推荐者一起互动,还可以分享转发。对于一些精心策划的书单,多抓鱼会提前在社交媒体上预热选题,同时发起一些有趣的活动,吸引读者关注,以鼓励读者积极参与图书推荐。

截至2020年5月6日,多抓鱼平台上共有180个书单,这些书单设置在多抓鱼商店最显眼的页面位置。就书单的选题特征而言,以社科人文领域为主,但不乏小众选题的书单,整体而言,基本符合多抓鱼的以社科、人文为主要经营范围的平台风格。

有些书单选题侧重趣味性,比如"太喜欢这本书里的CP了"书单,共70位读者参与,推荐了75本书,从书单名称看,带有浓郁的网络流行语气息,这拉近了平台与读者的距离,从书单选题看,爱情是人类共同的主题,而每个人却有不同的爱情观,这种差异化的爱情想象为书单提供了丰富多彩的内容。此外,还有一些具有代表性的趣味书单,包括"特别顺畅的马桶读物""可以随时拿起放下的小书""一起做手工""单身俱乐部""你读起来很好吃"等等。

有些书单围绕读者的集体记忆,鼓励读者分享独特的阅读故事,比如"我的童年回忆"书单,共有84位读者参与分享了童年喜爱的图书,共推荐了93本;"这本书改变了我"书单,共有98位读者一起分享那些曾经对自己产生巨大影响的书,共推荐了99本;"小时候读到这些书就好了"书单,共有113位读者参与回忆自己小时候想读却未曾读到的书,共推荐了115本。

这些书单满足了不同读者自我表达、分享兴趣爱好等精神需求。

有些书单以实用性为主要功能，充分发挥读者的专业素养，比如"我这一行的入门书"书单，有109位读者推荐了117本来自各自领域的专业书籍；"防疫期间，可以读读这些书"书单，有30位读者推荐了40本书；"如何讲究地吃东西"书单，有76位读者推荐了84本书。这些书单以科普为主要目标，满足读者的实用性阅读需求。

有些书单是多抓鱼精心策划的书单，读者不仅可以参与推荐，还可以参与多抓鱼准备的惊喜活动，比如"希望有人送我这本书"书单，这个书单上线于圣诞节，为了给读者带去节日气氛，每一个读者参与推荐后，可以生成图片分享到社交媒体，多抓鱼抽中三位推荐者实现他们的心愿。

多抓鱼规定，成功推荐一本书到书单后，读者就可以获得"书单提案权限"。过去，读者只能推荐图书，现在还可以给多抓鱼推荐书单选题（如图2-3），这是多抓鱼融入读者价值共创的进一步表现。

图2-3 读者给多抓鱼推荐书单选题的界面

综上，多抓鱼十分强调读者参与性，不断创新读者与平台价值共创的参与方式。由此可见，在新消费时代下，网络二手书店应重新审视平台与读者之间的关系范式。过去，读者对网络二手书店而言主要是消费者角色，因此体现的是一种传统"消费式"二元关系（如图 2-4），而在服务营销时代，网络二手书店与其单方面思考读者需要什么，不如由读者直接表达出来，因此构成一种网络二手书店与读者之间"价值共创式"关系（如图 2-5），读者对网络二手书店而言，不仅仅是消费参与，还是监督者、分享者等多元角色参与。

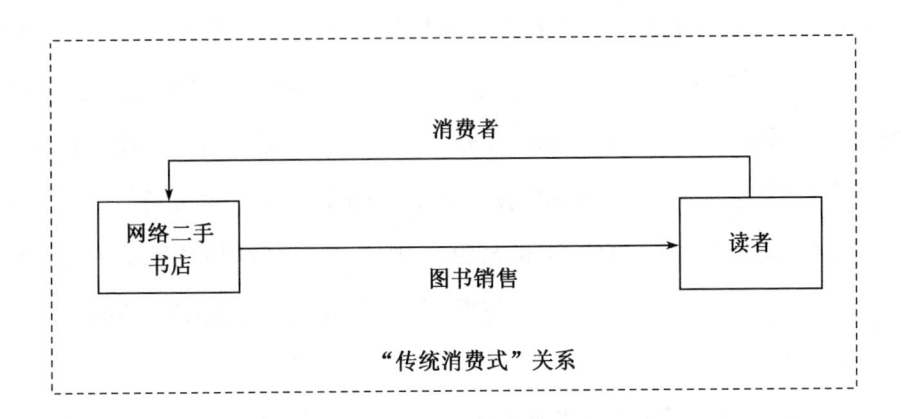

图 2-4　网络二手书店与读者"传统消费式"关系

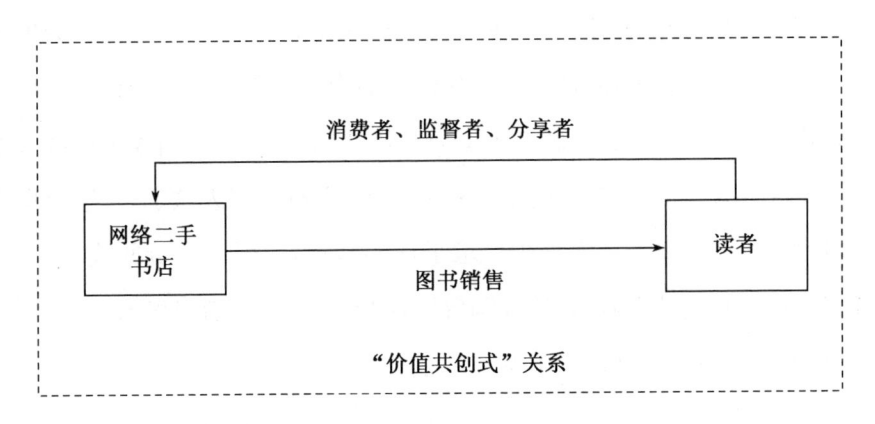

图 2-5　网络二手书店与读者"价值共创式"关系

(五) 实施智能定价策略,提供动态定价服务

人工智能动态定价需要经历收集数据、使用人工智能进行数据分析、制定最优定价公式等一系列过程。在二手电商领域,探索适配市场、科学合理地定价一直是尚未解决的难题。多抓鱼的诞生突破了这一瓶颈,其创新之处在于借助人工智能技术,利用大数据和算法实现智能动态定价。多抓鱼的动态定价策略包含了两个维度,分别是收书定价和卖书定价。这是由多抓鱼的营收逻辑决定的,多抓鱼的营收公式是:收入=流转频次×差价,其中差价=售价-回收价[①],因此合理的售价与回收价对多抓鱼取得相应的利润回报十分重要。起初,对于读者卖出的书,多抓鱼一律照收,进口书3折收,5折卖;本土书1至2折收,3折卖。但这些回收上来的书籍,有很多卖不出去,包括那些曾在一手市场十分火爆的图书,在二手市场却遭遇了冷门。多抓鱼经历了早期的混沌状态后,创始人之一的陈拓开发出一套扫码定价系统,在保证约60%毛利的前提下,根据市场供求关系两端的变化动态制定价格。

在回收方面,多抓鱼的智能定价是一个机器学习的过程,工程师将人工判断放在两个集合里,收的书是一个集合,不收的书是另一个集合,机器从这两个集合中分别提炼特征,当平台再次扫描新的二手书时,机器将会根据二手书特征,判断它更接近哪一个集合,从而得出是否回收的结论。如果一本书的库存较多,那么当有新二手书通过机器扫码时,它的回收价格就会偏低,从2折降为1折,再到完全不收;如果一本书有很多人预定,一般处理为溢价收购;如果一本书基本处于供求平衡的状态,一般以3折回收。同时,书籍实际品相也会影响最终的收购价格,如果实际品相有轻度瑕疵,收购价格会在预估收购价的基础上下调20%。

[①] 张阿源.基于国内网络旧书业的商业模式比较研究[J].编辑之友,2019(3):13-16.

在卖书方面，多抓鱼初期参照的是国内一些大型的图书电商平台的新书销售价格，按照新书销售价格的一半制定二手书销售价格。"京东图书售价的平均折扣在6.8折左右，我们希望能低于京东售价的一半，大家就取了三折"[①]。后期，在人工智能技术的辅助下，多抓鱼不仅参考新书销售价格，还将市场供需、豆瓣评分、图书品相、库存情况等多方面因素，纳入优化定价的算法模型当中。目前，多抓鱼已经搭建起初级的动态定价系统，解决并打破了过去主观定价的机制难题。

借助人工智能技术的优势，多抓鱼逐步建立起更加符合市场营销规律的动态定价模型，这不仅为平台大大节省了运营成本，也为读者提供更加合理、科学的二手书定价。但目前的智能动态定价仍不完善，比如适用范围主要局限于畅销书领域，对于一些市面上出版时间较为久远的古旧书，仍然很难发挥智能定价的作用，有待网络二手书店进行长期的探索与研发。

三、网络二手书店服务营销的现存问题

网络二手书店的服务营销仍存在一些问题，主要表现为回收、供给、销售三个方面。

(一) 网络二手书回收服务不完善

回收服务是3.0阶段网络二手书店的亮点，尤其是免费物流服务以及统一定价服务，为读者带来了不少便利，但从全流程体验来看，仍存在一些问题。

1. 回收流程较为烦琐

以多抓鱼为例，当读者扫码卖书时，所有扫码结果会交由机器进行第一

---

① 极客公园.把二手书搬到线上，多抓鱼的循环商店梦[EB/OL].（2017－08－03）[2020－04－12]. https://baijiahao.baidu.com/s? id = 1574705565628313&wfr = spider&for=pc.

步审核,机器主要根据供需以及回收要求判断图书能否回收,只有在图书判断为可回收并且满足最低回收门槛的情况下,卖书订单才能成功提交。如果读者订单能够成功提交,则会进入线上审核阶段,只有当线上审核通过后,读者才可以寄出图书,这时,读者并不会直接收到卖书收益,而需等待线下人工审查的具体结果。二手书寄送到多抓鱼工厂后,专业审核人员将进行再一次严格审查。线下人工审查主要进行盗版鉴定和品相核验,虽然机器和线上审核阶段也可以起到鉴别盗版书的作用,仍无法保证完全避免盗版问题。另外,由于不同品相、不同版本卖书收益不同,因此可能存在有些读者为了获取更多的卖书收益,提交虚假的品相信息或版本信息,因此线下人工审查需要一一检验这些信息。如果被鉴定为盗版书,读者则不会收到任何收益,同时还需要自己支付物流费申请取回图书。"有 4%～5% 的书会被多抓鱼拒掉,这中间有一半是盗版,其他的则是因为缺册或品相过差被拒掉,这些无法上架的图书会在这家工厂仓库保留 48 小时,若卖书用户要取回图书,需要自行承担邮费"①。现有的回收机制虽严格保障了二手书质量,但整个回收流程较为烦琐(如图 3-1),在一定程度上容易拉低回收效率,也容易给读者带来不良体验。

对读者而言,到货支付给读者增加了额外的财力负担,读者不仅没有取得卖书收益,反而需要支付相关费用,因此容易造成不良的回收体验。对多抓鱼而言,多抓鱼既付出了昂贵的物流成本,也没有取得相应的盈利回报,还可能面临较大的处理压力。此外,对于那些读者不愿意取回的图书,多抓鱼并未公开统一处理的方式,曾有读者提议,希望可以通过额外买书的方式一并寄回,但多抓鱼表示,目前还未能实现这一功能。

---

① 钛媒体. 占地 7 000 平,年售百万本,探秘二手书"美容"工厂[EB/OL]. (2018-10-26)[2020-04-12]. https://mp.weixin.qq.com/s/dM349XENNIvEzw4fGiWYRg.

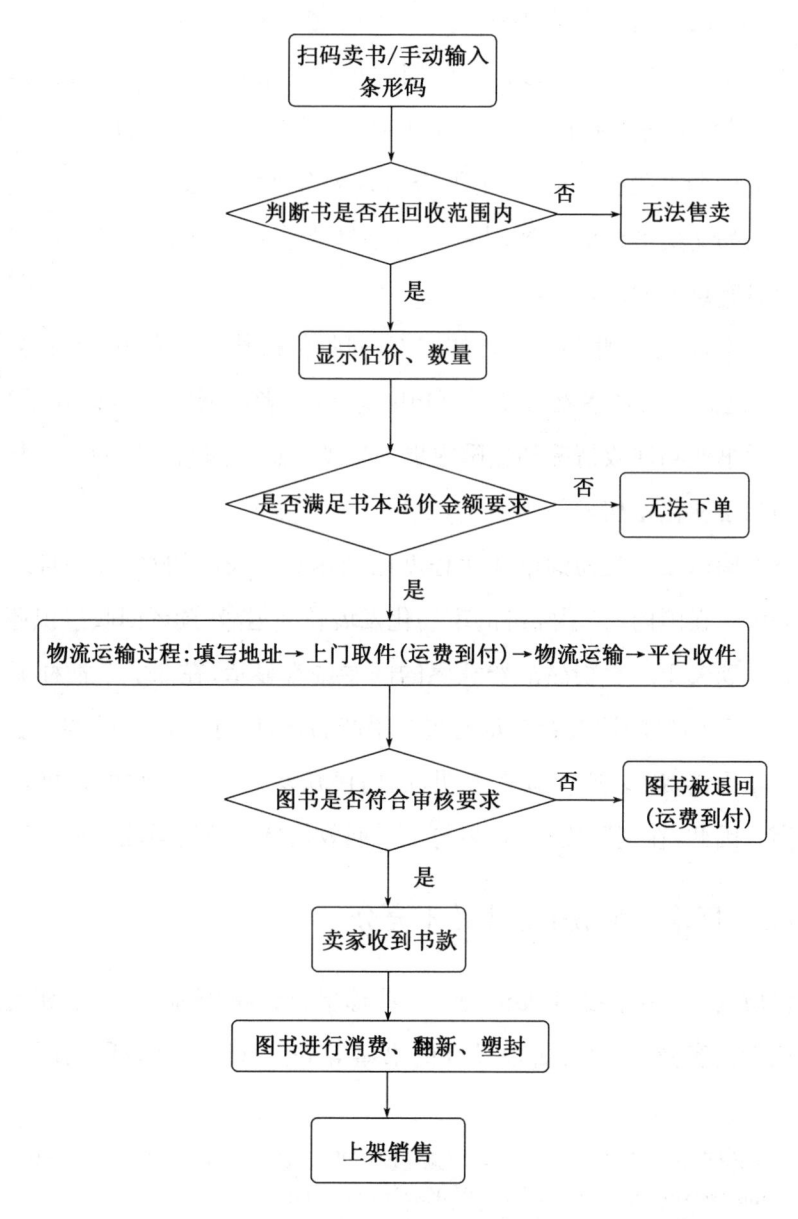

```
         ┌─────────────────┐
         │ 扫码卖书/手动输入 │
         │     条形码       │
         └────────┬────────┘
                  ↓
         ┌─────────────────┐      否    ┌──────────┐
         │ 判断书是否在回收范围内 ├─────→│ 无法售卖 │
         └────────┬────────┘            └──────────┘
                  │是
                  ↓
         ┌─────────────────┐
         │   显示估价、数量  │
         └────────┬────────┘
                  ↓
         ┌─────────────────┐      否    ┌──────────┐
         │是否满足书本总价金额要求├─────→│ 无法下单 │
         └────────┬────────┘            └──────────┘
                  │是
                  ↓
    ┌────────────────────────────────────────────────┐
    │物流运输过程:填写地址→上门取件(运费到付)→物流运输→平台收件│
    └────────────────────┬───────────────────────────┘
                         ↓
         ┌─────────────────┐      否    ┌──────────┐
         │ 图书是否符合审核要求├─────→│图书被退回│
         └────────┬────────┘            │(运费到付)│
                  │是                    └──────────┘
                  ↓
         ┌─────────────────┐
         │    卖家收到书款  │
         └────────┬────────┘
                  ↓
         ┌─────────────────┐
         │图书进行消费、翻新、塑封│
         └────────┬────────┘
                  ↓
         ┌─────────────────┐
         │     上架销售     │
         └─────────────────┘
```

图 3-1　多抓鱼回收流程图

2. 回收收益普遍偏低

虽然各家网络二手书店对外宣称回收价格将根据市场供需动态调整，但在实际回收过程中,回收价格仍普遍偏低。"多抓鱼的回收折扣主要集中在 1~5 折,回流鱼主要集中在 1~3 折,转转主要集中在 0.5~3.6 折"[1]。一些读者在社交平台吐槽多抓鱼的回收折扣越来越低,大部分书都是 1 折回收[2]。虽然免费物流服务、统一定价服务能够帮助读者快速卖书,但根据比达咨询的调查数据,73.5%的调查者认为合理的回收价格是用户选择二手闲置物品交易平台的首选因素[3],这意味着合理的回收价格对用户的平台选择具有重要的影响。

在日本,对于一些品相不佳的旧书,回收价格甚至只有 10 日元或者 20 日元[4]。这意味着读者在 BOOK OFF 卖书,读者的回收收益也并不高,但日本二手书业的回收情况却比国内更加乐观。这一国情差异的背后与日本成熟的二手文化密切相关。

日本国内二手交易的市场化程度已经达到了较高的水平,并且还在快速发展中。在国内,二手经济的市场化发展较为迟滞,读者回收意识还比较淡薄。一项关于二手物品消费意愿的问卷调查显示,在 327 个抽样调查样本中,有 91.01%的调查者愿意购买二手产品,但仅有 52.6%的调查者真正参与过二手消费[5]。这项调查表明,国内民众参与二手回收的积极性还不是很高。因此,在现阶段,读者参与二手回收依然十分看重收益回报。

(二) 网络二手书平台供给不充分

优质的二手书供给主要体现为一些珍贵、稀少的绝版书籍、品相良好的书籍或者内容精良、思想价值较高的书籍等等。营销 3.0 阶段的网络二手

---

[1] 编辑出版二三事.二手书买卖攻略[EB/OL].(2019 - 03 - 21)[2020 - 04 - 17]. https://mp.weixin.qq.com/s/DrtID0WuKsv0v4NDhid0Lg.

[2] 做书.3 周岁的多抓鱼为什么能年收入破亿?[EB/OL].(2020 - 05 - 12)[2020 - 05 - 14]. https://mp.weixin.qq.com/s/pf8y1VqFGP6JtYyWFytvoQ.

[3] 比达报告.2019 年第 1 季度中国在线二手闲置物品交易市场研究报告[EB/OL]. http://www.bigdata-research.cn/content/201905/960.html.2019 - 5 - 21.

[4] 时晨,于雪.解构与重塑:搅动日本出版市场的 BOOK OFF[J].编辑之友,2016 (1):108 - 112.

[5] 葛芮.基于信号理论的二手产品购买意愿研究[D].华东师范大学.2018.

书店连接的是个体买家与个体卖家,由此带来了供给不足的难题,它具体体现在两个方面,其一是单品库存严重不足,其二是长尾图书十分匮乏。

1. 单品库存严重不足

所谓单品库存,是指一本书库存数量的多少。古旧书籍因资源稀缺,往往成为市场中的孤品,然而次新书由于年代较近,一般闲置资源较多。在营销 2.0 阶段,二手书回收可以从实体书店、废品回收站、中间批发商、出版社、藏书家等多元渠道进行回收,但在营销 3.0 阶段,网络二手书店采取的是 C2B2C 经营模式,获取二手书库存的主要来源是个体卖家。然而个体卖家具有较为明显的弊端,比如个体拥有的图书总量有限,拥有的图书品类也十分有限,卖书的时间具有较大的随意性,这使得每本二手图书具有明显的单本化特征,因此难以支撑起一个较为充实的二手书库存。

供给不足并非多抓鱼独有的问题,而是新型网络二手书店存在的普遍问题。转转二手书业务负责人曾表示:"图书的供给一直是转转二手书发展的痛点,从根本上来说,这主要来自如何能够说服更多的读者将自己的书共享出来[1]。"这说明读者的积极参与对平台营销具有重要影响,因此新型网络二手书店应要充分重视读者参与回收的积极性问题。

2. 长尾图书十分匮乏

图书出版行业是典型的长尾市场。有数据显示,"在美国,每年印刷的图书超过 300 万种,其中仅新书就超过 20 万种,但是只有不到 500 本书能出现在《纽约时报》畅销书名单上[2]。"这意味着,大部分图书都很难成为市场畅销书,长期以来,出版商的出版思维以及书店的经营模式都围绕着畅销书展开,目的即是保证较高效率的图书周转和卖书营收。而网络书店由于

---

[1] 帮书店.实体书店 & 二手交易平台,能否携手二手书流转大循环[EB/OL].(2019 - 12 - 09)[2020 - 04 - 19]. https://mp.weixin.qq.com/s/hMbbuKHSrj6Bn819diHVhA.

[2] 财新网.Barabási 组最新研究成果:如何从 300 万种图书中脱颖而出[EB/OL].(2018 - 04 - 14)[2020 - 04 - 18]. http://swarma.blog.caixin.com/archives/179390.

没有时空的限制,因此为长尾图书销售提供了无限的空间市场。在网络二手书市场中,长尾图书主要表现为一些读者对象小众、分散的非畅销图书,比如一些十分精专的学术图书,或一些年代久远的古旧书籍等等。

然而,新型网络二手书店恰恰避开了非畅销书这一经营品类,多抓鱼、漫游鲸、转转有书、熊猫格子等二手平台,纷纷以文化、商业、生活和科技类畅销书为主营品类,强调提供标准化的二手书服务。多抓鱼创始人魏颖在分析平台上绝版书较少的缘由时提道:"绝版书更多的还是那种非标的 C2C 范畴,而不是像我们这种标准化作业流程的范畴①。"曾有读者评价:"在多抓鱼流通的书,没什么绝版收藏旧书②。"一些拥有珍贵古籍的读者往往不会选择多抓鱼、漫游鲸等平台进行售卖,因为溢价空间十分有限,因此营销3.0 阶段的网络二手书店很难累积起具有市场价值的、小众的长尾图书。

从读者需求角度观察,读者选择购买二手图书,除了价格实惠之外,往往是为了寻找市面上已经绝版的各类书籍。这意味着,新型网络二手书店往往难以及时满足读者的小众需求。同时,以新近出版的畅销书作为主营品类,还存在另一个较大的弊端,即面临新书市场的巨大冲击,由于大型图书电商长期进行"价格战"恶性竞争,因此二手书市场不一定总比新书市场的图书价格便宜,如读库 2018 年出品的《来自民间的叛逆》这本书,多抓鱼出售的是全新品相,售价 88.20 元,比京东自营新书的 78.40 元还高;再比如辽宁科学技术出版社 2012 年出版的《数码单反摄影全攻略》这本书,在多抓鱼平台,品相为良好,售价 22.80 元,而在京东图书,有卖家(中商新华图书专营店)出售全新版本,仅售 13.68 元,由此可以看出网络二手书店的价格优势面临新书市场的挤压,一旦读者进行比价,则有可能打消读者在二手书店购买的欲望。

---

① 王梓辉. 网络二手书平台的坚守[J]. 新阅读,2017(11):26 - 28.
② 海棠秋三. 今天是我第一次在多抓鱼卖书[EB/OL]. (2020 - 04 - 24)[2020 - 05 - 03]. https://mp.weixin.qq.com/s/A4ecf6gu1OkQb38rJdD1og.

(三) 网络二手书库存周转不及时

网络二手书店除了面临优质图书供给严重不足的问题,同时也面临较大的去库存压力,二者并不冲突,这是图书市场长期存在的结构性矛盾。换言之,"热门图书一书难求、冷门图书囤积严重"已经成为网络二手书店的普遍问题。这一结构性矛盾与出版行业的"二八效应"有关,即头部畅销书为整个图书市场贡献了绝大部分的码洋。从开卷对地面书店销售情况的监测数据来看,2014年至2019年销售排名前1%和前5%的图书码洋贡献率都呈增长趋势,其中2019年前1%的图书码洋贡献率接近六成,前5%的图书码洋贡献率已经超过八成[①]。

这说明,图书零售市场的头部效应越来越明显,头部畅销书已经成为出版社、图书公司主要的利润来源,然而畅销书在整个出版市场中必定是少数,换言之,一些市场需求小的非畅销书则会构成巨大的库存压力。新书市场如此,二手书市场亦如此,有需求的图书会成为畅销二手书,而没有需求或者需求较小的图书会成为滞销二手书,这也是二手书市场无法避免的结构性矛盾。网络二手书店的去库存压力是实际存在的。

售卖二手书是网络二手书店的主要盈利来源,一旦回收上来的二手书周转不畅,这意味着前期付出的物流成本、翻新成本、仓储成本和管理成本都无法得到回报,这也是C2B2C经营模式的劣势所在,它加大了平台管理难度和经营成本。因此,客观而言,基于大数据运营的新型网络二手书店,仍然面临较为严重的库存囤积问题,因此,网络二手书店只有不断提高网络二手书的周转率,才能尽快实现盈利。

---

① 前瞻经济人.图书市场"二八效应"显著一文带你了解我国图书市场竞争格局[EB/OL].(2018-08-31)[2020-04-18]. https://www.qianzhan.com/analyst/detail/220/180830-35de6443.html.

四、网络二手书店服务营销的优化策略

新型网络二手书店顺应了读者的需求,它代表着网络二手书店的未来发展趋势。

(一)创新回收机制,提升回收服务

网络二手书回收机制并不指向回收的某一个环节,而是强调在一个完整的回收过程中,如何实现各要素之间的有序、有效运行。网络二手书回收的各要素主要包括读者卖书、物流运书、平台验书三个部分,合理的回收机制是基于对读者需求的充分掌握,有针对性地设计三个要素之间的合理串联,从而优化读者回收参与的体验。

1. 再造网络二手书回收流程

回收机制创新可以从拓展线下空间入手,寻找可以利用的线下回收场景,比如实体书店。这里的"实体书店"包括网络二手书店自建的实体书店渠道,还包括其他主题书店、独立书店等非自建实体书店渠道,允许读者将旧书送到距离自己最近的实体门店,实体书店统一完成回收、翻新和销售等一体化流程(如图4-1)。这有利于网络二手书店节省物流成本,提高盈利空间,同时到店回收也有助于吸引读者体验线下阅读空间,刺激到店消费。

| 读者 | 读者直接将旧书送到附近的实体门店 → | 自建实体书店(回收、翻新、销售) |

图4-1 "读者—自建实体书店"回收机制

然而,布局线下书店,扩张成本十分高昂,很难在短期内完成自建渠道的广泛布局。因此,拓展线下回收场景,还可以优先采取与其他实体书店进行合作的方式。网络二手书店可以从单店进行实验,在实体书店内开设收书点,允许读者直接将旧书带到实体书店进行现场回收,然后将回收上来的

书统一发货到距离最近的仓库进行统一翻新(如图4-2)。这一合作模式,对实体书店而言,有助于解决书店引流的难题,对网络二手书店而言,有助于减轻一部分物流压力。目前,转转二手书平台表示愿意尝试这一做法,转转二手书业务负责人认为这种合作模式,一方面有利于估算单场活动或单个门店合作运营所需要耗费的人力和物力成本,另一方面有利于观察在双方共同宣传、共同推进的情况下所能产生的活动效果。

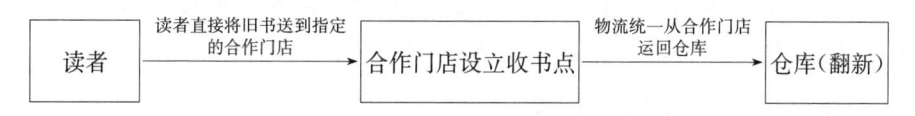

图4-2 "读者—合作门店—仓库"回收机制

无论"读者—自建实体书店"回收机制还是"读者—合作门店—仓库"回收机制,这两者的共同点,都是从再造回收流程的角度实现机制创新。相较而言,自建渠道更适合常态化回收,而与实体门店合作需要找到双方合作共赢的结合点,虽然目前已有实体书店表示愿意与网络二手书店合作,但这一合作模式仍需要长期实验与摸索。

2. 提高读者回收参与积极性

创新回收机制还可以从增加读者卖书收益入手,提高读者参与回收的积极性。在新冠肺炎疫情期间,大部分实体书店受到影响,为了吸引读者到店购书消费,多抓鱼推出了"小绿袋计划"。多抓鱼与五家实体书店开展合作,只要读者前往合作书店购买新书,即可获得多抓鱼定制的小绿袋一只,读者看完新书后可以用小绿袋参与卖书,并且卖书收益增加10%[①]。从本质上来说,二手书来源于新书,因此在一定程度上,只有读者拥有了更多的新书,才有更大的可能性转化为二手图书。虽然,多抓鱼的这一计划并未从根本上改变原来的回收流程,但丰富了读者参与回收的有趣性,并增加了读

---

① 多抓鱼. 多抓鱼三周年的三则快乐通知[EB/OL]. (2020-05-07)[2020-05-08]. https://mp.weixin.qq.com/s/fjrkSYzPuQSEYBdL6cAmIQ.

者的卖书收益，因此，对提高读者参与回收的积极性大有裨益。

创新回收机制的核心在于找到优化读者体验与提高平台盈利之间的平衡点，但由于目前新型网络二手书店的发展仍处于早期探索阶段，因此无论是资金、技术、人力还是管理都存在较大的缺陷。这意味着，回收机制创新还需要经历较长时间的摸索与优化。回收机制创新的背后与网络二手书店现有的资源、读者的回收意识以及行业内外的支持都有关联。就现阶段而言，网络二手书店创新回收机制的本质在于为读者提供多元的回收参与路径和方式，每位读者都可以依据自己的偏好、习惯选择自己更乐于接受的方式，这也是优化读者服务的体现。

（二）探索产业合作，增加优质供给

增加优质二手书供给可以与优质出版机构建立合作，与优质实体书店资源互补。

1. 与优质出版机构建立合作

一直以来，网络二手书店与读者的关系更为紧密，而与上游出版机构的联系较少。孔夫子旧书网2012年就成立了"出版家联盟"，出版社可以在孔夫子旧书网上销售库存积压的滞销书，也可以宣传和预售新出版的书籍。对出版社而言，建立出版社与网络二手书店的联盟有利于丰富图书宣传与销售渠道，对孔夫子旧书网而言，有助于增加平台供给，增强品牌对产业上下游的影响力。

未来网络二手书店增加优质供给的可行路径，是与优质出版社建立长期合作，借助优质出版社的优质资源提高平台的供给质量。

第一，从出版机构直接购入优质新书，积累平台自营图书资源。由于来自个体卖家的二手书质量具有较大的不稳定性，数量也极为有限，因此，网络二手书店应逐渐积累起平台的自营图书，保障平台供给的数量与质量。目前多抓鱼已与读库、后浪、理想国、果麦等国内近二十家出版机构签订采购协议，多抓鱼从出版机构采购的不仅是一些全新品，也会选择性地采购一

些年代较为久远的库存,甚至残品,但那些畅销一时、库存供给已经多于需求的图书,多抓鱼并不会纳入采购计划[①]。熊猫格子创始人李辉也对与出版社建立合作抱有乐观态度,他认为即使是出版社的滞销图书,其品质依然是十分不错的,尤其可以保证是正品图书[②]。实际上,直接从出版社采购图书,具有多方面益处,不仅有助于提高平台供给的数量和品质,也帮助出版社减轻库存压力,而读者也可以享受到更好的购买体验。

第二,与出版机构独家合作,逆向推动绝版书再版流程。网络二手书店可以通过与出版机构相互合作,直接推进绝版书籍再版的方式解决这一难题。对于一些已经绝版但仍有读者需求的图书,网络二手书店要注重积累读者的需求数据,当预订量累积到一定程度时,应及时与出版机构沟通,将准确的读者需求数量提供给出版机构并达成合作,从而直接借助出版机构的力量,激活一本绝版书的再版流程,满足读者的预订需求和阅读需求。在营销过程中,网络二手书店可以采取独家定制的包销手段,以新书首发的方式,打造营销亮点。

二手书店与出版机构的关系值得重新审视与思考。过去,图书市场的上下游关系是一种线性关系,网络书店与实体书店都属于图书分发渠道,它们主要发挥着图书销售的作用,然而无论是新书市场还是二手书市场,下游销售渠道对推动上游出版活动的作用十分微弱,虽然书店在掌握读者需求、市场动态方面具有一定优势,但这种优势依然较为模糊且缺乏数据化,因此很难真正逆向推动上游环节的出版活动。然而随着营销3.0阶段的到来,基于大数据运营的二手书店对于出版机构的价值与作用,不仅仅只体现于图书销售,还表现为推动出版机构按需出版绝版书籍。二手书店与出版机构的关系已经迎来了一种全新的可能,这种可能表现为网络二手书店将促

---

① 出版人.一本旧书要不要重版? 或许你可以问问多抓鱼[EB/OL].(2020-04-21)[2020-04-22].https://mp.weixin.qq.com/s/oaKYMBQNdSCjHZAOqR-Dnw.

② 中国经济网.二手书市场2.0时代能否三赢[EB/OL].(2018-12-04).[2020-04-22].http://www.ce.cn/culture/gd/201812/04/t20181204_30939453.shtml.

使出版上游更加精准地了解市场、更好地参与长尾图书的出版与营销，从而构建起一种相互合作、互利共赢、和谐共生的新型关系。

2. 与线下实体书店融合发展

这里所提出的"实体书店"指的是非自建渠道，即其他线下独立书店、主题书店等。目前，部分实体书店，如温州无料书铺、北京雨枫书店、BCMIX青岛书厨美食书店等，已经通过图书漂流、借阅等各种方式探索二手书业务，而网络二手书店也正积极敞开怀抱，希望与更多的实体书店建立新合作模式，实现资源互补、融合发展。

网络二手书店的困境在于回收机制不够健全、热门图书缺乏优质供给、冷门图书囤积压力较大等方面。而实体书店的困境更为严重，缺乏读者流量，消费转化较低，很难与网络书店竞争价格。网络二手书店具有丰富的流量资源、创新的营销思路，而实体书店作为线下空间，不仅拥有优质的图书资源，还具有重要的空间价值，实体书店是一座城市的文化地标，它拥有固定的场所，读者来到实体书店既可以亲身体验书店的文化氛围，也可以直接观察、触摸到图书的装帧设计、纸张质量以及内容排版。因此，网络渠道与实体渠道各有优势，两者的融合发展具有较大的互补空间。

越来越多的实体书店希望借助一些大流量的网络平台提高关注度。实体书店可以借助网络二手书店平台发布活动信息，将线上流量导向线下实体书店；而对于网络二手书店来说，线下获客缺乏经验、难度较大，而实体书店有固定的读者群和线下客流，实体书店可以利用空间优势举办一些创新性的营销活动，提高读者对网络二手书店品牌的认知，将线下的读者流量导向线上平台。

不少实体书店正加速转型，一些主题鲜明、定位精准的主题书店应运而生，而综合性书店在选书与图书陈列上也越来越具有主题化的趋势，无论是主题书店的兴起还是书店的主题化发展，都考验着书店的选品能力。主题书店可以通过补充二手货源来强化主题特色，网络二手书店也可以把主题书店里的特色资源扩充进平台以增加特色供给。

(三) 丰富营销手段,提高消费转化

为解决网络二手书营销的结构性矛盾,网络二手书店在优化供给的同时,还应提升平台的消费转化,解决冷门图书库存囤积的问题。笔者主要从缩短读者首次购买时间、引导读者生产优质评论等方面探索优化策略。

1. 缩短读者首次购买时间

罗杰斯的创新扩散理论认为,创新的扩散过程具有阶段性特征,早期采用者对创新扩散具有十分重要的作用,但他们往往发展成为意见领袖,并带动周围的人接受新的产品与服务。网络二手书店要注重对读者首次购买的重视与设计,尽可能减少读者首次购买的障碍,提高读者的首次购买率。

网络二手书店应当充分利用平台首页进行图书推荐,提高二手图书的曝光率。首页推荐营销是很多电商平台普遍使用的做法,由于读者一打开平台界面无须翻动就可以直接看到这些资源,因此曝光率较高。首页推荐位占据了很大页幅,对读者的视觉刺激较多,因此使得单本图书的曝光率大幅提高。

网络二手书店还应加强首页推荐位建设,尽可能结合书店本身的气质与特色,一方面要设计好推荐位的风格与内容,另一方面要保障推荐位资源的可获取性,否则无法真正实现消费转化。

降低首次购书门槛。当下,网络二手书店买书包邮,目的是增加销量,保障平台的销售利益。网络二手书店可以针对首次购书的读者,免除邮费这一条件,降低读者购买的心理障碍,刺激读者完成首次购买。

2. 引导读者生产优质评论

在线评论也称消费者在线评论,在电商营销中,在线评论越来越为企业营销重视。一项关于消费者在线评论的调查显示,超九成消费者认为在线评论会影响他们的购买决策,有82%的消费者明确表示,评论的具体内容

是促使他们做出购买决定的关键因素①。这表明在线评论对推动潜在消费者产生购买行为具有关键作用。

网络二手书店如多抓鱼、转转二手书、回流鱼等已经提供了评论功能，而熊猫格子、漫游鲸、渔书还未提供，这说明网络二手书店对读者评论并未充分重视。网络二手书店在读者评论这一方面还有很大的提升空间。

网络二手书店应充分重视读者评论的重要价值，建构完善的在线评论体系，包括引导机制、奖励机制、管理机制、分享机制、建设机制等等。引导机制强调要将在线评论放置在显眼的展示位置，方便读者在购书期间随时查看。奖励机制强调要建立评论与奖励之间的关联关系，鼓励读者通过生产优质评论获得相应的物质奖励和精神奖励。网络二手书店还可以设计追加评论功能，帮助消费者更快地做出决策。

本文重点分析的是新型网络二手书店的营销策略，即服务营销策略。笔者以多抓鱼为例，分别从品质营销策略、渠道整合策略、精准营销策略、互动营销策略、智能定价策略等方面展开分析。其中，实施品质营销策略，是为读者提供标准化的二手书服务；实施渠道整合策略，是为读者提供线上线下全渠道服务；实施精准营销策略，是为读者提供精准化服务；实施互动营销策略，是为读者提供交互服务；实施智能定价策略，是为读者提供动态定价服务。由此可见，多抓鱼解决了网络二手书质量参差不齐、定价机制不合理、市场供需不匹配、读者参与度低等诸多问题。由于网络二手书店的服务营销仍处于早期探索阶段，因此仍存在一些问题，主要包括网络二手书回收服务不完善、网络二手书平台供给不充足、网络二手书库存周转不及时。由此，本文认为，优化网络二手书店服务营销策略的路径，可以从提高回收服务、增加优质供给、提升消费转化等三方面入手。

---

① 199IT. Podium：研究显示93％的消费者表示在线评论会影响购物选择[EB/OL]. (2017-04-10)[2020-04-19]. http://www.199it.com/archives/580674.html.

微信公众号图书营销模式分析

——以《佩拉宫的午夜：现代伊斯坦布尔的诞生》为例

钱思洁

一、"单读"公众号简介

"单读"公众号是单向空间旗下的一个品牌，单向空间初名为"单向街书店"，是2005年包括许知远在内的6个年轻的媒体人创办的。此后，这家书店成为顶级作家、导演、艺术家以及来自四面八方的年轻人频频光顾的场所。2015年，单向街书店更名为"单向空间"，由单谈（沙龙品牌）、单读（出版物）、单厨（餐饮品牌）、单选（原创设计品牌）4个板块组成。单读就是其中的一个品牌，并且有其自己的公众号和App。

二、《佩拉宫的午夜：现代伊斯坦布尔的诞生》一书的微信营销流程

2016年12月1日，"单读"公众号平台发布了一篇名为《这是我们十年来最想做的事，你要一起吗？|单读》一文，文章开头介绍了单向街的发展历程，其次表达了这个做了长达10年准备的项目产生的效果，最后说明了他们需要招募1 000个同行者，并在文末左下角设置了"阅读原文"链接，点击进去即是单向空间的微店里的这个项目的商品，设置金额为98元，这1 000个名额被迅速一抢而空。

2016年12月2日,"单读"公众号又发布了一篇名为《为了十年来最想做的事情,我们再次发出邀请|单读》的文章,又再次开放了3 000个名额。

最终,12月7日通过《这就是我们十年来最想做的事|单读Classics阅读计划》一文,单向空间阐明了他们具体要做的事情。计划则是单读Classics,即以阅读为核心的新项目,均以优秀的典范和经典的著作为主。"单读"通过此项活动将开展它的阅读计划,即阅读组织。"单读"编辑部首先是与国内外最优秀的出版社合作,独家引进当今世界优秀的历史人文作品,并制作与每本作品相匹配的深度阅读辅助信息,比如书单、音频解读等,其次是阅读评论共享,不定期举办线上线下读书交流分享会,最后是加入的会员会优先获得新书资讯和购买优惠信息。"单读"阅读计划的第一本书是《佩拉宫的午夜:现代伊斯坦布尔的诞生》。而此前的4 000个名额,每个98元,包含此书,还有随书附带的文具及纪念品。

单向空间在2016年12月1日前,就进行了整个图书的策划和设计。

单向空间的整个微信营销流程可以分为以下几个阶段:

运用情怀手段进行营销造势(神秘营销)——引发读者兴趣购买(有一定的团体规模)——公布计划(将读者引入阅读团体)——进行线上线下读书交流分享会——后续图书出版和阅读计划。

接下来,具体分析整个营销细节:

(一)目标市场

目标市场是指图书营销活动所要满足的一个或几个细分市场,是出版社为实现自己的任务和经营目标所需进入的市场[①]。

《佩拉宫的午夜:现代伊斯坦布尔的诞生》一书是经典类历史读物,目标读者是爱好历史的年轻人和对历史有着浓厚兴趣的研究者。近年来,经典再热成为整个阅读群体的关注点。包括"新世相"公众号做的青春版《红楼

---

① 刘吉波,周葛.出版物市场营销典型案例评析[M].中国书籍出版社,2014(6):101.

梦》,在市场上也引起了强烈关注。

　　市场定位是指企业根据竞争者现有产品在市场上所处的位置,针对消费者或用户对该产品某种特征或属性的重视程度,强有力地塑造出本企业产品与众不同的、给人印象鲜明的个性或形象,并把这种形象生动地传递给顾客,从而使该产品在市场上确定适当的位置[①]。

　　单向空间的读者大多是年轻人,具有一定的文艺气息和情怀。从其微信公众平台来看,用户大都年轻,平时有阅读习惯,喜欢看经典类书籍,能够独立思考,但是也有不少学者、研究者以及文化界名人。

（二）营销模式分析

　　饥饿营销是指商品提供者有意调低产量,以期达到调控供求关系、制造供不应求"假象"以维护产品形象并维持商品较高售价和利润率的营销策略。通常运用于商品或服务的商业推广。

　　神秘营销是一种通过抓住消费者的好奇心理,激发潜在用户的好奇心进而达到向顾客推销产品和服务目的的推广方法。

　　根据美国内容营销协会的定义:"内容营销是基于对界定清晰的目标受众的理解,有针对性地创造与发布与顾客相关且有价值的内容来吸引、获得这些受众,并使其产生购买行为,为企业带来盈利的过程。"

　　纵观前文中的整个微信营销流程,不难看出单向空间的整个微信营销流程运用了以上 3 种手段,获得了显著效果。

　　近一年来,历史类的经典图书越来越多,比较有代表性的有《丝绸之路》和《二手时间》等。单向空间此次选择的第一本书就是历史经典类读物。

　　单向空间的文案向来深受读者的喜爱。这次单向空间通过情怀手段来进行营销,并不公布具体的计划,即便如此,还是吸引了大量粉丝的关注和加入。

---

　　① 吴健安.市场营销学[M].高等教育出版社.2011(6):167.

最终,单向空间终于公布了他们的阅读计划。为了更好地阅读这本书,单向空间添加了线上线下读书讨论分享会和音频。从整个微信营销过程来看,《佩拉宫的午夜:现代伊斯坦布尔的诞生》一书在整个营销造势上,全部集中于微信,并没有花费太多的成本。强调内容、注重图书设计是单向空间表现得最为出色的地方。传统图书的营销手段主要有作者巡回演讲、签售、书店促销、海报宣传、名人推荐等方式,宣传环节多,人员成本高。

但是从该书的宣传来看,单向空间在无形中省去了这笔费用。单向空间自2005年起就吸引了大批读者,其中的"单读"板块早已拥有了大批忠实粉丝,尤其是许知远本身的文艺气质更是吸引了众多文艺青年的加入。

该书是一个自媒体全打造的过程,集图书出版、网络视频、音频、线上线下读者交流和旅游为一体的全新出版模式。单向空间和腾讯视频、喜马拉雅FM合作,并且在"单读"公众号及"单读"App上发布图书信息,由许知远主讲主持。而音频的内容则是从视频当中截取的一部分。在这一环节就省去了大量的费用和成本。从单向空间的整体阅读量和收听率来看,收听音频的人明显比观看视频的要多,大概比率在72∶1。从中可以看出,单向空间一开始的读者群是从收听其音频开始的。

三、图书市场表现分析

(一) 装帧设计

该书的装帧设计由单向空间自行设计。单向空间认为单读Classics阅读计划中的第一本书的设计应该将古典和现代结合起来。在开本上,他们选用的是210 mm×140 mm开本,并将此开本作为单读Classics阅读计划的专属开本。封面采用的是烫金和印金工艺。封面背景是佩拉宫的手绘图,线条为金色线条。封面以深邃蓝为主。护封、环衬和封面的颜色均为深邃蓝。

每本书中配有藏书票一张。正文用纸是金日坛质感纸,该类纸主要用于高档印刷品。金日坛质感纸是以针叶木浆、阔叶木浆及化学机械浆为原料制成的涂布印刷文化用纸,可替铜版纸及优质双胶纸,该纸一吨的价格大概在6 000~7 000元。护封用纸为丁特纸,让封面颇具有纹理感。

书中配置了32张高清照片,图书页码采用两种方式,即原书边码和本书页下码的形式,以方便读者和原作进行比较。为了方便检索,编辑按照本书的页码调整了原书的注释页码。此书保留了原书的大事年表、注释、参考文献、索引等元素的设置。

(二)图书定价

该书定价为69元。图书还未公布时,该阅读计划的定价为98元。除去本书的码洋,还有19元。通过单向空间开放的两批名额得知,对于前1 000名读者,19元附赠的产品有金属书签1个,单读编辑部手写的明信片1张,阅读计划邀请卡1张,阅读计划纪念贴纸1张。对于后3 000名读者,他们拿到的是随行笔袋1个,明信片1套,阅读计划邀请卡1张,阅读计划纪念贴纸1张。这些全部是除去图书定价外的附加价值。

四、评价

从整个图书的微信营销流程来看,微信营销图书的优势主要在以下几个方面。

(一)利用作者的品牌效应

单向空间的许知远本身就是一个名人,有庞大的粉丝群和稳固的读者群体,在"单读"公众号上一直获得持续关注,所以,单向空间发出的这个计划,吸引了大批粉丝的目光。所以,在这个环节上,单向空间不需要在读者维护上花太多成本,这是微信图书营销的一个优势所在。

（二）利用软文推广

目前微信公众号对产品的推广手段，大多运用的是软文。从《佩拉宫的午夜：现代伊斯坦布尔的诞生》一书的宣传来看，单向空间在做该书的推广时，运用了情怀手段，得到读者的关注和支持。并且，在看到软文类的广告时，因其对产品细节进行详细描述，并且掺杂了更多的名人效应情感，消费者更加愿意花时间和金钱。

（三）加强读者维护是关键

后期单向空间在读者维护上做得并不是很好，出现了加好友迟缓，申请后未加好友，加了好友但未入群的情况，并且辅助阅读较少，不连贯。读者维护这一环节关系到后期整个读书计划的实施和进行。

（原刊于《科技传播》2017 年第 15 期）

出版教育

基于微信平台的编辑出版专业实践教学模式的研究
——以《出版物营销》课程为例

钱思洁

近年来,出版教育的电子化、网络化偏向并未增大编辑出版学科内部,以及与其他文科专业的区分度。可以发现,编辑出版专业在具体课程上,需要注重专业的实践培养[①]。

出版物营销课程是一门复合型课程,涉及营销理论、出版物市场、出版实践等内容。该课程不仅要向学生传授理论知识,还要培养学生的创新创业精神。微信具有及时性、便携性强等特征,在线上教学上,具备天然的优势。利用微信进行互动,除了缩短教师和学生之间的物理距离,也有利于师生之间感情的增进。微信教学平台以学生为中心,能有效发挥学生的主观能动性。

一、基于微信平台《出版物营销》的课程教学方法

对于学生来说,首先要掌握的是营销理论、文学方面的知识,其次是对

---

① 郭瑞佳,亢姿爽."编辑出版学＋专业"的学科联合化人才培养实践探索——以云南民族大学编辑出版学教育改革为例[J].现代出版,2018(06):68.

营销领域的相关知识进行研究和讨论。在此情况下,我们将教师的教学步骤细化为以下几个方面:课前线上准备阶段,课前的教学反馈阶段,线上课堂教学阶段和课后线上讨论阶段四个方面。

(一) 课前线上教学准备阶段

课前线上教学准备阶段,可以分为学期前的准备和每节课的课前准备。

学期前准备在寒暑假进行,教师可以通过建立微信公众平台、微信群组的方式,告知学生该课程在这学期需要准备的资料,列出要看的书目。供学生们在假期阅读,还可以在微信群组里进行讨论。教师也可以在群里设置一些问题,引发学生思考。《出版物营销》课程的所需阅读的书目主要为营销方面的书籍。

课前准备需要具体到每堂课的课前准备内容。在此阶段,可以将学生需要在这节课掌握的营销理论知识提前通过微信公众平台或微信群进行告知。这样做有利于学生在上课过程中理解课程内容,起到了预习的作用,这一过程是将出版物营销知识、案例、营销理论和基础等知识点结合起来,细化知识的过程[1]。

(二) 课前教学反馈阶段

在该阶段,学生通过第一阶段的准备,预习了需要了解的内容,可以在群里打卡并发布动态,也可以将自己还不了解的相关知识点发布在微信群组里,教师看到后就可以了解学生对所学课程知识的掌握情况。

进入课堂环节,教师除了教授课本所必要的知识外,可以对学生们提出的问题进行解答和讲解,在解答前,可以让同学们提出自己在课下的一些想法和思考。这样做的目的是,缩短学生课下反馈的时间,有助于他们对知识点的把握和理解。

---

[1] 姜红梅.微信在大学英语教学中的应用[J].顺德职业技术学院学报,2013(04):52.

（三）线上课堂教学阶段

在线上的课堂教学过程中，经过了前两个阶段的铺垫，教师可以从某个知识点出发，延伸出许多新的内容和知识。大学教育除了课本的知识外，还有所学知识的延伸学科和相关知识点。

此外，还可以在线上进行测试，作业布置的方向可以是让同学们寻找一些出版物营销方面的案例；测试是教师在每章结束的时候，在线上布置一些小练习，供学生们测试和学习。

（四）课后线上讨论阶段

通过线下的学习和前期线上的讨论后，教师可以在微信平台对当天的教学内容进行总结。这样做有利于学生在课下总结，也有利于教师得知自己的教学效果，以便在下一次教学时进行纠正。

在这个环节里，教师可以对上一个阶段的测试进行讲解，前提是学生已经对答案进行了思考和查找，这样教师在公布答案的时候，学生的印象也能够更深一些。

同学们在微信群里经常讨论一些话题。经过多次的实验和证实发现，学生通过课堂教学的思考，在线下会有一些新的问题和话题，除了对学生本身的理解有帮助外，对教师的备课和学习也起到了帮助。

同样，教师在和学生讨论与探讨的过程中，也可以学习到一些新的内容和知识，真正实现教与学。

二、案例解析

根据以上过程，我们还可以借用某个具体的案例进行出版物营销课程的相关分析。该课程为《出版营销的市场环境》，该部分内容涉及微观环境和宏观环境两个大的方面，所涉及的学科是社会学。

（一）课前线上准备阶段

课前，在微信群发布人口结构、经济环境、自然环境、技术环境、社会文化环境和政治文化环境这几个关键词，让学生了解当前我国这几个方面的数据和人口情况。

通过线上学生的反馈，教师可以知道学生的数据来源的可靠性，并根据学生的数据重新评估当下出版营销的市场环境。从另一个方面来看，这也锻炼了学生查找数据的能力，训练了学生的信息检索能力。

（二）课前教学反馈阶段

在学生搜集数据的过程中，会出现找不到数据的情况，这个时候，教师要引导学生如何进行数据的搜集，从而起到教学相长的作用。教师通过学生搜集的数据，也可以知道该领域一些最新的相关数据，比如当前我国最新的人口数、知识结构、职业结构、地域分布、年龄分布、男女比例等情况，以及当前我国在出版领域的最新技术情况。

此外，搜集的资料还有政策类的文件，这些对出版物的营销环境也产生了很大的影响，这就需要学生们时刻关注国家发布的相关法律法规政策。课前教学反馈阶段主要考察的是学生的数据和信息搜集能力。

（三）线上课堂教学阶段

教师通过学生搜集的最新数据，分析出最新的出版市场的营销情况，以及未来出版物市场上销售的热点图书。也可以让同学们大胆猜测并预测，通过以往教学经验来看，我们分析和预测出的结果相差不大。

教师可以对理论性的知识点，以小测试的方式对学生进行考查，让学生在微信里发布自己的答案，教师可以在群里公布答案。

（四）课后线上讨论阶段

课后，学生们会根据当天上过的课，提出他们对未来出版物营销的图书种类的看法。教师将课件里的重要内容放在微信公众平台或微信群里，供学生们查阅和保存。

通过这一系列的步骤，学生学习的积极性被调动了起来，并且，教师在教学的过程中也能够发现许多未曾注意过的选题。在和学生讨论的过程中，教师也发散了自己的思维。教师在这个环节，对上一个环节发布的测试，提供答案和解析，以便加深学生的理解。

三、结语

利用微信公众平台进行教学，对于学生和教师来说，都是很有意义的。学生可以转向自主学习，微信的运用缩短了教师和学生之间的距离，让教师了解到学生的学习生活状态，也起到了素质教育的作用。微信平台功能强大，能突破时间和空间的限制，弥补课堂教学的不足，但在实际教学过程中，我们只是把它作为教学的一种辅助手段[1]。同时，该阶段的实践模式，需要长期的坚持才能看到效果，这需要教师在线下的教学过程中充分考虑到课程所需要的内容和环节，除了应对课本需要的知识外，还应当充分调动学生对该课程的积极性，引发新的思考。

（原文刊于《传媒论坛》2019 年 23 期）

---

[1] 孔杏. 微信公众平台支持下的混合式教学在远程开放教育中的实现——以统计学课程学习为例[J]. 河北经贸大学学报(综合版)，2015(12)：116.

澳大利亚高等出版[①]教育的定位、特点与启迪

杨金荣

与英美等国家相比,澳大利亚人口稀少,市场容量有限,出版业竞争激烈,进入出版业的门槛很高。无论是业内人还是想进入出版行业的人都希望通过专业深造以取得更高的从业资格。为了适应这种需要,从20世纪80年代末期开始,澳大利亚高等出版教育进行了改革,并在改革中逐步找到了自己的位置,形成了自身的特点。了解澳大利亚高等出版教育的定位与特点,对于探索中国的高等出版教育发展之路是个有益的参照。

一、澳大利亚高等出版教育的定位:与其说是学历教育,毋宁说是继续教育、职业教育

高等出版教育在澳大利亚很普及,办学层次也较高。言其普及,在全澳大利亚近四十所大学(university)中,开设编辑出版课程或授予学位的高校

---

① 这里的"出版"是包括编辑、复制、发行等活动在内的大概念。而文中提到相关专业名称和相关项目名称时,均将"编辑"和"出版"相提并论,此时"出版"的概念是一个与"编辑"等同的概念,指包括取得作者作品,帮助作者提炼、完善作品的内容,使书稿达到适合公之于众的质量等在内的全过程(which is the process of accepting the authors work, assisting to refine the content, and making the document publicly available)。

有12所①,其中不乏一些著名大学,如,墨尔本大学、莫纳什大学、墨尔本皇家理工大学等。这些学校的数量约占澳大利亚大学总数的四分之一。与美国、英国、加拿大等发达国家相比较,无论是所占全部大学总数的比例数,还是绝对数,都是高踞前列的。言其层次高,这些大学中的大多数都可以授予硕士学位,这一比例也普遍高于英、美、加拿大、日本等国家。此外,澳大利亚的一些学会或行业协会,在出版教育领域也有所作为,如位于维多利亚州的编辑学会就开设编辑出版方面的课程,这也是澳大利亚高等出版教育的一个亮点。

澳大利亚没有专门的出版类大学或学院。和中国的大多数高校一样,澳大利亚的高等出版教育专业(方向)隶属于不同的系科或二级学院,有的隶属于人文学院(Arts),如莫纳什大学的"出版与编辑"隶属于"人文、传播与社会科学"学院(Humanities, Communications and Social Sciences);有的隶属于传播学院(Communications),如墨尔本皇家理工大学的"编辑与出版"隶属于"应用传播"学院(School of Applied Communication),悉尼大学的出版教育专业(方向)隶属于"媒体与传播系"(Department of Media and Communications);也有的隶属于语言学系,如墨尔本大学的"出版与编辑"隶属于英语系,麦考里(Macquarie)大学的"编辑与出版"、麦克勒(Macleay)学院的"图书编辑与出版"均隶属于语言学系(Department of Linguistics)。

察看整个教育的链条,澳大利亚的高等出版教育实际是大学后教育,通常要求受教育者已经完成大学本科教育,拿到学士学位并有一定编辑出版工作的经历。在澳大利亚,人们选择出版产业是因为出版业是有创意的文化产业,进入出版业可以实践自己的文化创意。从性别看,出版从业者以女性居多,原因可能是出版业中,有些工作,如编辑工作,有一定的时间弹性。

---

① 这12所大学是:墨尔本皇家理工大学、莫纳什大学、墨尔本大学、维多利亚大学、迪金大学、昆士兰科技大学、悉尼科技大学、麦考里大学、南澳大学、昆士兰大学、南昆士兰大学、科廷大学。该数据由澳大利亚墨尔本皇家理工大学编辑与出版项目主任迈克尔·韦伯斯特统计,统计时间截止到2004年4月。

因此,接受高等出版教育的人群中,女性的比例高于男性。

在澳大利亚,本科以后的教育有硕士证书(postgraduate certificate)、硕士文凭(postgraduate diploma)、硕士学位(master's degree)和博士学位(PhD)等层次。硕士证书、硕士文凭都是以上课方式完成,内容可以与大学本科期间有关联也可以是独立的。申请硕士证书、硕士文凭通常要求取得学士学位,但如果有丰富的相关工作经验,也可以弥补学历的不足。申请硕士学位则需完成一篇短论文。澳大利亚的这一学制决定了其高等出版教育的层次,其高等出版教育主要有三个层次:硕士证书、硕士文凭和硕士学位。

硕士证书层次,学分要求不高,供选修的课程也相对较少,课程内容相对于出版产业而言是基础性的。硕士文凭层次,学分要求介于硕士证书与硕士学位之间,与前者相比,除了增加了学分数,还增加了实习环节。硕士学位层次,除了学分数高,另外还有论文的要求。

墨尔本大学是一所国际化、研究型、综合性的世界知名大学,在2006年全澳大学中综合排名第一。该校的"出版与编辑"课程设置的特点,可以视作澳大利亚高等出版教育课程设置的标杆。下面以墨尔本大学的硕士证书、硕士文凭和硕士学位三个层面的课程设置与课程目标为例(见表1-1),来说明澳大利亚高等出版教育的定位。

表1-1

	硕士证书	硕士文凭	硕士学位
开设课程	每门课12.5学分,须修满50学分 编辑结构 编辑英语 当代出版业 出版商务交流 编辑写作技巧 网络写作与编辑 印制与设计	每门课12.5学分,须修满100学分 编辑结构(必修) 编辑英语(必修) 当代出版业 出版商务交流 编辑写作技巧 网络写作与编辑 印制与设计 实习(25学分) 出版伦理与法律	每门课12.5学分,须修满200学分,且递交3 000字有新意的论文 研究方法论(必修) 编辑结构(必修) 编辑英语(必修) 当代出版业 出版商务交流 编辑写作技巧 网络写作与编辑 印制与设计

(续表)

	硕士证书	硕士文凭	硕士学位
		印刷市场的结构与战略 出版与传播 受众研究 公共关系与社团 新闻理论与实践	阅读与图书史 出版业与全球化 数字与编辑出版 杂志高级编辑 印刷生产与设计 图书高级编辑 杂志高级编辑与出版 伦理与法律问题 高级专业编辑 论文(必修,37.5学分)
课程目标	概要了解文艺作品和媒体的编辑原理与方法；了解电子编辑和数字媒体出版的实用技能；对出版业进程变化能够有自己的思考,有研究的技能和相关主题写作的技能。	在文艺作品和媒体的编辑原理与方法方面有坚实的基础；实际掌握电脑在印刷和数字媒体出版中的运用；对澳大利亚及亚太地区的出版业组织机构与运作有全面的了解并能够进行分析；在出版业务的沟通方面,无论是口头的还是书面的,都有高水平的沟通技巧；对出版业进程中的变化能娴熟地开展研究,进行相关主题写作和理性批判。	完成一项重要的理论、实务或者理论与实务相结合的研究项目；能够在编辑出版项目中解决问题,从事研究、写作；深入了解编辑的原理与方法,详细了解计算机在印刷和数字媒体出版中的应用；获得详细的有效沟通战略的知识,较好地了解全球范围内尤其了解澳大利亚与亚太地区的商业出版机构及其运行；熟悉印刷生产和设计,包括了解印刷文化史；熟悉编辑出版学科的伦理与法律标准；有批判性评价与有创意的自觉能力；重视交流、证据、合作和建设性的批评,尊重作品的完整性。

从表1-1中可以看出,这些课程有如下特点:(1)偏理论性的课程少,重编辑出版实务的课程多;(2)学科体系主导型的课程少,岗位任务驱动型的课程多;(3)实用性、实践性强,与业界联系紧密,体现产业发展的新动

态、新趋势，如电子技术、网络技术的应用，全球化与出版产业的整合等。

澳大利亚高等出版教育的课程设置不仅贴近出版业的最新发展，而且课程更新快。多数高校的课程是一年更新一次。这一点也是与世界趋势相吻合的。例如，美国纽约大学的暑期出版学校（SPI），就是以课程引导出版业发展趋势、更新速度快而著名的。自1988年以来，澳大利亚的高等出版教育一直都是基于这样的目标：学生通过课程学习与实践所掌握的基础知识与基本技能，与商业出版实践中各个关键领域所需要的基础知识与基本技能高度契合。

2006年秋，笔者在澳大利亚拉筹伯大学做访问学者时，曾专门拜访墨尔本皇家理工大学应用传播学院编辑与出版项目负责人麦克尔·韦伯斯特先生。麦克尔·韦伯斯特先生也是澳大利亚资深的出版人士。据韦伯斯特先生介绍，硕士文凭这一层次的教育最受澳大利亚业界的欢迎。因为这一层次主要是让学生以课程的形式学到有关出版的业务知识，修业年限短，通常为一年。这一层次又招收有工作经验的学生，他们以后能继续在出版领域取得更高的资格。硕士文凭层次强调实践环节，实习的学分数达到25分。学生更受业界欢迎。这从另一个侧面说明，这个层次的教育是最贴近产业需求，也是最成功的。

在办学的方式上，各大学也是因地制宜。有全日制的，如墨尔本大学，有业余形式的，如墨尔本皇家理工大学；授课方式有采取传统的面授形式的，也有采用现代技术的远程网络形式的，如麦考里大学。

无论从对入学者资格的要求看（不唯学历，有丰富的工作经验也可弥补），还是从课程设置的导向看（以就业为导向，重视实践与应用，紧密追踪行业的最新发展），还是从学生对接受教育层次的实际选择看，澳大利亚的高等出版教育，与其说是学历教育，毋宁说是继续教育、职业教育。

二、澳大利亚高等出版教育的特点：一只脚在学界，一只脚在业界

澳大利亚的高等出版教育对入学申请者的资格要求是：硕士证书层次，一般要求大学毕业后有1~2年的编辑出版工作经历；而修读硕士文凭和攻读硕士学位者的入学要求，则是3~4年编辑出版工作经历。申请者应当理解力强和富有创意。

澳大利亚高等出版教育的组织者、实施者不是仅由大学的老师构成，而是由包括来自产业的实践者(practitioners)等在内的多方面人员组成。这是澳大利亚高等出版教育的一个特点。首先，澳大利亚高等出版教育的课程项目必须有行业协会参与，并且得到行业协会的认可。许多大学的出版教育的课程项目都要得到澳大利亚出版工作者协会的认证。其次，课程设置是由"课程协调员"(course coordinators)负责的。他们往往有丰富的产业实践经验，熟悉教育，更熟悉产业发展的动态，被称为行走在学界与业界的双栖型人才。课程设置每年都进行更新与调整，以与产业的发展相衔接。墨尔本皇家理工大学是一所以培养应用型人才著称的大学，其编辑与出版项目课程协调员的主要从业经历(见表2-1)，充分体现了澳大利亚高等出版教育"一只脚在学界，一只脚在业界"的特点：[①]

[①] 这部分材料由澳大利亚墨尔本皇家理工大学编辑与出版项目主任迈克尔·韦伯斯特提供。

表 2-1

课程协调员	主要从业经历
苏珊·基奥	剑桥大学出版社编辑部主任,墨尔本大学出版社高级编辑,Lonely Planet 出版公司系列读物出版经理,澳大利亚编辑学会终身荣誉会员
特蕾西·肖内西	墨尔本大学出版社特约编辑,Reed 图书出版公司编辑部主任,Lothian 图书出版公司高级编辑,Time Life 图书出版公司生产部经理,财务总监
朱迪·布吉尼翁	企鹅图书出版公司的资深宣传人员,牛津大学出版社经理,墨尔本大学出版社的营销经理

从表 2-1 中可以看出,课程协调员往往有在多个著名出版公司工作的经历,在业界有多个领域的实践经验,并担任过一定的管理职务。他们熟悉出版企业最欢迎什么样的人才,知道什么样的知识结构是合理的,什么样的实践是必须的,除了知识与技能,还需要具备哪些非智力的要素,等等。与之相对应,他们在协调课程时,非常清楚应该设置什么样的课程,应该扬弃什么样的课程,应该增加哪些实践性环节,课程的设置与产业的流程应该是怎样的对应关系,等等。如此一来,课程的协调能够有的放矢,人才的培养也就越来越接近产业的需求。

课程协调员承担了组织协调的工作,他们邀请许多资深的出版业内人士作为"访问讲师"前来授课。这些"访问讲师"中的每个人都在出版实务领域有建树,擅长出版教育。教育组织者、实施者的"一只脚在业界,一只脚在学界",决定了澳大利亚高等出版教育是直面产业需要与产业发展的,避免了产和学的脱节,最大限度地避免了教育与产业需求"两张皮"的尴尬。

由于有出版工作经验的学生来自不同的出版企业,他们也带来了各自企业的信息。这些信息是多维度的,涵盖了出版产业各个环节。学生们在一年左右的相处、交流中,相互碰撞,相互启迪,相互学习,也相互融合。有了这样一个平台,出版企业之间的信息不再相互隔绝,学校对于企业的了解也不再是雾里看花;有了这样一个平台,"学"与"产"的结合更紧密,"学"服务于"产"的目标更清晰,教育的效果也更好。

三、澳大利亚高等出版教育的借鉴与启迪:他山之石,可以攻玉

我国现阶段的出版人才的产生主要有出版专业培养、非出版专业培养＋出版专业培训两种途径。一是我国有专门的系科、院校。这些系科、院校设置了编辑、出版、设计、印刷、营销、发行等专业,为出版业输送专业人才。尽管如此,学校培养和输送的专业出版人才在整个业界的专业人才队伍中所占比例并不高。现有出版队伍中的大多数,是非出版类本科或本科以上毕业生。二是出版企业及其上级主管部门的短期培训。这种培训对出版企业来说,费时少,针对性强,现学现用。现在,出版企业人才培训正在升级,越来越多的出版企业把骨干编辑送到国外大的出版公司或大学去进修。澳大利亚高等出版教育的定位与特点,对我国的出版人才培养有不少可借鉴之处:

1. 出版人才应该在多学科综合背景下培养,而非进行单一向度的单一学科的教育

我国的高等出版教育主要有本科、硕士、博士三个层次,学科性、体系性强,重视课堂教育和基础理论训导。这是中国的教育传统所决定的,也是与现阶段大学教育的评估体系分不开的。这种方式培养出来的学生,基础扎实,有理论研究的能力。但另一方面,这种教育也存在比较突出的问题,就是对出版产业的实际发展关注不够,课程的更新未能与产业发展相同步,出版教育与出版产业在一定程度上相脱节,培养出来的学生动手和实践的能力比较弱,无法满足业界的实际需要。

建议改革目前国内高等出版教育的由本科到硕士再到博士的单一学科的线性培养模式。据统计,国内有二十余所高校开设出版类本科专业,如果简单取消出版类本科教育是不可取的。笔者建议由现有出版类本科开设或

增设双专业(学位)教育,逐步过渡到将出版教育定位为本科后的教育。因为仅仅是出版专业的教育背景,而缺乏其他学科、专业的知识、技能,毕业生在未来的出版产业中很难适应多学科、多专业出版要求。出版产业属于知识产业,从业者丧失了除出版以外的学科专业话语权,在出版产业是很难获得可持续发展的,这一点,已经引起业界有识之士的关注[①]。与此相对应,建议提高报考出版学研究生的门槛,尽可能选择有一定出版经验或经历,或本科阶段修学的是非出版类专业的学生,从学科交叉和实践环节两个方面优化出版人才的培养。

2. 重视出版教育的岗位性、职业性

出版人才的培养应该以出版产业的需求为导向,在课程设置、导师配备、专业实践等方面,与出版产业保持紧密的联系。学界应充分依靠出版企业与出版行业学(协)会,邀请他们之中那些实践经验丰富又有学术造诣的资深编辑、出版管理人员、设计人员、营销人员和会计师等,到学校开设讲座、讲授课程、指导论文等。有条件的高校可以实行出版人才培养的双导师制,即学界一位导师,业界一位导师。业界的导师可以直接带领学生深入产业链的各个节点:参与市场调研,了解读者的需求,参与选题的策划、文稿的编辑和与作者的沟通,熟悉生产制作的流程、装帧设计的要素,熟悉市场营销筹划、发行环节,懂得出版物的成本核算、利益与风险的评估,等等,学生的论文题目的选择最好与出版产业实际需要探讨和解决的课题相契合。

3. 构建有出版企业和行业学(协)会参与的出版类人才培养评价标准和评价机制,对我国的高等出版教育形成正反馈

建议尽快推出出版从业人员的岗位描述与岗位要求,为出版人才培养提供一个参照。要尽快改变普遍存在的教育与产业相脱节的"两张皮"现象。可以直接借鉴澳大利亚高等出版教育的"课程协调员"制度。大学在设

---

① 蔡克难.合格编辑是这样打造的[J].编辑学刊,2006(6):52-53.

计课程时，邀请不同类型的出版企业的各个关键领域或部门的资深人员参与，把出版企业发展过程中的新技术体现在课程设置中，把出版企业对人才的新要求反映在课程设置中，把出版企业发展的新趋势，呈现在课程设置中。改进考核体系与考核方法，加大对实践环节的考核，把业界对人才的要求作为出版教育绩效考核的终极目标。

（原刊于《中国编辑》2007年第4期）

后　记

　　月末、季末、岁末三末叠加，极不寻常的2020年就要翻篇，新的一年就要到来。

　　2020年是出版专硕招生的第十个年头。这里汇集的主要是笔者在这十年中指导出版专硕学位论文核心部分，主编并出版这部书是希望窥斑见豹，从一个侧面回望十年来的出版专硕教育旅程。

　　十年来，笔者指导出版专硕研究生已毕业并获得学位者8人，这里收录了7位毕业生（作者）的论文，他们前后接力，在校跨时十年，有一定的代表性；又因为笔者是业界的导师，出版专硕的培养本身需要学界与业界的携手，这些论文也因此多少有了与传统出版硕士学术论文不同的印记，它们有浓郁的产业底色，有出版前沿的最新脉动，折射了这十年间出版专业硕士（生）的产业观察力与学术思考力。

　　曾经自问，出版专硕有没有写学位论文的必要？此问似乎是有依据的，高等教育发达的国家，出版硕士不写论文者，所在多有。但十年来指导出版专硕研究生的实践告诉我，中国的出版专硕有必要写学位论文，虽然学位论文不必是认定毕业的唯一形式。

　　与所有研究生论文一样，出版专硕学位论文同样涉及选题、学术研究动态或学术史、研究框架与研究的理论与方法，以及研究的材料、写作规范等等，论文撰著者需要洞悉所研究的领域，掌握相关理论与方法，擅于裁剪材料与驾驭文字等，通过这些学术训练可以提升出版专硕研究生的学术眼界和研究能力，对于他们今后的工作与学术研究大有裨益，也可以弥补高等教育大众化、普及化之后本科学术训练的不足。

出版是知识密集型的文化创意产业。推动出版产业发展的核心竞争力是出版人才。出版人才凭借什么创造价值？是判断，对，不错，是判断，是学术文化的价值判断和市场价值的判断！以图书出版为例，出版产品的价值判断坐标是由学科属性和功能属性共同建构的。学科属性自不待言。功能属性是指图书按照读者对象可以划分为学术出版、大众出版、教育出版等范畴。每一个图书出版板块都有学科做支撑，需要有专业的研究与判断。学术出版需要洞悉某一学科的学术动态、研究状况、研究队伍，这些是化为学术出版的重要资源；大众出版需要深入浅出的工夫，需要顶天而后立地；教育出版则需要熟悉最新的教学改革，先进的教育理念，这就需要出版人既有学识又具胆识，做出恰如其分的价值判断。撰写硕士或专业硕士学位论文是很多人最后的学术集训，这种学术训练化约为一种方法和思维，可以影响久远。

就某种意义而言，撰写一篇好的出版专硕学位论文，其难度丝毫不在任何硕士学位论文之下，因为出版专硕学位论文除了自身的文本逻辑自洽，还必须兼顾出版产业的内在逻辑，这也是出版专硕所要着意、着力之处。

笔者所指导的8位毕业生，跨学科报考者占一半，本科阶段修读编辑出版专业者占了一半。跨学科学生在撰写论文时有一定的学科交叉优势，这种优势主要体现在选题方向和资料掌握上。例如，本书中《大陆出版日本推理小说研究（2000—2015）》和《日本〈周刊少年JUMP〉品牌策略研究》两位作者，本科修读的是日本语言文学，她们做这样的选题就利用了自己日本语言文学的优势。从出版实习与产业实践中寻找论题是很好的策略。《豆瓣阅读女性题材小说出版》就是作者在豆瓣实习时决定了自己的论题方向。出版实习可以近距离了解产业链条内在的肌理，论题更具有产业的底色，往往散发着出版前沿的气息。对本科修读编辑出版专业的同学，笔者更多鼓励她们从学术兴趣出发，从已有的知识结构出发，选择自己的论题，写出自己最想写的学术论文。当然学术兴趣需要培养，知识结构的建构需假以时日，通常在研究生入学之初，就要激发她们的学术兴趣，做好学术的储备。《中国大陆漫画 IP 开发研究》《网络二手书店营销策略研究——以多抓鱼为例》《中国图书出版企业数字出版盈利模式研究》等论文研撰者属于这一类。

在南京大学出版专硕论文预答辩时，偶尔会碰到的话题是论文学科漂移的问题。例如，写出版营销可能写出商学案例的样本，写小说出版可能写成文学研究的样本。如何下沉出版语境，展开研究，确实是需要面对的问题。现代出版是近代以来文化发展催生的产物。出版学更是一个新兴学科，相较于哲学、文学、史学、经济学等经典学科，其体系性、理论性尚有待完善。出版研究需要借鉴其他学科的理论与方法，但借鉴不等于替代。如何解决学科漂移的问题，我以为需要培养出版思维，熟悉出版学科与产业体系各自的理路，始终在出版的语境中研究课题，表达自我。另一个现象是语言漂移。即受网络语言的影响至深，论文表达中学术语言被侵蚀，网络语言及其他非学术语言替代了学术语言。学术研究不能违背国家的法律、法规乃至政策，但学术研究有其严谨性，除了结构的严谨，概念的严谨，还有语言表达的严谨。

十年来，同学们在南京大学信息管理学院完成了自己出版专硕的学业，在本千年的第二个十年留下了自己的学术脚印。现在把这些学术脚印串起来，拼成小小的学术图像，编辑出版，献给中国出版专硕教育的最初十年。第一届毕业生唐婧同学因为工作忙，没有来得及修改整理自己的学位论文，但已是出版人的她所编辑的《唐诗课》在 2019 年荣获"中国好书"奖，《"中国好书"是怎样炼成的》一文分享了她的感悟。

除了专业硕士学位论文，也收录了第一届毕业生钱思洁同学工作以后所发表的论文，以及笔者早些年发表的一篇有关海外出版教育的论文。

最后，感谢南京大学信息管理学院院长孙建军教授、南京大学出版研究院常务副院长张志强教授，他们的信任与支持，让我在高等出版教育园地体验了教学相长的快乐,也感谢我的出版同仁们的支持。

西北政法大学新闻传播学院钱思洁老师,也是南京大学首届出版专硕毕业生,她全程协助本书的编辑、删订和组织学妹校对的工作。

杨金荣
2020 年 12 月 28 日于南京大学出版研究院